三资企业法通论

SANZI QIYEFA TONGLUN

关明凯 著

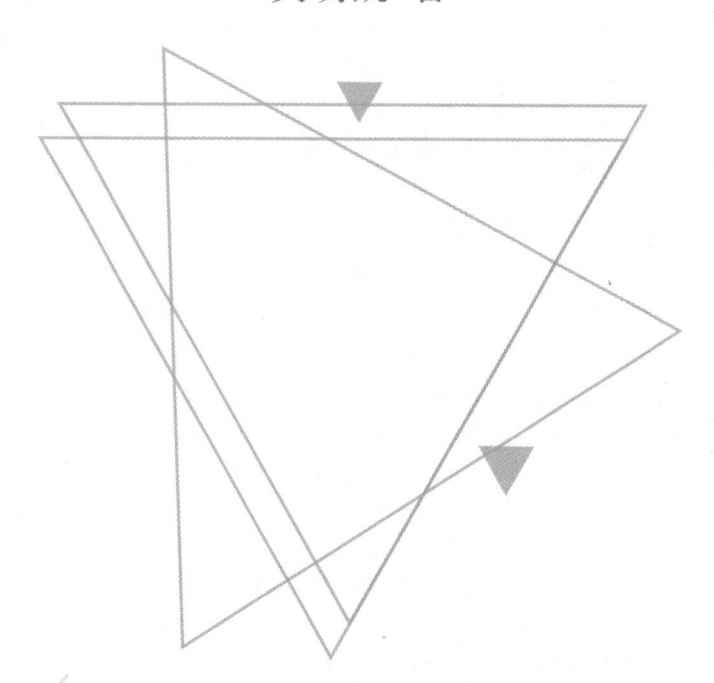

中国财经出版传媒集团
经济科学出版社
Economic Science Press

图书在版编目（CIP）数据

三资企业法通论/关明凯著. —北京：经济科学出版社，2018.8
ISBN 978-7-5141-9743-3

Ⅰ.①三… Ⅱ.①关… Ⅲ.①三资企业－企业法－研究－中国 Ⅳ.①D922.291.914

中国版本图书馆 CIP 数据核字（2018）第 212370 号

责任编辑：李 雪 张庆杰
责任校对：曹育伟
责任印制：邱 天

三资企业法通论

关明凯 著

经济科学出版社出版、发行 新华书店经销
社址：北京市海淀区阜成路甲 28 号 邮编：100142
总编部电话：010-88191217 发行部电话：010-88191522
网址：www.esp.com.cn
电子邮件：esp@esp.com.cn
天猫网店：经济科学出版社旗舰店
网址：http://jjkxcbs.tmall.com
固安华明印业有限公司印装
710×1000 16 开 21.5 印张 310000 字
2018 年 8 月第 1 版 2018 年 8 月第 1 次印刷
ISBN 978-7-5141-9743-3 定价：46.00 元
（图书出现印装问题，本社负责调换。电话：010-88191510）
（版权所有 侵权必究 打击盗版 举报热线：010-88191661
QQ：2242791300 营销中心电话：010-88191537
电子邮箱：dbts@esp.com.cn）

前　　言

　　三资企业是我国吸引外资的重要形式。通过开办三资企业，不但引进了外资，更重要的是引进了外国的先进技术和管理经验。这一点在我国实行改革开放的40年前显得非常重要。即使在我国成为世界上仅有的两个GDP达10万亿美元以上国家的今天，三资企业在我国的经济建设中仍然占有重要的地位，是我国经济建设的三大支柱（国企、民企、三资）。据商务部网站2018年1月16日消息，2017年，全国新设立外商投资企业35652家，实际使用外资8775.6亿人民币。三资企业以占全国不足3%的数量，创造了近一半的对外贸易、1/4的规模以上工业企业利润、1/5的税收收入，为促进国内实体经济发展、推进供给侧结构性改革发挥了重要作用。而作为引进、促进和保障三资企业的三资企业法，在该建设过程中发挥了非常重要的作用。我国的中外合资经营企业法、中外合作经营企业法、外商投资企业法，是我国改革开放之初最早相对完善的法律，与之相配套的相关国务院行政法规、部委规章以及经济特区等相关特殊区域的相关规定，共同构成了三资企业的法规体系，而三资企业法通论就是对这一法规体系的法学理论的构造。

　　三资企业法学是介于商法学与国际经济法学之间的一个相对独立的法学学科。该学科的相对独立性在于法律关系的涉外因素，由此形成相对独立性的法律调整。1979年的《中华人民共和国中外合资经营企业法》、1986年的《中华人民共和国外资企业法》和1988年的《中华人民共和国中外合作经营企业法》，后经几次修改到今已形成比较独立的三资企业法规体系，而《三资企业法通论》就是这一体系的主观反映。本书具有以下特色：

其一，《三资企业法通论》是对我国的中外合资经营企业、中外合作经营企业、外商投资企业的实体法律所做的学理性阐释。因此，该通论以阐述三个企业法为核心，突出三资企业的独特性，并用两编讨论三资企业的依法成立与三资企业的经营管理。在第二编三资企业的依法成立的第三章叙述了三资企业法的立法概况、三资企业的概念特征以及三资企业的法律地位，并对中外合资经营企业同中外合作经营企业进行了比较；第四章阐述三资企业设立的法定条件及相关的登记制度；第五章阐述了三资企业的组织形式、注册资本与投资方式；第六章阐述三资企业的期限、终止与清算。在第三编三资企业的经营管理的第七章阐述了三资企业的经营管理机构与用工制度；第八章阐述三资企业的场地使用、物资购买和产品销售制度；第九章阐述三资企业的财务、外汇与信贷管理的相关制度。可见第二编侧重企业与国家关系，第三编侧重企业的内部管理，这是三资企业法的核心部分。

其二，《三资企业法通论》的研究特别注重三资企业法规体系完整性与可控性的研究。在第四编阐述了对三资企业相关税收制度的规定与跨国存在的双重征税加重企业负担与可能存在避税的相关法律、法规与国际法规的规定，说明三资企业相关税制的复杂性。第五编阐述了三资企业的法律保护。三资企业的法律保护可分为国内法保护与我国参加的双边与多边的国际法保护，突出了我国重视对外商投资的保护，对我国吸引外资具有重要意义。最后一章则阐述了三资企业争议的解决，突出了相关争议解决的多样性和复杂性，该部分突出了三资企业的涉外性质。

其三，《三资企业法通论》也研究了三资企业法规体系作为一门相对独立的企业主体法学一部分的三资企业法学的一般法学理论。在第一章研究三资企业法的概念与调整对象、三资企业法的原则与作用、三资企业法与相邻法律学科的关系，用于说明三资企业法学的相对独立性。第二章则研究了三资企业法律关系，说明三资企业法律关系的完整性，也间接说明

前言

了构建三资企业法学的必要性与可行性。

构建三资企业法学体系是法学工作者的重要任务。随着我国相关法律体系的完备，必然产生许多相对独立的法学学科。三资企业法学可能就是我国近40年来最早形成的法学体系的相对独立的学科。它应是商事主体的一部分，也应是国际经济法的一部分。该学科的性质需要法学工作者的讨论，本人恳求相关的批评与建议，并在此深表感谢！

本书的适用范围具有相对的广泛性。由于三资企业是我国经济建设的三个重要支柱之一，当今的国企、民营和乡镇企业与三资企业基本上是三分天下，由此该书对相关三资企业的从业人员与管理者，大专院校的相关经济、管理与法律人员也可参考使用。

本书也是吉林省社科一般自选项目（2018B103）的阶段性成果。该书的出版得益于吉林师范大学经法学院的支持，也感谢我的研究生考取博士研究生的周航同学对相关部分的修正，在此也特别感谢经济科学出版社的编辑和校对人员为本书出版所做的辛勤劳作。通过语音联系构建起友谊的桥梁，不但使作者感谢，更是感动，感谢经济科学出版社。

关明凯

2018年8月18日于北国春城

目　　录

第一编　三资企业法的一般理论

第一章　三资企业法的概念与原则 ·· 3
第一节　三资企业法的概念与调整对象 ································ 3
第二节　三资企业法的原则与作用 ···································· 12
第三节　三资企业法与相邻法律部门的关系 ·························· 18

第二章　三资企业法律关系 ·· 24
第一节　三资企业法律关系的概念和特征 ···························· 24
第二节　三资企业法律关系的构成要素 ······························ 28
第三节　三资企业法律关系的保护 ···································· 39

第二编　三资企业的依法成立

第三章　三资企业法概述 ·· 49
第一节　中外合资经营企业法概述 ···································· 49

第二节　中外合作经营企业法概述 ················· 59
　　第三节　外资企业法概述 ························· 68
　　第四节　合作企业与合营企业的比较 ··············· 72

第四章　三资企业的设立与登记 ·························· 76
　　第一节　中外合资经营企业的设立 ················· 76
　　第二节　中外合作经营企业的设立 ················· 90
　　第三节　外资企业的设立 ························· 94

第五章　三资企业的组织形式、注册资本与投资方式 ······· 98
　　第一节　合营企业的组织形式、注册资本与投资方式 ··· 98
　　第二节　合作企业的组织形式与投资方式 ············ 108
　　第三节　外资企业的组织形式、注册资本与出资方式 ··· 113

第六章　三资企业的期限、终止与清算 ··················· 120
　　第一节　合营企业的期限、终止与清算 ·············· 120
　　第二节　合作企业的期限、终止和清算 ·············· 125
　　第三节　外资企业的期限、终止与清算 ·············· 128

第三编　三资企业的经营管理

第七章　三资企业的经营管理机构与用工制度 ············· 133
　　第一节　中外合营企业的组织机构 ·················· 133
　　第二节　中外合作企业的组织机构 ·················· 144
　　第三节　外资企业的机构设置与职工 ················ 146

第八章 三资企业的场地使用、物资购买和产品销售 ………… 150

 第一节 中外合营企业的场地使用、技术引进、物资购买
    与销售 ………………………………………………… 150
 第二节 中外合作企业的物资购销 …………………………… 162
 第三节 外资企业的用地、物资购买与销售 ………………… 164

第九章 三资企业的财务、外汇与信贷管理 ………………… 168

 第一节 合营企业的财务与利润分配 ………………………… 168
 第二节 合营企业的外汇管理 ………………………………… 173
 第三节 合作企业的利润分配、投资回收、风险和亏损承担 … 183
 第四节 三资企业的信贷管理 ………………………………… 187

第四编 三资企业的税收制度

第十章 三资企业流转税法 ………………………………………… 195

 第一节 三资企业的税收管理 ………………………………… 195
 第二节 三资企业的增值税 …………………………………… 203
 第三节 三资企业的消费税 …………………………………… 214
 第四节 三资企业的印花税 …………………………………… 220

第十一章 三资企业所得税法 …………………………………… 224

 第一节 三资企业所得税法 …………………………………… 224
 第二节 三资企业个人所得税 ………………………………… 228

第十二章 三资企业的辅助税法 ………………………………… 236

 第一节 关税法 ………………………………………………… 236

第二节 房地产税 ………………………………………… 239

第三节 车船税 …………………………………………… 241

第四节 资源税 …………………………………………… 242

第五节 土地增值税 ……………………………………… 245

第十三章 三资企业的双重征税与避税预防 …………… 250

第一节 三资企业中的双重征税及预防 ………………… 250

第二节 三资企业的避税及其预防 ……………………… 256

第五编 三资企业的法律保护

第十四章 三资企业的法律保护 …………………………… 263

第一节 我国保护三资企业的立法概况 ………………… 263

第二节 我国对外国投资者的待遇制度 ………………… 266

第三节 保护外商投资的法律措施 ……………………… 274

第四节 我国缔结或参加的有关投资保护的国际公约和双边协定 ……………………………………………… 285

第十五章 三资企业争议的解决 …………………………… 304

第一节 概述 ……………………………………………… 304

第二节 协商与调解 ……………………………………… 309

第三节 仲裁 ……………………………………………… 312

第四节 司法诉讼 ………………………………………… 326

主要参考文献 ………………………………………………… 333

第一编

三资企业法的一般理论

第一章

三资企业法的概念与原则

第一节 三资企业法的概念与调整对象

一、吸引外资与三资企业立法

吸引外资的形式一般包括两种：一种是外国政府和国际组织贷款；另一种是外国私人（法人）直接投资。其中，外国私人（法人）投资企业按经营方式又分为三种：合作经营企业、合资经营企业和独资经营企业。

在当今的历史条件下，由于科学和技术的发展，使世界上每一个国家都同其他国家有机地联系起来。任何一个国家为了获得本国经济的迅速发展，都不能同国际经济分割开来。因此，有计划有步骤地吸引外国的技术和资金，成为大多数国家发展经济的有效形式。各国经济发展的历史表明，无论是发达的资本主义国家，还是发展中国家，甚至社会主义国家，在国民经济发展中，没有一个国家不是曾经大量地利用外国的资金和技术来促进本国经济的发展。而闭关自守，无异作茧自缚，人为地限制和削弱本国经济的发展。比如，现居于世界资本主义世界的最先行列的美国，既是当今世界上最大的资本输出国,也是最大的资本输入国、最大的投资市场,对外国投资采取更为开放的政策,外国资金进出自由,来保持其经济的发展速度,使它的经济一直居于世界领先地位。同样,战后的日本和德意志联邦共和国也大量利用外国的资金和技术,医治战争创伤,迅速发展了本国的经济而步入世界先进国家的行列。至于发展中国家,为了摆脱前殖民主义时代所遗留下来的经济困境,建立和发展民族经济,更应利用外国的技术和资金,并使之成为国家的基本政策。

党的十一届三中全会以来,我党确立了对内改革、对外开放的策略。一方面在国内对不适应生产力发展的经济体制、政治体制、科技体制和人们的思想观念进行改革,充分发挥我国的现有潜力,加快经济的发展,这无疑是"自力更生"精神的体现。在我国这样一个幅员辽阔,人口众多的国家,国民经济的发展问题应首先眼睛向内,把国内事情办好。另一方面,充分利用一切有利于建设的因素,对外开放,吸收一切外国的先进技术、设备和资金及科学的管理经验,来加快我国经济的发展,因此,我国实行的对外开放政策,发展国际关系是我国建设社会主义现代化的重要战略决策,长期不变。同时,经过我国40年的改革开放,已初步形成良好的投资环境。其一,中国土地辽阔,人口众多,是个非常大的市场;其二,我国政治安定,经济稳定,国际收支结余,并把利用外资的建设项目纳入国民经济计划;其三,我国为了吸引外资,保护外商的合法权益而制定了完整的三资企业法,规定了中外双方的权利义务,为吸引外资创造了良好的法律环境。正因为如此,我国自开放以来,在吸引外资和外国先进技术方面取得了很大成绩。据统计,截至2017年9月,外国(地区)投资企业实有52.27万户,注册资本23.38万亿元。[①] 这样通过吸引外资,弥补了我国建设资金的不足,加快了基础设施和现有企业的技术改造。开办"三资"企业,不但吸引了外资,还引进了一批通过一般技术贸易方式难以引进的先进技术和现代化管理经验。从而促进了我国经济和技术的

---

① 国家统计局:《中国经济统计年鉴》,中国统计出版社2018年版,第118页。

发展，同时利用外资还增强了我国的进出口能力，使我国成为位居世界第一的经贸大国。吸引外资有两种主要形式，一种是吸收外国或国际组织的贷款，另一种是吸收外国私人的投资，即开办"三资"企业，而我国的中外合资经营企业法，中外合作经营企业法和外资企业法都规定中华人民共和国允许外国的企业和其他经济组织或者个人在中国境内开办合资企业、合作企业或外资企业。这三种企业受我国的三资企业法加以调整。

马克思曾经指出：法律"只是表明和记载经济关系的要求而已"①。那么，我国制定、颁布实施的《中华人民共和国中外合资经营企业法》《中华人民共和国中外合作经营企业法》《中华人民共和国外资企业法》及实施细则等等一批调整三资企业的配套法规和实施办法记载了我国对外开放的成果，也为外国的企业、其他经济组织和个人投资提供了良好的法律环境。

二、三资企业法的概念

我国目前没有统一的三资企业法典，这里所说的三资企业法是调整中外合资企业，中外合作企业和外商独资企业的有关法律规范的总称。三资企业法的产生是我国对外开放，吸引外资政策的结果。因此，这门法规在我国是一门新兴的法律部门。通过对这一法律部门的研究有助于我国更好地吸引外商对中国进行投资建立三资企业，也有助于外国企业、其他经济组织和个人进一步了解我国的对外开放政策。40 年来，我国基本上形成了具有中国特色的三资企业法律规范体系。它可分为三个法律层次。

第一个层次是全国人民代表大会及常务委员会制定的有关调整三资企业的法律规范文件。例如，2016 年 9 月 3 日最后修订的三部三资企业法：1979 年 7 月 1 日第五届全国人民代表大会第二次会议通过的《中华人民共和国中外合资经营企业法》；1986 年 4 月 12 日第六届人民代表大会第

---

① 《马克思恩格斯全集》第 4 卷，人民出版社 1958 年版，第 122 页。

四次会议通过的《中华人民共和国外资企业法》；1988年4月13日第七届全国人民代表大会第一次会议通过的《中华人民共和国中外合作经营企业法》，这些法律是吸引外商直接投资的基本法律，在三资企业法中处于最高的地位。

第二个层次是中华人民共和国国务院及各有关部委制定的有关三资企业法的实施细则及管理办法。例如，1983年9月20日国务院发布的《中华人民共和国中外合资经营企业法实施条例》；2012年9月21日国家工商行政管理局发布的《商务部关于涉及外商投资企业股权出资的暂行规定》等，这一类法规的特点在于具体实施由全国人民代表大会的颁布三资企业法，使三资企业法具体化，而这一类法规在全国内实施，其效力高于地方性法规。

第三个层次为各省、自治区、直辖市及经济特区制定的吸引外商投资的具体规定。例如，1981年11月全国人民代表大会常务委员会授权广东省、福建省人民代表大会及常务委员会制定所属经济特区的各项单行经济法规的决议。这是用立法形式授权地方权力机关制定有关特区的各项单行经济法规。当然这种经济法规包括地方结合自己情况而制定的有关吸引外商投资的更具体规定，而这种法规仅在所在地方有效。

由此看来，我国在近40年的对内改革，对外开放中形成比较完整，又符合我国具体情况的三资企业法。这是我国涉外立法取得的重大成就，毫无疑问这种完善的立法将有助于我国的开放和吸引外商的直接投资，这种三资企业法的完善也将形成具有中国特色的三资企业法学，那三资企业法学调整的对象是什么？

三、三资企业法的调整对象

任何一门法学都有其研究的对象，由于研究对象的不同而形成不同的学科，学科的形成也是随着社会的发展而发展。比如，最早的科学几乎是学科的统一体，学科与学科之间并无明确的界限，但后来逐渐形成了众多的学科。而研究法律的法学也是一样的,古代是诸法合体,再加之法律调整的社会关系较为简单,因此法学作为一门学科而研究所有的法律。但在古罗马时期已有了公私法的划分,而当代法学形成三个大分支:一为国内法学,二为国际法学,三为外国法学,其中一部分法学居于交叉地位。比如,法学同现代医学的结合形成法医学,法学同统计学相结合形成法律统计学,而国际法同国际私法的结合形成国际经济法学。因此,三资企业法能否成为一个独立的学科,与其他法律学科的关系怎样,正是下面要回答的问题。

在我国,完全有必要形成三资企业法学这一相对独立的学科,具体原因有以下三点:(1)我国形成了三资企业法的经济基础。在我国改革开放的40年中,取得了吸引外资,引进先进技术的重大成绩,在1979～2016年间外商(地区)在我国开办合资、合作,外资企业达52万多家,2015～2016年均外商直接投资实际使用金额达1260亿美元。而以中国广东省为例,仅2017年度实际使用外资总额就达230亿美元,连续3年保持了1200亿人民币以上的外资实际吸收额。而广东的深圳特区、珠海特区、汕头特区和福建的厦门特区由于形成了有利于吸引外资的环境,形成有利的吸引外资的势头。正由于大量三资企业的兴起,其中至少有一方为外国的法人,其他经济组织或个人。因此,有必要形成一个新的法律部门,来调整具有涉外关系的国内法。(2)我国制定了比较完整的三资企业的法律规范,这种三资企业法律规范是形成三资企业法学的法律基础。因为法律科学就是对法律进行研究并使之系统化、科学化的科学。由于我国40年来在对中外合资经营企业法、中外合作经营企业法、外资企业法所取得的立法成就,使三资企业法学有了研究的可靠对象,这样也就有必要对这些法律规范、行政法规、地方规章加以整理,达到科学化和系统化,才能使外国的政府、企业和个人进一步了解我国的对外开放政策,是有利于中华民族的长久之计,也能打消了外商投资的顾虑,使更多的外国企业、经济组织和个人前来投资,建立三资企业。(3)任何学科的形成都有赖于相关学科的形成,这里不想举出为数众多的事例。但三资企业法学和两个最近的学科是国际经济法学和商法学，从某种意义上说三资企业法是介于国家间的经济合作协议与国内商法之间的法律。在我国建立的中外合资，中外合作和外资企业，一方面他们在中国境内进行经济活动时应遵循我国颁布的法律和法规；另一方面三资企业的外方的经济活动也应遵循我国同该经济组织或个人的外国政府签订的有关鼓励和保护投资协定和有关的国际经济法准则。

在这里仅就三资企业法同我国的商法及国际经济法的关系进行以下论述：

三资企业法同商法有着密切的关系，正由于这一原因，很多的商法学教材都把三资企业法作为商法的一部分。例如，施天涛著的21世纪法学规划教材《商法学》的第一编第二章商事主体的第五节分别讲述中外合资经营企业、中外合作经营企业、外商投资企业。但这种把三资企业归入商法的调整内容，并不妨碍三资企业法本身从商法中分离出来。因为商法学本身调整的对象就包括众多可独立的学科，近些年来已形成了商法的众多分支学科。如《全民所有制企业法》《能源法》《金融法》等等。由于三资企业法调整的主体、内容、方法等方面的不同。因此三资企业法形成自己独立的学科，但这种分科并不妨碍我国有关国内经济法规对三资企业的适当调整，因此学习三资企业法也必须学习我国的商法学。

三资企业法同国际经济法和国家间的经济协议也有着密切的关系。比如，在我国设立的三资企业有很大一部分是跨国公司的分公司。这样他们的活动就应遵循《联合国跨国公司的行动守则》，因此三资企业也遵循国际经济法的一般准则。同样，联合国大会于1974年12月12日通过的《各国经济权利和义务宪章》第二条规定："每个国家有权按照其法律和规章并依照其国家目标和优先次序，对在其国家管辖范围内的外国投资加以管理和行使权力。"这条规定就从国际法角度强调外国投资者应遵循所在国的法律和管理。同样我国政府同外国政府签订的相互鼓励和保护投资协定具有优先适用的性质。当我国的三资企业法同与相关国家签订的有关协议相抵触时，应以我国与相关国家签订的协议为准。可见学好三资企业法必须学好有关的国际经济法，特别是我国政府同有关国家政府签订的投资保护协定。

通过上述两个方面关系的研究，特别通过三资企业法同商法和国际经济法的相关联系，有助于我们明确三资企业法的调整对象。

三资企业法既然是调整有关中外合资企业、中外合作企业和外商独资企业的法律规范总称，那么三资企业法的调整对象是：

（1）三资企业法调整中外合资经营企业所形成的社会关系，即调整中外合资经营企业的设立、终止以及在生产经营管理活动中所发生的各种社会关系，这种社会关系包括三种关系。国家管理和指导合营企业而形成的社会关系——纵向社会关系，例如，开办中外合营企业需要我国有关政府部门的批准；中外合资经营企业的生产经营计划，应报主管部门备案，中外合营企业要依《企业所得税法》纳税等等。合营企业在经营活动中同其他经济组织所发生的关系——横向经济关系，例如，中外合营企业产品销售和购买需要签订合同来加以执行等等。中外合营企业的内部关系，例如，合营企业管理机构的组成，合营企业职工工资、劳保、福利等规定。（2）三资企业法调整中外合作经营企业所形成的关系。即调整中外合作经营企业的设立、终止以及在生产经营管理活动中所形成的社会关系。中外合作经营企业是一种简便有益的利用外资的形式。因此，它在法律上是一种契约式合营企业，这种社会关系也包括纵向经济关系、横向经济关系和企业的内部关系。（3）三资企业法调整外资企业在中国境内所形成的社会关系。即调整在中国境内外资企业的设立、终止以及在经营管理活动中形成的社会关系。这种社会关系包括三个方面：国家管理外资企业所发生的社会关系——纵向经济关系，如设立外资企业，由国务院对外经济贸易主管部门或国务院授权的机关审查批准，国家工商行政管理机关对外资企业的投资情况进行检查和监督等。外资企业在经营活动中所发生的——横向经济关系，由外资企业同其他经济组织签订合同。外资企业内部管理所形成的关系。例如，外资企业雇用中国职工应依法签订合同，并在合同中订明雇用、解雇、报酬、福利、劳动保护、劳动保险等事项。

因此，三资企业法学就是以中外合资经营关系、中外合作经营关系、外资经营关系为自己的调整对象。但它的调整范围不仅限于中外合资经营企业法、中外作经营企业法和外资经营企业法，还包括有关的国际经济法、中国政府同有关外国政府签订的鼓励投资和保护协定以及我国的有关国内经济法规。

四、三资企业法的渊源

三资企业法的渊源就是三资企业法的表现形式。毫无疑问《中外合资经营企业法》《中外合作经营企业法》《外资企业法》是三资企业法的重要渊源，由于三资企业不同于国内的企业在于主体上具有涉外因素，又因这种企业设在中国境内，因此，它需遵守中华人民共和国的有关法律和法规，同时它也必须遵循中国政府同外国政府签订的有关协议和有关国际条约，因此三资企业法有三个主要渊源。

1. 直接规定调整三资企业的国内立法是三资企业法的最重要渊源

调整三资企业的国内立法主要可分为下述三类。

（1）全国人民代表大会及常务委员会制定的有关三资企业法。例如，1979年7月1日第五届全国人民代表大会第二次会议通过的《中华人民共和国中外合资经营企业法》，以及该法的2001年修订案、2016年修订案；1986年4月12日第六届全国人民代表大会第四次会议通过的《中华人民共和国外资企业法》，以及该法的2000年修订案、2016年修订案；1988年4月13日第七届全国人民代表大会第一次会议通过的《中华人民共和国中外合作经营企业法》以及2000年修订案、2016年修订案；中华人民共和国第十届全国人民代表大会第五次会议于2007年3月16日通过，2017年第十二届全国人民代表大会常务委员会第二十六次会议修订的《中华人民共和国企业所得税法》等等，这些法律处于国内三资企业法的最高地位；

（2）中华人民共和国国务院和国务院的有关部委发布的有关三资企业法

的实施细则或条例。例如1983年9月20日国务院发布的《中华人民共和国中外合资经营企业法实施条例》，1986年10月11日国务院发布的《国务院关于鼓励外商投资的规定》，1990年1月15日财政部发布的《中外合作开采陆上石油资源缴纳矿区使用费暂行规定》等等；（3）我国地方权力机关和行政机关所发布的有关三资企业有关管理的具体办法。例如，辽宁省发布的《辽宁省政府关于鼓励外商投资的规定》《大连经济技术开发区条例》等等。这类地方法规仅运用于颁布机关的辖区内并不得同国家的有关法律、法规相抵触。

由此可见，我国形成了比较完整的三资企业法律体系，基本上适应了我国对外开放的需要。

2. 三资企业在经营活动中所应遵循的中华人民共和国的其他法律、法规和地方法规

这一类法律本是调整我国的全民所有制、集体所有制和私人所有制企业的，但三资企业法律没有规定的可适用上述相关法律规范，例如，三资企业同我国企业，其他经济组织签订的合同应遵守《中华人民共和国合同法》，三资企业也应遵循《中华人民共和国环境保护法》《中华人民共和国商标法》等等，由于这些法律、法规已由有关的学科加以研究，故不作为本书的研究范围。

3. 三资企业适用的外国法、国际经济法和我国同有关国家签订的双边条约

由于三资企业有一方是外国企业、公司或个人。因此，有关外方的权利能力和行为能力的规定就适用于他的本国法。例如，美国的某一公司在我国建立企业，那么该美国公司的权利能力和行为能力就适用美国法的有关规定。国际经济法是调整国家间经济交往和经济关系的各种法律和法律规范的总称。因此，三资企业在同外国发生经济关系时应遵循国际经济法的一般原则。近年来，我国同很多个国家签订关于鼓励和相互保护投资的

协定。这是三资企业法的一个重要来源，具有高于国内法的性质。例如，1987年8月28日正式生效的《中华人民共和国政府和意大利共和国政府关于鼓励和相互保护投资协定》就规定两国对相互投资者保护、鼓励的规定，这些规定指出了我国保护外资的义务。

第二节　三资企业法的原则与作用

一、三资企业法的基本原则

三资企业法的基本原则，是指贯穿于三资企业法之中，用于指导三资企业法的制定与实施的基本准则。

三资企业法虽然没有统一的法典，但它并不是法律规范的零散堆积。作为一个独立的法律部门，它是一个有机联系的统一体，因而也就必然存在着反映其根本价值和作用的基本准则。只有充分地认识和掌握这些基本原则并贯穿于三资企业法的制定和实施中，才能保证三资企业法的统一和谐，才能使三资企业法更好地贯彻与实施。在我国现在的历史条件下，并考虑到吸引外资的一般惯例，三资企业法应遵循下列三个原则。

1. 独立自主原则

坚持自力更生为主，争取外援为辅是我国的基本政策，政治上的独立自主和经济上的自力更生是相辅相成的。自力更生是我国经济政策和经济立法的基点。但自力更生，绝不是闭关自守、自给自足，我们必须在自力更生的基础上，把视野从中华大地扩展到世界范围，参加国际的经济大循环。因此，我们要善于利用外资，取他人之长，补自己之短，利用外资和外国的先进技术的同时必须保证我国的独立自主。对我国的投资、设立三资企业不能附带任何政治条件，同时三资企业要接受我国管辖，这一原则在国际经济法中大有体现。例如，1974年5月1日联合国大会通过的《建立新的国际经济秩序宣言》规定"根据跨国公司所在国的充分主权，采取有利于这些国家的国民经济的措施来限制和监督这些跨国公司的活动"。同样，1974年12月12日联合国大会通过的《各国经济权利和义务宪章》第二条第二款规定："每个国家有权按照其法律和规章依照其国家目标和优先次序，对在其国家管辖范围内的外国投资加以管理和行使权力。"因此，我国利用外资既要有所鼓励，又要加以引导有所限制，使外资项目适合我国经济发展目标，有利于我国四化建设，扩大出口，改善国际收支，改造现有企业，加强薄弱环节，改善人民生活，有利于培养及提高我国技术力量，学会科学的管理方法等等。

独立自主原则在我国的中外合营企业法、中外合作企业法和外资企业法中都大有体现，主要表现以下几个方面：（1）在我国境内设立的三资企业必须符合三资企业法规定的投资项目和要求，并经过我国政府有关部门的批准。例如，中外合资企业法规定：合营各方签订的合营协议、合同、章程，应报中华人民共和国对外经济贸易主管部门批准，而合作企业法、外资企业法也有类似规定。（2）三资企业的一切活动都必须遵守中华人民共和国的法律，法规和有关规定。例如，我国的外资企业法第四条第二款规定："外资企业必须遵守中国的法律、法规、不得损害中国的社会公共利益。"中外合资企业法的第二条第二款，中外合作企业法的第三条第二款第三款都有如上规定。（3）三资企业应接受我国有关的国家机关的检查和监督。例如，《中华人民共和国外资企业法》第九条第三款规定："工商行政管理机关对外资企业的投资情况进行检查和监督。"第十四条规定："外资企业必须在中国境内设置会计账簿，进行独立核算，按照规定报送会计报表，并接受财政税务机关的监督。"

2. 平等互利原则

平等互利，确保中外双方的权益，是三资企业法的重要原则，它要求中外双方的地位是平等的，任何外资或合资合作项目应对双方有利。在联合国《各国经济权利和义务宪章》中曾强调建立"需要发展一个以主权平等、公平互利和所有国家的利益密切相关为基础的国际经济关系的制度。"而我国与其他国家签订鼓励投资和保护投资的协议中，也强调了这一原则。例如，我国政府与挪威政府在相互保护投资的协定第三条规定："缔约一方应鼓励缔约另一方的国民或公司在其领土内进行投资，并依照其法律和法规接受此种投资。给予公平合理的待遇和保护。"可见国与国之间对相互投资都遵循平等互利的原则，在我国的三资企业法中体现这一原则有以下几方面：（1）在三资企业的成立上，不论是外资企业、合营企业和合作企业的合同协议、章程中决不允许有任何政治条件及损害我国主权和国家利益条款，也不允许有不利于一方的片面条款，这样就贯彻了双方的平等互利。（2）在合营企业的组成上，董事会的组成人员都由合营各方人员担任，一方任董事长、另一方担任副董事长，而企业的重大问题，由合营合作各方根据平等互利原则共同协商，特别是合营企业法对合营企业章程的修改、企业的终止和解散；注册资本的增加转让以及合营企业与其他经济组织的合并，由董事会会议的董事一致通过的规定就从法律上保护双方的权益。（3）在企业的利润分配和承担风险等方面也贯彻平等互利。例如，中外合营企业的利润分配和承担风险按投资比例获得利润和承担风险，中外合作企业的双方依据协议承担风险和分担利益。外资企业由于是外方独资，那么它获得的利益同承担风险相统一。特别是外方获得的利润如果在中国境内再投资，可以依照国家规定申请退还再投资部分已缴纳的部分所得税税额等等，这样对双方都有利。

3. 参照惯例原则

利用外资，促进我国的经济建设，在立法上应考虑我国的国情及政治、经济情况，并以此为基点。随着我国改革开放的深入，特别是我国加入世贸组织，逐步进入世界经济大循环之中，对国际经济交往和合作中形成的合理可循、符合各国利益的国际惯例应加以参照、遵守。我国三资企业法应在坚持社会主义制度及国家利益的基础上，适当参照合理的国际惯例及外国有关规定，这样既有原则性又有灵活性。例如，1990年4月4日七届全国人民代表大会第三次会议对《中外合资经营企业法》的修改，就体现了这一原则，在该法的第二条中增加一款，作为第三款"国家对合营企业不实行国有化和征收。在特殊情况下，根据社会公共利益的需要，对合营企业可以依照法律程序征收，并给了相应的补偿"。而在《中华人民共和国外资企业法》中也有类似规定。这一规定就符合国际上的习惯做法和我国与外国政府已签订的保护协定的原则。正如王汉斌向七届全国人大三次会议主席团会议所做的法律委员会关于《中外合资经营企业法修正案草案审议结果的报告》中提出的那样："修正案草案关于国有化和征收问题的规定，关于董事长的规定，关于合营企业合营期限的规定，却是很重要的。这是总结我国十年来引进外资的实践经验考虑外国投资者的一些合理意见，参照国际上的一些习惯做法，对中外合资经营企业法做出的必要的修改和补充，从法律上为外商投资创造更多的投资环境，将会更好地发挥鼓励外商投资的积极作用。"[①]

二、三资企业法的作用

积极而慎重地吸引外资和外国的先进技术和设备，是我国对外开放政策的一个重要组成部分，这项政策将长期不变。因为这项政策能加速我国的四化建设，世界上很多国家都通过吸引外资和先进技术而促进本国的发展。例如，作为一个发达资本主义国家的加拿大，就是一个吸引外国资本比例较大的国家，1975年，外国在加拿大的私人长期投资，相当于加拿大国民生产总值的42%。因此可以说加拿大如果没有吸引外资，就不可能有经济的高速发展，当然在吸引外资时尽量克弊兴利，适合国家的基本

---

① 《新华月报》，1990年第4期第55页。

三资企业法通论

国情,也是客观必然。

我国在近四十年间,在吸引外资和外国的先进技术和设备、兴办三资企业方面取得了很大成绩。据统计,"十二五"期间,我国累计实际利用外资达5911.5亿美元,比"十一五"增长37.9%。外商投资企业创造了我国近1/2的对外贸易、1/4的工业产值、1/7的城镇就业和1/5的税收收入。①

由于三资企业的建立给我国经济带来了活力和动力,形成了我国对外开放的经济特区、开放城市和开放区的经济格局。特别是我国的深圳、珠海、汕头、厦门和海南五个经济特区更是取得令人瞩目的成绩。特区到1990年初实际吸收外商投资累计达到42亿美元,占全国的1/4以上,外商投资从非生产性项目和一般加工项目向技术水平较高、规模较大的项目发展。由于三资企业沟通了我国企业和外国企业及经济组织的联系,使我国的很多国有大中型企业和其他企业面向两个市场——国内市场和国外市场,开发两种资源——国内资源和国外资源,使我国经济繁荣市场稳定。具体三资企业法有以下作用:

第一,有利于吸引外资,节约国家建设资金。开办中外合资、中外合作和外资企业可以吸收大量的外国私人投资。因为作为合作合资的外方或外资企业为了进行生产就必须大量地投入资金和相应的技术和设备,这样就避免了我国进口技术、设备所需的资金,使我国可以建设一些和我国国民生计有重大影响的项目。因此,建立三资企业有利于吸引外资,避免向外国贷款所承担的高额利息。另外,合营企业所付给外国合营者的利润,也将由企业本身提供,减少了国家的负担。同时三资企业应按国家的规定缴纳企业所得税,如果企业把所得利润汇出国外还应相应交税,这样建立三资企业也是国家资本积累的重要来源。

第二,引进了先进技术,培养了我国的技术和管理人才。一般来说,

---

① 中国发展网,2016年2月9日,2015年我国实际利用外资同比增长5.6% 利用外资质量提升,http://ndrc.chinadevelopment.com.cn/2016/02/1019042.shtml。

外国合营、合作者是不愿转让先进技术的，但由于合作合资企业的营利又与外方的利益密切相关，所以，外方合营合作者带来了外国不肯卖给我们的先进技术，而外资企业就更是如此。同时，在三资企业中，由于他们大批雇用我国的人员，这样我国人员就可学到企业的先进技术和先进的管理方法和操作方法，有助于提高我国整体人员的技术水平。特别是我国对先进技术性企业采取更加优惠的政策，这样更有利于吸引先进技术型企业。

第三，引进了新的产品，填补了我国的某些空白。由于外资引入新产品更加有利可图，更容易占有市场，而我国则避免或减少对这些产品的进口，从而节约了外汇。例如，福州市建侨企业有限公司生产的聚丙烯热收缩薄膜，这是一种新型包装材料，过去一直靠进口，这一企业建成以后，第一年生产的产品就达到国际市场质量标准，不但解决了国内市场需要，而且在国外销售。

第四，可以开拓国际市场，促进我国对外贸易的发展。国务院2017年1月和8月分别发布了《关于扩大对外开放积极利用外资若干措施的通知》和《关于促进外资增长若干措施的通知》。随着商事制度改革的实施及对外国（地区）投资企业设立条件的放宽，利于我国通过吸收外商投资，带进资金、技术、管理经验和国际市场销售渠道，发展外向型经济。特别由于外商有自己很多年形成的销售网络，利用这种网络可以扩大我国产品的外销，而我国现把三资的重点放在积极发展与国际上有经济技术和经营销售实力的大企业合作，争取兴办一批技术先进、效益较高、外销能力强的骨干项目，同时，还继续兴办"两头在外"的企业。这显然在扩大产品出口，扩大我国产品在世界市场的占有率，我国仅2016年外商投资企业出口额就达到了9167亿美元。

第五，有利于增加劳动就业，稳定安定团结的局面。我国是正在发展的发展中国家，我国职工的工资水平很低，三资企业生产的产品可大大降低成本，增加产品在国际市场的竞争力。同时由于我国很多人被安排到三资企业工作，这样就扩大了我国的就业率，增加了个人的收入，从而成为促进社会安定的重要因素。

第三节 三资企业法与相邻法律部门的关系

探讨三资企业法与邻近法律部门的关系，不仅可以明确不同法律部门的分工与合作，共同协调发展，而且还可以进一步论证三资企业法的独立性问题。部门法的划分标准，我国学者一般认为是法律的调整对象和调整方法。我们认为划分的标准是法律调整对象和调整方法，但调整方法相对于调整对象来说是次后的，特有的调整对象才是关键，任何法律部门都有其调整的对象，即该法律部门调整的特定社会关系，它是划分法律部门的根本依据。

我们认为作为法的调整对象的独立的社会关系，是该部门法学研究的核心问题，也是划分法律部门的主要依据。要区分部门法之间的关系，有必要弄清各部门法的调整对象，每一个部门法都有其独特的调整对象；当然，区分法的调整方法也很重要，法律的调整方法，指调整某一领域法律的特有的实体规则、救济方法和救济程序。调整对象是区分部门法的主要依据，但结合调整方法就会更清楚地解决部门法的划分问题。

三资企业法是既调整横向经济关系又调整纵向经济关系的法律规范的总称，其内容涉及公法、私法、国内经济法、国际经济法等。它是一个边缘性的法律综合体，这种"边缘性"既表明它与相邻部门有多方面的错综交叉，又表明它的独立性，即它是一个区别于其他法律部门的新的独立的法律部门。

一、三资企业法与国内经济法的关系

世界上第一个在现代意义上使用"经济法"一词的人是法国空想社会主义者摩莱里（Morelly），他于1755年在其《自然法典》一书中提出"经济法"这个词。1906年，德国学者里特尔（Ritter）首次使用"经济

法"（Wirtschaftsrecht）一词。国内经济法，是一国内部调整经济关系的法律规范的总称。大多数学者认为经济法调整的是一国纵向的经济关系，我们也认为作为一国国内法的经济法的调整对象是一国纵向的经济关系，具体来说包括：宏观调控关系、市场秩序规制关系、国有参与或控股关系、涉外市场监管关系。国内经济法有其独特的调整对象因而也是独立的法律部门。我国立法机关在关于《中华人民共和国民法通则》的立法说明中明确提出："民法主要调整平等主体间的财产关系，即横向的财产、经济关系。政府对经济的管理，国家和企业之间以及企业内部等纵向经济关系或者行政管理关系，不是平等主体之间的经济关系，主要由有关经济法、行政法调整。"这也说明了经济法调整的是一国纵向的经济关系，这与三资企业法是有区别的。三资企业活动的一大特点，在于此类活动必是超越一国国界，是受市场支配的一种行为。这是三资企业活动与国内经济活动区别的根本界限。但是，任何一国超越国界的经济交往活动，如贸易、投资、运输等等，总有一部分或甚至大部分是在一国国内进行的，这是涉外经济活动与国内经济活动的交合之处。从法律性质来说，二者都属于国内法体系。但二者毕竟属于独立的法律部门，具有各自独特的调整对象，具有更加明显的区别，具体表现为：

首先，调整对象不同。两个法律部门虽然调整的都是一国的经济关系，但是，国内经济法调整的经济关系不具有外国的成分，是一种单纯的国内经济关系，而三资企业法调整的经济关系具有涉外因素，与一般的国内经济关系比较起来，它具有很大的特殊性；国内经济法的调整对象是纵向的经济关系，横向的经济流转大多归属于民商法的调整范畴，而三资企业法的调整对象是横向经济关系和纵向经济关系这两类经济关系。

其次，调整方法不同。国内经济法只能运用国内立法的手段去调整自己所管辖的经济关系，而三资企业法除了运用国内立法的手段以外，还可以借助本国缔结或参加的国际条约及本国认可的国际惯例作为自己的调整手段；解决纠纷的途径也有所不同，国内经济法一般引起的是行政诉讼，而三资企业纠纷的解决方式有多样性，既可以通过民事诉讼，也可以通过商事仲裁，必要时还可能会涉及经济行政诉讼以及国与国之间的司法协助。

再其次，解决争议适用的法律不同：国内经济纠纷，理所当然适用我国法律解决，一般都是国内实体法和行政诉讼法；而三资企业纠纷的解决，例如，合同当事人纠纷的解决有两种：一是三类特别合同，适用强行法，如在我国境内履行的中外合资经营企业合同、中外合作经营企业合同和中外合作勘探开发自然资源合同，必须适用我国法律；二是除了上述三种合同外，其他合同适用法律一般按冲突规则，即有当事人意思自治的依其意思自治，当事人没有选择法律的依最密切联系原则来确定法律的适用。

二、三资企业法与国际经济法的关系

国际经济法是调整国际经济关系的国际法规范和各国专门调整涉外经济关系的法律规范的总称，是一个包括国际法规范与国内法规范在内的独立的法律部门。对于它的调整对象各国学者都有各自不同的看法，大体可以分为两类：一种观点认为国际经济法调整的只是国家政府之间、国际组织之间以及国家政府与国际组织之间的经济关系，即狭义的国际经济法调整对象说，主要代表人物有英国的施瓦曾伯格、日本的金泽良雄等；另一种观点认为国际经济法不仅限于国家政府之间、国际组织之间以及国家政府与国际组织之间的经济关系，还包括自然人之间、法人之间、自然人与法人之间以及他们同外国政府或国际组织的经济关系，即广义的国际经济法调整对象说。国外的某些学者如美国学者杰赛普甚至主张它是一种跨国法。他在六十多年前率先提出了关于"跨国法"的概念。他认为在分析国际社会中超出一国范围的各种问题以及调整这些问题的法律规范时，过去一律使用"国际问题"和"国际法"这样的名词术语，据他解释，"跨国法"这一概念泛指所有用以调整超越一国国境的行为和事件的法律规范，它不仅包括国际公法和国际私法，也包括民法和刑法，而且还包括国内法中的其他公法和私法，甚至还包括难以归属于上述标准类别的其他各种法律规范。而另一美国学者杰克逊却以"国际经济法"代替"跨国法",他强调国际经济法这门学问的综合性、边缘性、多科性和多层次性,它是涉及经济领域的国内法和国际法、私法和公法的多科交融和综合运用,包含着或涉及传统法学许多分科的各个层次和各种题材,因此,决不能把它简单地纳入传统法学分科的任何单一门类。我们认为国际经济法的调整对象不只是调整国家政府之间、国际组织之间以及国家政府与国际组织之间的经济关系,当然国际经济法的调整对象也不是杰赛普主张的那种"跨国法"调整无所不包的社会关系,国际经济法有其独特的调整对象,即国际经济关系,因而它是独立的法律部门。三资企业法与国际经济法的关系是很清楚的,前者主要调整一国的经济关系,后者调整国际社会的国家间的经济关系。换句话说,前者是从某一个国家的角度来考虑其对外经济关系的法律调整问题,后者是从世界经济关系的全局来考虑国家间的经济关系的法律调整问题。当然,从宏观上来讲,各国涉外经济关系的总和就构成国际经济关系,国际经济法兼跨国际法规范与国内法规范,无疑与三资企业法存在交叉之处。国际经济法的规范中有一部分是由各国对外经济法律规范构成的,这部分性质上是各国法律体系中的三资企业法规范,离开了这些三资企业法的规定,国际经济法就会变成残缺不全的东西,无法正常地调整国际经济关系,国际经济法的渊源中大量吸收了国际私人商务惯例以及各国国内涉外经济的立法;三资企业法主体与国际经济法主体基本相同,自然人、法人和国家、国际组织都可以参加这两种经济法律关系;三资企业法与国际经济法使用的法律概念也基本相同,如货物买卖、投资、信贷、合同、违约责任等等。我们认为国际经济法作为与国际公法、国际私法并列的国际法的分支,它要涉及各国调整涉外经济关系的专用国内法实体规范的话,也只能是从比较法的角度在总体上有所涉猎,而不是从一个国家的角度出发去概括无余。某一国的涉外经济关系的法律调整只能是该国三资企业法的部分任务。如果我们能这样来处理两个法律部门的划分,那么,它们之间的交叉就是一种合理的交叉,而不是简单的重复。但是它们毕竟不是一回事。这不仅仅是因为整体与局部在质和量上都有所不同,而且从法律体系上一个属于国内法,另一个属于国际法,不可混为一谈。二者的区别主要体现在：

其一，调整对象不同。三资企业法调整的主要为国内经济关系，但包括部分对外经济关系；而国际经济法调整的是国际经济关系，是国际社会的整体经济关系。其二，法律性质不同。三资企业法是一国国内法中的涉外经济部分，属于国内法范畴；而国际经济法调整国际社会超越一个国家界限的各种经济关系，属于国际法的一个分支。其三，法律渊源不同。三资企业法最主要的法律渊源是国内立法，而国际经济法最主要的渊源是国际条约和国际惯例；三资企业法的法律渊源还包括本国缔结和参加的国际条约，还有本国认可的国际惯例，而国际经济法的国际条约渊源和国际惯例渊源则泛指一切条约和惯例，不需要经过本国的认可。其四，任务和作用不同。三资企业法通过对一国对外经济关系进行合理调整，推动本国国际经济关系的发展；而国际经济法是通过对国际间经济关系的合理调整，促进国际社会整个经济关系良性运作；三资企业法的作用是保障本国对外经济活动的管理与管制、明确本国内外双方当事人在涉外经济活动中的法律地位、确保涉外经济纠纷的妥善处理、为本国创立涉外市场经济关系正常运转的法律环境，而国际经济法的作用在于为消灭旧的国际经济秩序、建立新的国际经济秩序服务。

三、三资企业法与国际商法的关系

国际商法是调整国际商事关系的法律规范的总称。所谓国际商事关系，是指某种商事关系，其主体不论是个人、法人、国家政府或国际组织，只要这种商事关系的当事人分属于两个以上不同的国家或国际组织，或其所涉及的商事问题超越一国国界的范围，这种关系就可称之为国际商事关系。用以调整所有这些国际商事关系的法律规范，都属于国际商法的研究范畴。显然，国际商法的内容属于私法的范畴。国际商法是随着商品经济的发展而发展起来的，其形成来源于实践，最初形成是商人习惯法，在11世纪出现于威尼斯，后随着航海贸易的发展逐步扩大到西班牙、法国、德国甚至北欧国家和非洲北部。从19世纪末20世纪初开始，国际商法已经历了两次大的发展。时至今日，已存在数目众多的国际商事惯例和国际商事条约，这些惯例和条约已涵盖国际货物买卖，国际海上、铁路、航空运输及多式联运货物运输与保险，国际票据、国际支付、国际商事仲裁领域，有效地规范着这些领域的商事交易；同时，在国际私人直接投资、国际资金融通、国际知识产权贸易、国际工程承包等国际商事交易领域也正在出现大量的国际商事惯例。国际商法已成为一个内容丰富、结构完备的法律规范体系。

三资企业法调整的经济关系中的纵向管理关系，与国际商事关系的性质不同，在我们研究三资企业法与国际商法的关系的时候可不予考虑；而其横向流转关系则与国际商事关系有交叉。因此，三资企业法与国际商法的调整对象也存在部分交叉。不过这种交叉也是一种合理的交叉。二者联系主要体现在：法律关系的主体基本相同，即都包括自然人、法人、其他组织、国家和国际经济组织；调整对象有交叉，都涉及横向的经济关系，即涉外经济流转关系；法律渊源也有交叉，三资企业法中国家缔结或参加的国际条约或国家认可的国际惯例也都属于国际商法的渊源。

但二者毕竟是各自独立的法律部门，区别是主要的，体现在：首先，法律性质不同，三资企业法是国内法，而国际商法应同国际私法、国际公法、国际经济法一样都归属于国际法的范畴。其次，调整对象也有区别，三资企业法的调整对象不仅包括横向平等主体间的经济流转关系，还包括纵向经济管理关系；而国际商法的调整对象是国际平等主体间商事交易关系；就横向经济流转关系而言，国际商法调整对象要比三资企业法要更广泛。再其次，法律渊源不同，三资企业法的渊源包括一国的国内立法和该国缔结或参加的国际条约及认可的国际惯例，而国际商法的渊源主要是国际条约和国际惯例。

我们明确了三资企业法与邻近法律部门的关系，找到了它们之间的联系和区别，就可以加强这些法律部门之间的分工与配合，各自在本部门的范围内深入开拓，为完善各自法律制度而努力奋斗。

第二章

三资企业法律关系

第一节　三资企业法律关系的概念和特征

一、三资企业法律关系的概念

法律关系是由法律规范所确认的法律关系主体之间的具有权利和义务内容的社会关系。由于各种法律规范所调整的社会关系不相同，因而形成了内容和性质各不相同的法律关系。三资企业法在调整中外合资企业、中外合作企业和外资企业时形成的社会关系就是三资企业法律关系。

三资企业法律关系是指由三资企业法律规范所确认的，在外商与国家之间、外商与中国合营者之间、三资企业与企业工作人员之间所发生的权利、义务关系的总称。它是三资企业法律规范调整三资企业关系的结果。因此这种法律关系由国家强制力保护，使各方按照他们的意志在法律范围内保证其意志和利益的实现，三资企业法律关系的形成有三个方面。

第一，我国的有关国家机关对三资企业的管理和监督所形成的关系。这种关系在法律上表现为我国的立法机关和行政管理机关有权制定三资企业法律规范，用以确定各方当事人之间的权利和义务。同时，三资企业应遵循我国有关的法律和法规，不得妨碍我国的社会公共利益。我国的有关行政管理机关有权在法律规定的范围内对三资企业进行管理和监督，但这种监督和管理不能妨碍三资企业依据合同和章程所享有的充分自主权。例如，《中外合营企业法实施条例》规定：企业主管部门对合营企业具有指导，帮助和监督的责任。在中国法律，法规和合营企业协议、合同、章程规定的范围的，合营企业有权自主地进行经营管理，各有关部门应给予支持和帮助。

第二，中国合营、合作者同外商之间以及三资企业与国内外经济组织之间的合作关系。中外合营企业、中外合作企业是中外双方在平等互利的基础上签订协议、合同和章程而建立的。因此，建立合营、合作企业的过程也就是双方合作的过程，在合营期限内双方就企业的重大问题进行协商解决，这也使双方保持合作关系。我国合营企业法规定双方的法律地位是平等的，一方不能将自己的意志强加给对方，并对企业重大问题达成一致才能有效，可见中外合营企业、合作企业的双方是平等合作关系。

在三资企业的生产经营中，必然有供销的活动。因此，三资企业在横向方面必然发生同其他经济组织的合作关系，这种关系由中华人民共和国经济合同法加以调整。而且，如果三资企业的供销方为外国企业或组织，那么这种经济关系由我国涉外合同经济法加以调整，由于上述两种关系都是在平等基础上发生的。因此，这是一种法律上的合作关系。

第三，三资企业的内部关系。这种内部关系是三资企业内部的各个部门之间的关系。三资企业内部董事会是企业的最高权力机关，它决定企业的重大问题，企业的经营管理机构负责日常的经营活动。在董事会授权范围内，总经理对外代表企业，对内任免工作人员并行使董事会授予的其他职权，三资企业可通过合同对工作人员进行的报酬、福利、劳动保护、劳动保险等事项进行规定，三资企业的职工可依法建立工会组织，开展工会活动，维护职工的合法权益。

由此可见，三资企业法律规范所调整的三资企业形成的关系为纵向的指导和监督关系，横向的经济合作关系和企业的内部关系。由此形成三方面的法律关系，才得以使三资企业活动的正常进行，保证国家对三资企业的管理。

二、三资企业法律关系的特征

三资企业法律关系产生于国家对三资企业实行的管理，监督以及三资企业与其他社会组织进行经济活动中。三资企业法律关系反映了我国对外开放，吸收外商直接投资的政策，体现了三资企业法调整三资企业关系的具体要求。在这一法律部门之中，由于调整对象的复杂性、综合性使得它具有一般法律关系的特征。例如，三资企业法律关系也是一种思想的社会关系：一方面，任何三资法律关系都是三资企业法调整三资企业关系形成的，体现了我国对外开放、吸引外资的政策；另一方面，每一个具体的三资企业法律关系，都是由双方当事人参加的，每一个具体的三资企业法律关系都体现了中外双方当人的意志，所以三资企业法律关系具有一般法律关系的特征。但三资企业法律关系又具有自己的特征，使它同其他法律关系区别开来，三资企业法律关系同国际经济法律关系和国内经济法律关系不完全一样，它具有以下特征：

第一，从三资企业法律关系的整体上看，三资企业法律关系的主体必然有一方为外国的公司、企业和其他经济组织或个人，这是和国内法律主体的显著区别。例如，我国的中外合营企业法规定：中华人民共和国为了扩大国际经济合作和技术交流，允许外国公司，企业和其他经济组织或个人，按照平等互利原则，经中国政府的批准在中华人民共和国境内，同中国的公司、企业或其他经济组织共同举办合营企业。《中外合作经营企业法》第一条也有类似的规定，因此中外合营企业、中外合作企业的合营至少有一方为外国经济组织或个人，这是三资企业法律主体上的重要特征。外资企业是中华人民共和国允许外国的企业和其他经济组织或个人在我国境内开办的外资企业。当然这种外资企业的主体为外国的经济组织或个人，显然也具有涉外因素，所以三资企业的法律关系主体至少有一方为外国的公司、企业其他经济组织或个人。

第二，从三资企业法律关系设立的地点来看，三资企业设立的地点一定在中华人民共和国境内。近些年来，由于我国开放范围的扩大，外国经济组织或个人可以在中国法律允许的任何地方建立三资企业，这样就给外国合作者提供可供选择的更多合作机会和地点，而现在建立的三资企业逐渐由经济特区——沿海开放城市向内地的方向发展。当然我国在国外建立的企业，包括独资企业和合作企业由于建立的地点在国外，这类企业不属于我国三资企业法调整的范围。

第三，从三资企业法律关系的客体上看，中外双方投入的现金、实物、工业产权等等。这种三资企业法律关系的客体除同一般法律关系的客体相同外，还有自己的不同特点。国内法律关系的主体在建立合作关系时并不要求某些客体的先进性，而中外合营企业法对此做出特殊规定：外国合营者作为投资的技术和设备，必须是确实适合我国需要的先进技术和设备，如外方有意以落后的技术和设备进行投资，造成损失的应赔偿损失。特别是《国务院关于鼓励外商投资的规定》明确规定，对外商建立的独资或合作企业采取先进技术的企业采取特别的优惠政策。可见，我国的三资企业法在优惠政策上向先进技术企业和出口型企业进行政策倾斜，这样就必须在三资企业法律关系的客体上采取特别的规定，来吸引外国的先进技术和设备，增加对我国国民经济薄弱的投资力度，从而加快我国经济的发展。

第四，从三资企业法律关系的内容上看，三资企业法律关系的内容较为复杂，它不但包括外商投资者同中华人民共和国的关系，即外国投资者有遵守我国的法律、法规，尊重我国的社会利益的义务，我国对外国投资者兴办的企业不实行国有化和征收的义务，在特殊情况下，根据社会公共利益的需要，对三资企业可以依照法律程序实行征收，并给予相应的补偿。这也是我国政府同30多个国家的政府签订的鼓励投资和保护协定的主要内容，是我国政府对外国投资者最主要义务。三资企业在我国的经营管理活动中具有更大的自主权，这也是我国国内经济法律主体所享有的权利不能比拟的。例如，中华人民共和国外资企业法规定：外资企业依照经批准的章程进行经营管理活动，不受干涉，外资企业拥有完全的用人自主权等等。

第二节　三资企业法律关系的构成要素

三资企业法律关系的构成要素，是指构成三资企业法律关系的不可缺少的组成部分，任何一项具体的法律关系都由法律关系的三个要素构成的，即法律关系的主体、客体和内容。例如，在中外合营企业法律关系中就有中外合作双方为三资法律关系的主体，合营双方投入的现金、实物、工业产权就是三资企业法律关系的客体。下面就对三资企业法律关系的构成要素加以分析。

一、三资企业法律关系的主体

三资企业法律关系的主体就是三资企业法律关系的参加者或当事人。任何法律关系都必须有自己相应的主体。在我国三资企业法律关系也有自己的相应主体，这主要有两个方面。

第一，三资企业法律关系的国内法律主体。它包括从事三资企业管理的有关国家机关，与三资企业进行合作的国内经济组织或个人。

三资企业的管理机关为直接从事三资企业管理的有关国家机关。例如，三资企业的建立必须经过国家对外经济贸易主管部门的批准，我国的工商机关、税务机关有权就相关事项进行监督和管理，这些国家机关都是从事三资企业管理的国家机关。国内的经济组织为我国的国有企业、集体企业和私人企业，当他们同外方合营或合作成为中外合营企业和中外合作企业的中方合作者，也就成为三资企业法律关系主体。除此之外，当三资企业同我国国有企业、集体企业和私人企业发生经济关系时，也成为经济协作的当事人。我国的公民当被三资企业录用成为三资企业的工作人员时，他们同三资企业发生一定的劳动法律关系，而成为三资企业法律关系一定范围的主体。正由于这些法律主体的相互配合，才能完成三资企业的经济目的，并在一定范围内承担相应的权利与义务。

第二，三资企业法律关系的中外合资经营企业、中外合作经营企业和外资企业本身是三资企业法律关系的重要主体，是联系其他法律主体的中心环节。按照三资企业法的有关规定，中外合资企业、中外合作企业、外资企业是依法取得中国法人资格，受中国法律的保护。同时这些企业也是联系中外的经济协作的桥梁。我国经过40年的改革开放，在吸引外资方面取得了令人瞩目的成就，成为世界数一、数二的引进外资国。三资企业达52万多家，年均外商直接投资实际使用金额达1260亿美元，这样大规模的经济投资，组建三资企业则直接带动我国经济的飞快发展。而我国的三个经济带的珠三角、长三角、环渤海经济带的经济发展都得益于对外资的吸引，也是这些地方经济发展的主导因素之一。

二、三资企业法律关系的客体

（一）三资企业法律关系客体的概念

法律关系客体，又称权利客体，是指法律关系主体的权利和义务所指向的对象。不同的历史时期和不同的社会条件下，法律关系客体的范围是不同的。但总体看来，由于权利和义务类型的不断丰富，法律关系客体的范围和种类不断扩大。客体在三资企业法律关系中占有重要地位，是法律关系构成的基本要素之一，如果没有客体，权利与义务就会失去了目标，也就不能构成具体的法律关系。

三资企业法律关系的客体，是指三资企业法律关系主体的权利和义务所指向的对象。法律规定是法律关系客体得以出现的前提。只有那些能够满足主体需要并得到国家法律确认和保护的事物才能成为法律关系的客体。哪些事物可以作为三资企业法律关系的客体，是由三资企业法加以规定的。一般来说，三资企业法律关系客体包括物、行为和智力成果三大类。但法律对这三类事物可作为三资企业法律关系的客体，仍有一定范围的限制。三资企业法律关系主体双方应在法律规定的范围内，确定三资企业法律关系的客体，以实现各方利益。

(二) 三资企业法律关系客体的分类

1. 物

物是指现实存在的能够为人们所控制所支配并具有经济价值的物质形态。它可以是天然存在的实物，也可以是由人的劳动创造的产品，还可以是财产的一般表现形式，如货币和有价证券等。物是三资企业法律关系中，运用得最广泛的客体，可以作为三资企业法律关系客体的物包括生产资料、生活资料和货币及有价证券。但是这些物必须在法律规定许可的条件下才能成为三资企业法律关系的客体。

(1) 生产资料。生产资料指的是社会生产中的物，是进行生产必须具备的物质条件，包括劳动资料和劳动对象，如土地、建筑物、机器设备、仪表、运输与保管工具、原材料、半成品、成品、能源等。生产资料主要是进出口贸易法律关系和外国直接投资法律关系的客体。目前，我国进口的货物有相当一部分是生产资料。我国三资企业法规定，中外合资经营企业、中外合作经营企业的中外投资者，可以用建筑物、厂房、机器设备或其他物料作价出资；中方也可以拿土地使用权出资，三资企业还可以通过与土地主管部门签订合同取得土地使用权。根据我国的社会经济制度的性质和国民经济发展的需要，对于生产资料作为三资企业法律关系的客体，国家法律规定有不同程度的限制。有的生产资料禁止作为三资企业法律关系的客体，如禁止买卖土地，但允许在一定条件下转让土地使用权；有的生产资料要经过一定程序的审批才能用作三资企业法律关系的客体，如有些生产资料需要经过申领进出口许可证方可进出口。

（2）生活资料。生活资料是指用以满足人们物质和文化生活需要的消费品，如服装、食品、文具、家具、玩具、钟表、私家车、家用电器、民用住房等等。只有具有价值和使用价值的生活资料才可以作为三资企业法律关系的客体。

（3）货币和有价证券。货币和有价证券是一类特殊的种类物，其价值不在于自身存在形式，而在它所代表的价值或权利。在现代市场经济条件下，物和资本日趋流动化、证券化、形式化，货币和有价证券在其中扮演着重要的媒介作用。

货币和有价证券包括中国和外国的两种，它们分别不同的情况既可以作为横向流转的三资企业法律关系的客体，也可以作为纵向管理管制的三资企业法律关系的客体。前者如三资企业合同，一般都有一方需要以货币履行义务，或用人民币或用外币进行计价和结算，以清偿一方当事人对另一方当事人的债务。后者如中国政府对在中国境内的外商投资企业征税，企业应以人民币交纳税款；中国政府实行外汇管理管制，一切三资企业法律关系的当事人都必须服从之。

2. 行为

行为是指主体为达到一定的目的所进行的活动。作为三资企业法律关系客体的行为，是指从事经济活动中经济管理行为和给付行为。管理行为具体表现为国家或国家机关对三资企业关系的监督、管理活动；给付行为是中国的个人、法人及其经济组织和外国个人、法人以及其他经济组织之间为达到共同的经济目的而进行的交换活动。

（1）经济管理行为。经济管理行为是三资企业管理主体的行为，是国家经济管理机关根据国家的授权，对三资企业管理而进行的活动，一般包括制定规章、决策、组织协调、执行、监督等行为。它主要为纵向管理管制法律关系的客体，是三资企业法律关系中普遍发生的一种重要的经济行为，如经济管理部门依法对企业进行检查监督等。

（2）给付行为。给付行为主要是横向三资企业活动主体的行为，指特定主体之间向他方交付一定的财物、完成一定的工作和提供一定的劳务等行为。

3. 智力成果和经济信息

智力成果是和经济法律关系主体自身相联系的非物质财富，包括各种信息、情报、资料等无形的经济利益，均可成为三资企业法律关系的客体。因为它可以运用于生产，转化为生产力，同时可以不经过再生产而多次进入贸易领域并进行转让，因此具有经济价值，当然是三资企业法律关系客体的一个组成部分。作为三资企业法律关系客体的科学技术成果一般不具有直接的物化形态，主要是指专利、商标和专有技术等，并由法律、法规加以认可和保护。将科学技术成果作为自己客体的三资企业法律关系，最典型的是作为技术引进合同法律关系。按照我国有关技术引进的法律规定，专利和专有技术等都可以作为技术引进合同的标的，如《中华人民共和国技术进出口管理条例》的相关规定。此外，中外合资经营企业法及其实施条例也规定，合营各方也可以用工业产权和专有技术作价出资。

在研究法律关系客体问题时，还必须看到，实际的法律关系多种多样，而多种多样的法律关系就有多种多样的客体，即使在同一法律关系中也有可能存在两个或两个以上的客体。例如，买卖法律关系的客体不仅包括货物，而且包括货款，因为买卖就是货物与货款的对流；此外，作为买卖合同履行的客体还包括履行行为。由于对外经济贸易活动中，纯技术进出口比较少，在多数情况下，是技术与设备、器材一并进出口，这时的三资企业法律关系的客体包括了有形商品和无形的技术。

三、三资企业法律关系的内容

（一）三资企业法律关系内容概述

法律关系是社会生活主体之间在法律上的权利和义务关系，所谓法律关系的内容，也就是指法律关系主体所享有的权利和承担的义务。法律权利和义务是法律关系的重要构成要素，即为法律关系的内容。权利和义务是任何法律关系的核心所在，人们之所以建立法律关系，目的就是为了确立各自的权利和义务。没有权利和义务，人们之间的关系就不能成为法律关系。

三资企业法律关系的内容，是指三资企业法律关系主体享有的经济权利和承担的经济义务。这种权利义务内容，是三资企业法调整的社会关系在法律上的直接表现。以下具体来看看三资企业法律权利和义务。

1. 经济权利

经济权利是指由国家强制力予以保障实现的，三资企业法律关系主体在经济活动中，贯彻其意志或利益的法定权能。简单来说，指三资企业法规定的、三资企业法律关系主体作出或不作出某种行为的权利。经济权利的具体含义包括：

（1）在三资企业法律规定的范围内，享有权利主体依法直接享有某种利益，有权根据自己的意志进行经济活动以实现自己的利益。权利人依法直接享有某种利益，这种利益既体现为权利人在权利内容中享有的利益，也包括在权利行使中最终实现的利益，利益的实现则是当事人享有权利的最终目的。权利赋予权利人一定的行为自由，即权利人可以在法定的范围内通过行为自由来实现其权利。三资企业法律主体的个人、法人和其他组织之间有权在法定范围内缔结合同，进行贸易或进行经营、协作、竞争以及其他经济活动。同时国家为了实现其经济利益，有权进行经济领导、管理。

（2）在法律规定的范围内，享有经济权利的主体可以请求对方（即义务人）作出一定的行为（包括作为与不作为），以保证其享有的经济利益的实现。

（3）法律规定的范围内，享有经济权利的主体享有的权利是已经类型化了的权利。权利是一种类型化了的利益，即各种受保护的利益必须被法律确认并被分类定型的各种法定权利。

（4）在法律规定的范围内，享有权利的主体由于对方的行为而使其权利不能实现时，有权请求有关国家机关予以保护，获得救济的权利。这是指主体在法律权利受到侵害时诉请国家提供保护的权能。权利是受到国家强制力保护的利益，权利的确认、行使和保护都由国家公权力予以维护。经济合同一方当事人不履行合同导致根本违约，使对方当事人合同根本目的不能实现时，非违约方有权请求法院解除合同。

2. 经济义务

经济义务是指三资企业法律关系主体根据法律的规定，为满足权利主体的要求，在经济活动中履行某种行为的必要性。义务与权利相对应，是满足权利人利益要求的一种法律手段。经济义务的具体含义包括：

（1）承担经济义务的三资企业法律关系主体，要依据法律的规定或合同的约定作出一定的行为（包括作为与不作为），以保证国家利益和权利主体的权利获得实现。义务人必须依据法律的规定或合同的约定，实施一定的行为或不实施一定的行为，以便满足权利人的要求。如个人、法人和其他组织等依法律规定缔结合同进行交往时，履约方必须依约履行合同。

（2）承担经济义务的三资企业法律关系主体应履行的义务，应限制在法律规定的范围内，义务主体不必履行法定和约定以外的要求。

（3）承担经济义务的三资企业法律关系主体应自觉履行自己的义务，三资企业义务受到国家强制力的监督、约束，如不履行或履行不当，都要承担法律责任。

四、三资企业法律关系的变更

(一) 三资企业法律事实的概念

任何法律关系都是由法律事实引起的。所谓法律事实,是指能够在当事人之间引起法律关系产生、变更或消灭的客观现象。社会生活中出现的事实,并非都与法律规定有关,并非都能产生一定的法律效果。只有法律规范所规定的能够产生一定法律后果的,产生一定的法律意义的那些客观现象才能成为法律事实。每一种法律关系都由相应的法律事实所引起。三资企业法律事实就是指那些能够引起三资企业法律关系产生、变更或消灭的客观现象。哪些客观情况能成为三资企业法律事实,由三资企业法所规定。

法律事实同法律规范的区别和联系在于:法律规范是产生法律关系的法律依据,如果没有相应的法律规范,社会关系就不可能成为法律关系;而法律事实是引起法律关系的事实根据或原因。在大多数情况下,如果只有法律规定,而没有一定的客观情况出现,法律规定不可能自动引起法律关系。法律规范本身并不能在当事人之间引起权利义务关系,而只是表明主体享有权利和承担义务的可能性。同时法律规范又是法律事实的依据,只有符合法律规定的客观情况才成为法律事实。例如,中外合资经营企业法是产生中外合资经营企业法律关系的法律依据,而中外合资经营双方签订中外合资经营企业合同并获得中国政府批准的客观情况,则是引起中外合资经营企业法律关系成立的原因所在。而这种客观情况之所以构成了法律事实,是由中外合资经营企业法所规定的。

(二) 三资企业法律事实产生的法律后果

法律事实必须能够引起一定的法律效果。法律事实可以引起法律关系的产生、变更或消灭。如中外双方签订了某种成套设备合同,则该签订三资企业合同的行为就是一种法律事实。这一法律事实的存在，便在中外供需双方之间形成了涉外货物买卖合同法律关系。如果中外供需双方对于成套设备的安装试用、技术人员的培训及专有技术保密和许可证等问题上，因情况变化又达成了改变原合同中某些内容或解除合同的协议，则该新协议作为新的法律事实出现，致使原来的涉外货物买卖法律关系发生变更或终止。

法律事实不仅可能引起当事人预期的特定的法律效果，也可能引起当事人预期之外的其他法律后果。例如，当事人订立的合同符合法律的强行性规范且不违反社会公共利益时，就能够产生合同法律关系。如果该合同是无效合同，此时虽然不引起当事人预期的法律后果，但仍产生诸如返还财产、赔偿损失等法律后果。三资企业法律事实出现时，可以产生下列法律后果：

1. 引起三资企业法律关系的产生

只有通过三资企业法律事实，才能使法律所规定的权利义务，转化为当事人实际享有的权利和承担的义务。即由于一定的三资企业法律事实的出现，使当事人之间形成一定的经济权利义务关系。如前述中外合资经营双方签订中外合资经营企业合同并经中国政府批准这一事实，就在中外合资经营双方中间确立了合资经营企业的权利义务关系，而这种权利与义务受到国家法律的保护与监督。

2. 引起三资企业法律关系的变更

即由于一定的三资企业法律事实的出现，而导致原来三资企业法律关系的变更，通常包括：主体变更（权利主体或义务主体发生变化）、内容变更（主体享有的权利和承担的义务在范围和性质上发生变化）和客体变更（客体发生变化）。主体的变更，如合同一方当事人征得对方同意后将其合同的权利和义务全部转让给第三者，从而变更主体一方当事人。主体变更还可以是主体数目的增减。内容的变更即主体权利义务的变更，如由于出现不可抗力事件，允许卖方推迟交货；外方投资企业如发展成为产品出口型企业或先进技术型企业，可以进一步减免企业所得税等。客体的变更，如国际货物买卖合同双方当事人协商同意后，改变货物的品种、规格、数量等。客体的变更通常同时也带动主体双方权利义务的变更。

为了维护三资企业法律关系的严肃性，保持经济秩序的稳定，三资企业法律关系的变更应受到严格的限制。当事人必须严格按照三资企业法规定的条件，来变更三资企业法律关系，凡不符合法定条件的变更，都是无效的。

3. 引起三资企业法律关系的消灭

即由于一定的三资企业法律事实的出现，使三资企业法律关系不再存在，主体间的权利与义务关系即行终止。如中外合资经营企业合同期满，合营关系即告终止。根据终止的不同情况，三资企业法律关系的消灭可分为一次性或全部消灭与分期或部分消灭。前述中外合营关系终止例子即为一次性消灭。分期消灭，如国际货物买卖合同的履行采用分批交货分期付款方式，即为一例。

（三）三资企业法律事实的分类

根据客观事实是否与法律关系当事人的意志有关，三资企业法律事实可以分为事件与行为两类。

1. 事件

所谓事件，分为自然事件和社会现象，是指不依法律关系当事人的意志为转移，与当事人的意志无关，但是能够引起三资企业法律关系产生、变更或消灭的客观现象。事件是引起三资企业法律关系产生、变更或消灭的重要法律事实。自然事件又称为自然现象，如暴雨、地震、海啸等自然灾害，这些能造成财产毁灭、交通中断等结果，从而引起财产所有权的消灭、国际货物买卖合同的被迫变更或取消。或者如由于约定某种自然灾害的出现，致使被保险的国际货物遭到损失，而在国际货物运输保险合同当事人间引起赔偿关系。事件还可以是社会现象，如战争、动乱、罢工等，同样也会引起三资企业法律关系产生、变更或消灭。

2. 行为

行为，是指人的有意识的活动。这里所说的行为，是指三资企业法主体以及其他有关人的活动。这些活动凡能引起三资企业法律关系产生、变更或消灭的，就是三资企业法律事实。基于三资企业法律关系的横纵结合的特点，可以把行为分为国家行为和当事人行为两类。

（1）国家行为。国家行为按性质又可以分为以下几种：①经济立法行为。任何法律关系的产生和存在都是以有关法律规定为前提的，因此，法律关系产生、变更或消灭的原因，首先在于法律本身。立法可以使既存的社会关系成为法律关系，也可以创造出一开始就有法律关系性质的社会关系，还可以使现有的法律关系发生变更或消灭。三资企业法律关系尤其是纵向经济法律关系，许多都是可由立法直接确立、变更或消灭的，因此，某些经济立法行为本身可以成为一种三资企业法律事实。例如，中国颁布《中外合资经营企业所得税法》，从而在中国税务机关同中外合资经营企业之间设立了征纳税法律关系。②经济管理行为。这是指国家机构依法行使职权管理经济活动的行为，属于行政命令的性质，它主要是引起纵向三资企业法律关系产生、变更或消灭的一种法律事实。例如，批准成立外资企业的行为，就在外资企业同中国政府之间确立了管理与被管理、保护与被保护的法律关系；批准减免税收申请的行为，就可以使纳税人的义务发生变化；撤销注册商标，解散企业的行为，就可以终止一定的权利义务关系等。③经济司法行为和仲裁行为。执法和司法创立、改变、废止法律关系的情况也是相当普遍的，包括法院的判决和仲裁机关的裁决，它们均能引起经济法律关系的产生、变更与消灭，带来一定的法律后果，因而也是一种法律事实，如基于生效的法院判决或仲裁机构的裁决而责令赔偿损失等。不过这种法律事实的特点，一般是以存在特定的三资企业法律关系为前提，因为只有存在特定的三资企业法律关系的情况下，一方或双方当事人才能将案件提交法院或仲裁机构处理。

（2）当事人行为。在当事人行为中，可以分为积极行为和消极行为，也可以分为合法行为和违法行为。作为三资企业法律事实中的当事人行为，在此我们按其性质又可以分为以下几种：①经济合法行为。合法行为是指经济主体行为的内容和方式都符合我国法律的要求，这种行为具有法律效力，能发生行为人所想获得的经济效果。三资企业合法行为以合同行为为例，是指参加三资企业交往活动的中外双方当事人订立、修改以及履行三资企业合同的行为，它是引起横向三资企业法律关系产生、变更和消灭的主要法律事实。作为法律事实，三资企业合同行为一般应是双方法律行为，即由双方当事人意思表示一致的行为。依照法律规定三资企业合同的订立、变更或提前终止须国家有关机构批准的，三资企业合同行为需要与批准行为结合在一起才能共同构成一个三资企业法律事实。②经济违法行为。经济违法行为是指经济主体做出我国法律所禁止的行为或不做法律规定所要求的行为。这种行为是法律规范所禁止的。一般可分为触犯经济法规的经济违法行为、触犯行政管理法规的经济违法行为、触犯刑事法律的经济违法行为。经济违法行为是法律上无效行为。当事人如果实施了这种行为，就能引起要求其承担某种法律责任的三资企业法律关系。如我国合同法中规定不得违反公共利益否则行为无效。再如，违反海关法，进行走私活动。另如偷税漏税、逃汇套汇等都是违法行为，这些行为将引起没收或罚款关系的发生。又如违约行为，也属违法行为，可能引起赔偿关系的发生。

第三节　三资企业法律关系的保护

一、三资企业法律关系保护的概念和意义

三资企业法律关系的保护，就是国家运用法律的手段保证三资企业法

律关系中的权利主体实现自己的权利，督促义务主体履行自己的义务，维护国家机关、个人、法人和其他组织的法律地位不受侵犯。如果权利主体不当地行使权利或义务主体不当地履行义务而发生争议，则保证能够通过法定程序予以处理，同时对违反法律的行为进行制裁。

三资企业法律关系是反映我国对三资企业活动进行管理的一种法律制度。它对我国整个社会主义现代化建设有着重要的影响作用。确立并保护三资企业法律关系，就是要将经济活动纳入法制的轨道，维护经济秩序，保证各种经济活动顺利而有效地开展，实现中外双方的经济利益，从而推动我国国民经济的发展，加速我国社会主义现代化建设。很显然，如果三资企业法律关系主体之间的权利义务关系得不到法律强制力的保护，任何一方当事人便可以随便改变或废除自己的义务，或者滥用自己的权利，这势必导致经济秩序的混乱，使经济活动无法进行。因此，加强三资企业法律关系的保护，意义重大。

二、三资企业法律关系保护的途径和方法

我国对三资企业法律关系的保护，是建立在国家强制力与自觉遵守相结合的基础之上的。一方面，通过法制教育，使法律主体自觉遵守经济法律法规，正确行使经济权利，自觉履行经济义务，使三资企业法律关系正常运转；另一方面，对于那些不能自觉遵守经济法规范，不能自觉履行经济义务甚至侵犯他人经济权利，破坏三资企业法律关系的现象，则运用国家强制力予以制裁，维护三资企业法律关系的严肃性。

三资企业法律关系的保护方法主要由我国经济法所规定，也有的是由我国缔结或参加的条约所规定，归纳起来主要有下述几种。

（一）经济的行政救济措施

三资企业法律关系的行政救济措施包括强制执行、复议和行政诉讼三种。

强制执行是指在某些以国家机构为权利人一方的三资企业法律关系中，义务人不履行义务时，国家机构可以依法强制其履行义务，如税务机关强制纳税人纳税等。这是三资企业法律关系保护不同于民事法律关系保护的一个重要特征。在民事法律关系上，义务人不履行义务，权利人不能运用自己的实力强迫义务人履行，因为民事法律关系主体双方的地位和权利是平等的。

由于国家机构具有强制执行力，相应地就可能产生强制执行不当的问题。因此，在某些三资企业法律关系中，三资企业法律允许当事人向作出强制执行决定机关的上级机关申请复议，通过复议纠正不当的决定，以维护义务人的正当利益。

为了更有效地防止国家机构的不当行政决定，保护经济交往活动当事人的合法权益，法律还允许当事人向人民法院提起诉讼，要求人民法院依法纠正国家机构的不当行政决定。如上述两个涉外企业所得税法均规定，当事人如不服复议后的决定，可以向当地人民法院提起诉讼。1989年4月4日七届人大二次会议通过了《中华人民共和国行政诉讼法》，对行政诉讼作了较全面和具体的规定。依该法第37条规定，对属于人民法院受案范围的行政案件，公民、法人或者其他组织可以先向上一级行政机关或者法律、法规规定的行政机关申请复议，对复议不服的，再向人民法院提起诉讼；也可以直接向人民法院提起诉讼，但法律、法规规定复议为必经程序的除外。从事经济交往活动的中方当事人可依照该法及其他有关法律对国家机构强制执行行为及其他行政行为提起诉讼。

（二）经济审判

即由法院对经济纠纷案件进行审理，做出判决，强迫义务人履行义务，在必要时并给予一定的惩罚。这是保护三资企业法律关系最强有力和最有效的一种方法。根据三资企业法律关系的种类不同，有的三资企业法律关系只能在中国法院寻求保护，如在中国境内履行的外国投资合同法律关系和以中国政府机构为一方的三资企业法律关系等；有的三资企业法律关系视情况也可以在外国法院寻求保护，如涉外货物买卖、运输、保险等法律关系。应当注意的是，这里会涉及法律适用问题。

（三）经济仲裁

即双方当事人协议将经济纠纷案件提交仲裁，由仲裁庭作出裁决，裁决对双方当事人有约束力，如果败诉方不自动执行裁决，胜诉方可请求法院强制执行。因此，仲裁也是保护三资企业法律关系的一种重要方法。在实践中，它正越来越多地被三资企业法律关系当事人所采用。经济仲裁包括在我国仲裁机构仲裁和在国外仲裁机构仲裁。根据我国有关法律规定，三资企业法律关系凡被允许采用仲裁方法保护的，可以求助中国仲裁机构也可以求助国外仲裁机构进行保护，由双方当事人协商确定。我国同一些国家缔结的相互鼓励和保护投资的双边协定中规定，缔约一国政府同另一缔约国私人投资者发生的某些投资争议，如双方协商解决不成，可在投资接受国的司法机关或有关行政主管机关解决，也可提交国际商事仲裁。

三、三资企业法律责任与法律制裁

对三资企业法律关系的保护，最后的强制措施是使违法者承担法律责任并对其给予相应的法律制裁。

（一）三资企业法律责任

法律责任是指行为主体因违反法律义务而应当或必须承担的不利后果。纯粹法学派创始人凯尔森认为："法律责任的概念是与法律义务相关联的概念，一个人在法律上对一定行为负责，或者他在此承担法律责任。意思就是，如果做相反行为，他应受制裁。"三资企业法律责任，是指三资企业法律关系的主体在违反三资企业法律规范时，应当对国家或受害者承担相应的法律后果，即违法者必须承担具有强制性的某种法律上的义务。

三资企业法律责任是同经济违法行为联系在一起的，承担三资企业法律责任的前提是存在三资企业法律违法行为，实施经济违法行为就必须承担经济法律责任。

所谓经济违法行为，是指在经济领域里的违法活动，即违反经济法律规范的行为，也就是三资企业法律关系主体不履行三资企业法律规范或依法签订的经济合同规定的义务，或者作了法律所禁止的侵犯其他经济法主体的经济权利和经济利益的行为。经济违法行为直接危害了三资企业法律关系，破坏了经济秩序。经济违法行为，依其违法的程度和对社会危害性的大小，可分为一般经济违法行为和严重经济违法行为两种。一般经济违法行为，是指情节较轻的、社会危害性较小的经济违法行为，如不履行经济合同义务的、不按期纳税等行为。严重经济违法行为，是指情节严重的、社会危害性较大的触犯国家刑律已构成经济犯罪的行为，如情节严重的走私行为等。

根据我国各种法律的规定以及有关国际实践看，犯有经济违法行为的主体应承担的法律责任，有经济责任、行政责任和刑事责任三类。承担法律责任的重要后果，是要受到相应的法律制裁。

（二）三资企业法律制裁

三资企业法律制裁是指国家司法机关或者国家授权的有关机关或者仲裁法庭，对应负三资企业法律责任的违法者，依法所采取的处罚措施。法律对三资企业法律关系保护的强制力，集中地体现在法律制裁上。三资企业法律制裁，依违法者承担的法律责任不同，相应地分为经济制裁、行政制裁和刑事制裁三类。严格区分违法行为的性质，对于正确运用行政、经济、刑事等制裁手段，有效地保护三资企业法律关系有重要意义。

1. 经济制裁

经济制裁是指司法机关、行政机关或仲裁机关对犯有经济违法行为应承担经济责任者，给予的含有经济内容的处罚。它是经济制裁中最主要最常见的一类制裁。经济制裁主要有以下几种：

（1）赔偿经济损失。赔偿经济损失是指违法者以自己的资产补偿受害者所遭受的经济损失。依法责令违法者赔偿经济损失，一方面在于有效地制裁经济违法行为，保证三资企业法律和法规顺利实施；另一方面在于受损害一方的物质利益能够得到补偿，最大限度地消除损害后果，以维护受损害者的合法权益。适用赔偿经济损失这种制裁的一个前提条件，是违法者的违法行为必须造成了对方当事人的实际损失。根据我国经济合同法和我国已加入的联合国国际货物销售合同公约，实际损失包括直接损失和间接损失。

（2）支付违约金。这里指由法律或合同预先规定的、当事人一方因过错不履行或不当履行合同时，向对方支付一定数额的货币。如《中华人民共和国合同法》第114条规定，"当事人可以约定一方违约时应当根据违约情况向对方支付一定数额的违约金，也可以约定因违约产生的损失赔偿额的计算方法。"支付违约金一般不以违约已造成实际损失为条件，只要当事人一方有不履行或不当履行合同义务的行为，并且违约是由其自身的主观过错造成的，就应当向对方支付违约金。违约金在实际适用上具有惩罚和补偿两种性质。当违约尚未造成实际损失时，支付违约金纯属惩罚性的经济制裁；当造成的损失少于违约金时，支付违约金兼具惩罚和补偿两种性质。设立支付违约金制裁的目的，在于督促经济合同当事人信守合同，认真履行合同义务，维护经济合同关系的严肃性。

（3）罚款。罚款是国家经济管理机关或者国家授权的有关机关在其职权范围内，对违反法律的企业、其他经济组织和个人依法强制其缴纳一定数额的货币。例如，国家税务机关依照涉外企业所得税法，对不按期纳税，或偷税、抗税的中外合资经营企业处以罚款；国家外汇管理机关依照有关外汇管理条例，对犯有违反外汇管理的行为如套汇、逃汇行为的单位和个人处以罚款；进出口商品检验机构依照我国进出口商品检验条例对违反该条例规定的企业处以罚款；等等。

（4）没收财物。这是指国家司法机关或其他经济管理机关依法没收三资企业法律关系主体非法所得的财物，无偿地收归国库。这里有两种情况：一种是在经济方面触犯刑律，把没收其财产作为一种刑罚，如违反禁运法的，没收其禁运物，这种没收主要适用于那些情节严重的走私犯。另一种是在经济行政方面没收财产的情况，例如，法院或海关对走私的物品予以没收；外汇管理机关对违反外汇管理条例的非法所得予以没收；等等。

2. 行政制裁

行政制裁包括行政处罚和行政处分。行政处罚是指由国家经济行政管理机关对犯有经济违法行为应承担行政责任者，依法给予的惩罚措施，主要有批评教育、警告、罚款、通知银行冻结其存款或者撤销其银行账户、没收违法所得、勒令停办或者停业、吊销筹建许可证或者营业执照、行政拘留等。

行政处分是指对违反法律规定的国家机关工作人员或被授权、委托的执法人员所实施的惩罚措施，主要有对违法活动的直接责任人员给予警告、记过、降级、降职、留用察看、开除、具结悔过、行政拘留等处分。

3. 刑事制裁

这是指法院对违反法律法规，造成严重后果构成经济犯罪行为的单位和个人，所给予的刑罚惩罚。在我国，过去刑事制裁的对象只能是个人，但现在我国法律已承认社会组织在某些情况下可以成为犯罪主体，因此对社会组织触犯刑律的，可以对该社会组织处以罚金、没收财产等刑罚处罚，必要时还可对该社会组织的负责人及直接行为人予以刑事制裁。

第二编

三资企业的依法成立

第三章

三资企业法概述

第一节 中外合资经营企业法概述

一、中外合资经营企业的立法概况

《中华人民共和国中外合资经营企业法》（简称《中外合资经营企业法》）是指调整在中国境内设立的中外合资经营企业及合营各方与国内法律主体的各种行为的法律规范的总称。它是由一系列法律、法规等组成的整合体。

我国《宪法》序言规定："中国坚持独立自主的对外政策，坚持互相尊重主权和领土完整、互不侵犯、互不干涉内政、平等互利、和平共处的五项原则，坚持和平发展道路，坚持互利共赢开放战略，发展同各国的外交关系和经济、文化交流，推动构建人类命运共同体；……"这就确定了我国开展国际经济交流与合作，以及利用外资的基本方针和原则。随着我国改革开放政策的贯彻执行，合营企业蓬勃发展，为加强对合营企业的监督和管理，规范合营企业的各种行为，保护合营企业及合营各方的合法权益，1979年7月1日，第五届全国人民代表大会第二次会议通过了《中华人民共和国中外合资经营企业法》（该法于1990年、2001年、2016年修订），并于同年7月8日生效实施。这是中华人民共和国成立以来我国首次颁布的吸引外资与我国企业共同开办合营企业的法律。该法简明扼要，共16条，对合营企业的法律地位、设立与登记、资金构成、组织结构、技术引进、场地使用、经营、税收、外汇管理、财务会计、职工、工会、争议等作了原则性的规定。

为便于《中外合资经营企业法》的顺利实施，1983年9月20日国务院又颁布了《中外合资经营企业法实施条例》（2014年最后修订）。此外，我国还先后颁布了一系列单行法律、法规，其内容主要包括鼓励外商来华投资的诸多规定，如合营企业各方投资比例、组织管理、利润分配的规定；合营企业税收优惠规定；先进技术的引进及产品出口的相关规定等。

此外，我国许多省、自治区、直辖市，尤其是沿海经济特区和开放城市，都先后制定了许多有关外商投资的地方性法规，从而做到了与各单行法律、法规相辅相成，又能切合本地区的实际情况，形成了比较完备、配套的规范体系。

二、中外合资经营企业的概念和特征

（一）合营企业的概念和性质

中外合资经营企业（以下简称合营企业），是指外国的公司、企业和其他经济组织或个人依照中国法律，经中国政府批准，按照平等互利的原则，在中国境内同中国的公司、企业或其他经济组织共同投资、共同经营、共担风险、共负盈亏的企业法人组织。经中国政府批准并经注册登记的合资企业是中国法人，应遵守中国法律，并受中国法律管辖和保护。

1. 合营企业的性质

（1）合营企业法律性质概述：从世界范围看，各国吸引外资采取的形式之一就是开办合营企业。所谓合营企业（joint venture），是指两个或两个以上的当事人，为实现特定的商业目的，共同投资、共同经营、共担风险、共负盈亏的一种企业形式。

关于合营企业的法律性质，各国的立法规定及司法实践差异很大。英美法系国家主张"合伙说"，认为合营企业是一种合伙（part-nership），可为各种经济合作普遍采用，合资经营者之间的关系，是一种人合关系而非资合关系。虽然英美法也认为合营企业与合伙有所不同，但一般开办合营企业仍是采取合伙形式，适用或类推适用合伙的有关法律规定，而不承认合营企业的法人性质。有些国家把合营企业纳入公司法范畴，主张"法人说"，即合营企业属于法人而不是合伙，通常采用股份有限公司或有限责任公司的组织形式，比利时、联邦德国、日本等国即属此类。法国等国家则主张"折中说"，即认为合营企业具有合伙与法人的双重特性，合营企业是"经济利益的组合"。根据法国1967年关于合营企业条例的规定，合营企业是一个独立的法人，但合营企业所经营的业务必须是合营者自身业务的某些扩展，合营企业所得的利润不属于企业，而直接属于合营者，合营者对企业的债务负连带无限责任。因此，根据各国实践，从法律性质上看，合营企业可以分成股权式合营企业和契约式合营企业两种类型。

（2）股权式合营企业（equity joint venture）是由合营者相互协商为经营共同事业所组成的法律实体，它把各方合营者的出资分成股份，各自按自己的出资比例对合营企业享受权利，承担义务。它一般组成法律实体，具有独立的法人人格，拥有一定的管理机构作为其代表。依合营者股份的比例，股权式合营企业又可分为以下三种类型：①对等型：即在资本出资、经营参与、责任分担等方面，各方合营者均处于对等地位，其经营参与权与控制权也都平等；②参与型：即合营一方对合营企业享有积极的经营支配权，他方参与经营，但处于从属地位。有支配权的一方，对企业负主要责任，并通常占有多数股份。但在现代社会中，由于控股的分散等原因，即使一方所控股份不足50%，也能享有支配权；③联合型：这种合营主要用于自然资源的联合开发,各合营者的权利和义务按分担开发费用的比例来决定,并据此承担风险。

(3) 契约式合营企业（contractual joint venture）是指合营各方出资不采用股份形式,而是根据合营契约的约定享受权利、承担义务、共同经营、分担风险的企业。这种合营往往不具备法人资格,合营各方对其所出资产保留其合伙权利。在中国,目前中外合作经营企业即属一种契约式合营企业。

2. 我国合营企业的法律性质

在我国,合营企业在法律性质上说属于股权式合营企业,但在事实上我国的合营企业也未把各合营者的出资分成股份,而是划分为一定的比例,合营者各方依照各自出资比例,对合营企业享受权利和承担义务。《中外合资经营企业法》第四条第三款规定："合营各方按注册资本比例分享利润和分担风险及亏损。"合资企业具有独立的法人资格。

(二) 合营企业的特征

合营企业的基本特征可以概括如下:

1. 由中外合营者共同开办

合营企业的当事人,包括外国合营者与中国合营者,这有别于国内的一般企业。中外合营者的资格必须符合法律规定。

(1) 外国合营者:一般指外国的公司、企业、其他经济组织或个人,即外国的法人和自然人都可以作为一方当事人在我国开办合营企业。根据1983年3月1日由中国外汇管理局公布的《对侨资企业、外资企业、中外合资经营企业外汇管理施行细则》（以下简称《外汇管理施行细则》）第二条解释："中外合资经营企业是指华侨或港、澳同胞资本或外国资本的公司、企业和其他经济组织或个人,在中国境内同中国的公司、企业或其他经济组织共同开办、合资经营的企业。"由此可见,为鼓励港、澳、

台地区的企业、个人和华侨投资,对合营企业的外国投资者应做扩大解释,即包括外国和港、澳、台地区的公司、企业和个人;

(2)中国合营者:是指中国的公司、企业或其他经济组织,具体地说,应指依照我国法律程序,经核准并登记注册,具备《民法通则》规定的法人成立要件,获得法人资格的法律实体。为此,在我国自然人不能作为一方合营当事人而与外国合营者开办合营企业;我国的各级政府及其行政业务管理部门,包括那些跨行业、跨地区以及全国性的具有行政管理职能的公司、企业、民间团体、群众组织、学术机构等,凡是不符合我国企业法人条件的,都不具备作为中方合营者的资格。

2. 依我国法律在中国境内经批准设立

合营企业是依照我国的法律而不是依照他国的法律而设立的。中外合营者必须依照《中外合资经营企业法》及其《实施条例》的有关规定开办合营企业。合营企业是专指设在中国境内的。中国的公司、企业或其他经济组织在外国与外国人开办的合营企业,一般须受当地法律的管辖和保护,其地位一般等同于外国公司,因而不在《中外合资经营企业法》的管理范围之内,习惯上也就不把它们称为合营企业。合营企业的设立还必须经过中国政府的批准。因此,中外双方合营者间签订的有关设立合营企业的协议、合同和章程等,必须经中国政府批准方能生效。

根据《中外合资经营企业法实施条例》第八条的有关规定,在中国境内设立合营企业的审批机构是中华人民共和国对外经济贸易部及其委托的有关省、自治区、直辖市人民政府或国务院有关的部、委、办、局。批准设立的合营企业必须在对外经济贸易部备案,并由对外经济贸易部颁发批准证书。

3. 合营各方共同投资、共同经营、共负盈亏

(1)合营企业是由中外合资者共同开办的,合营各方可以用现金、实物、工业产权和专有技术及场地使用权等作为投资,各方所占出资比例

在法定范围内由各方协商解决，依照各自的出资比例享受权利、承担义务。合营各方所出资本，构成合营企业独立财产，合营企业基于此而进行经营活动，并对外独立承担责任。根据《中外合资经营企业法》规定，外方投资不得低于双方共同注册资金总额的25%。（2）合营企业是由中外合资者共同经营管理的。合营各方有权平等地参加企业的经营管理。合营企业的最高权力机构——董事会的董事名额，由合营各方参照出资比例协商确定和委派。董事长和副董事长由合营各方协商确定或由董事会选举产生。合营企业的某些重大事项需经出席董事会会议的董事一致通过，才能做出决定。（3）合营各方共担风险，共负盈亏。合营各方按各自所占股份比例分享利润、分担风险并以各自认缴的出资额对合营企业的债务承担有限责任。（4）具有独立的法人资格。

三、中外合资经营企业法律地位及评价

（一）中外合资经营企业的法律地位

《中外合资经营企业法实施条例》第二条规定："依照《中外合资经营企业法》批准在中国境内设立的中外合资经营企业（合营企业）是中国的法人，受中国法律的管辖和保护。"据此，合营企业的法律地位有两层含义：一是合营企业为中国的法人，二是合营企业具有中国国籍。

1. 合营企业是中国法人

合营企业取得中国法人资格，就意味着具备了《民法通则》第三十七条规定的四项基本要件，从而决定了两方面的法律后果：（1）独立地享有中国法律赋予的各项权利，如财产所有权、土地使用权、经营管理权、利润分配权、知识产权和诉讼权等。（2）独立地承担法律规定的各项义务，如合营企业的一切活动必须遵守中国法律法规和有关条例的规定；应依法缴纳各种税款；有关外汇事宜应按我国外汇管理条例办理等。合营企

业违反了法律和合同的规定或约定要独立承担相应的法律责任,包括民事责任、行政责任乃至刑事责任。

另外,合营企业取得中国法人资格,具有相应权利能力和行为能力的法律效果,不仅体现在我国国内的经济活动中,还体现在对外经济活动中。国际法上有一项规则,即法人是否成立依其属人法。如果一个企业依其属人法已取得法律人资格,在外国即可被认定为法人;反之,如依其属人法并未具有法人资格,那它在任何国家都不会成为法人。合营企业依照中国法律取得了法人资格,那它在外国就被认为是中国法人,可以开展其权利能力和行为能力范围内的各项业务活动。

2. 合营企业具有中国国籍

合营企业具有中国国籍,有国内和国际两方面的法律效果。其国内法律效果主要表现在:(1)合营企业的中国国籍表明,中国是合营企业的属人国,又由于它设在中国境内,因此中国政府对合营企业既享有属地管辖权,又享有属人管辖权。就合营企业而言,它在中国境内的所有活动都需遵守中国的法律,其中包括遵守适用于境内的一切企业和个人的一般法律规定,也包括适用于合营企业的专门法律规定。作为合营企业的属地国与属人国,我国政府对合营企业及合营各方的合法权益予以保护。《中外合资经营企业法》第二条第一款规定:"中国政府依法保护外国合营者按照中国政府批准的协议、合同、章程在合营企业的投资、应分得的利润和其他合法权益。"(2)具有中国国籍的合营企业与中国境内的国内企业或其他经济组织的关系及合营企业之间的关系,是国内法律关系而不是涉外法律关系,完全受中国法律的支配。如其中的经济合同关系只能适用《中华人民共和国合同法》。应当注意,我们必须把中方合营者与外方合营者之间的合营关系,和合营企业与中国其他经济组织的关系及合营企业间的关系区别开来。前者是涉外法律关系,而后者是国内法律关系,它们之间的争议只能依国内法律程序加以解决,而不能提交国际仲裁或国际法院加以解决。(3)对具有中国国籍的合营企业,中国的司法机关对其如同对中国的其他法人一样，享有当然的司法管辖权，而不因合营一方是外国人而区别对待。同时，我国对合营企业的一定权益也提供全面具体的司法保护。

合营企业具有中国国籍的国际法律效果表现在：（1）合营企业作为中国的投资者，可以享有中国同其他国家签订的双方协定中规定的待遇和保护。到其他缔约国进行投资活动，如设立子公司、分支机构或进行其他形式的投资，是以中国投资者的身份进行的。（2）中国对合营企业在外国的营业收入享有当然的属民税收管辖权。（3）合营企业在国外遭受他国违反国际法行为的不法侵害而未能在当地得到应有的救济时，中国作为合营企业的属人国有行使外交保护的权利。国际法院在著名的巴塞罗那公司案中确定，对公司：外交保护权属于公司国籍国享有，只有国籍国放弃外交保护权等例外情况下，股东国籍国才可以行使外交保护权。（4）合营企业在中国境外参加诉讼适用法律时，从国际司法上讲，中国法律应为合营企业的属人法，外国法院应当依照中国法解决应按属人法解决的问题。（5）根据国际通用做法，分支机构具有母公司所属国的国籍，因此合营企业在国外设立的分支机构具有中国国籍。中国法为这些分支机构的属人法，中国政府对这些分支机构行使属人管辖权。

（二）合营企业评价

目前，合营企业已经成为国际私人直接投资的一种重要形式，这种形式之所以被普遍采用，是因为无论外国投资者，还是资本输入国，都可以从中得到自己相应的利益。

外国投资者之所以比较喜欢合营企业这一投资方式，皆从下列合营企业的长处出发。

首先，可以减少或避免政治风险带来的经济损失。由于合营企业可以取得东道国的法人资格，又有东道国的投资者参加，共同经营，荣辱与共，可以减少东道国国家政策、法律变化及国有化等原因产生的政治风险。具体从中国方面来说，开办合营企业政治风险就更小。《中外合资经营企业法》第二条第三款规定："国家对合营企业不实行国有化和征收。""在特殊情况下，根据社会公共利益的需要，对合营企业可以依照法律程序实行征收，并给予相应的补偿。"这是法律上对外国投资者提供的有力保障；其次，有助于外国投资者拓展新市场。合营企业由于有东道国投资者参加，就可以在当地推销一部分产品，从而就便宜地开辟了新市场；再其次，外国投资者通过开办合营企业可以从中得到多重优惠和各种方便。我国《中外合资经营企业法》第六十一条规定："合营企业生产的产品，属于中国急需的或中国需要进口的，可以在中国市场销售为主。"通过合营企业，外国投资者既可以享受东道国的特殊优惠政策，又可以获得东道国给予本国企业的优惠，有的还可以取得本国给予的鼓励资本输出的某些优惠。近些年来，我国就专门颁布了许多吸引外商投资的法律、法规及政策等。如1986年10月11日《国务院关于鼓励外商投资的规定》（以下简称《关于鼓励外商投资的规定》）；1988年5月4日《国务院关于鼓励投资开发建设海南岛的规定》；1988年7月7日《国务院关于鼓励台湾同胞投资的规定》，以及许多全国性或地方性的税收优惠政策。与此同时，外国投资者不仅可以通过中方合营者了解中国的政治、社会、经济等情况，还可以通过当地渠道取得财政信贷、资金融通、物品供应和产品销售等方便。

对于东道国，特别是发展中国家而言，利用合营企业这一形式好处更多。就我国具体情况而言：（1）可以在不增加国债的前提下，利用外资，补填国内建设资金的不足。由于外国合营者在合营企业中可以以技术和设备作为投资，因而国家就不须用外汇购买这些技术和设备，同时外资的回收是从企业所得的利润中分走的，直接取决于合营企业本身的经营效益。因此，开办合营企业既利用了外资，又不至于增加国家的债务负担。（2）可以引进国外的先进技术。外国投资者为了能更多地从合营企业中得到更大的利益，愿意投入一定的先进技术和优良的设备，积极实施科学的经营管理方法，从而带动东道国的生产力和生产技术的提高，对我国技术的改新换旧就具有更大的推动力。（3）可以吸收国外先进的管理技术经验，中方合营者在同外方的共同经营过程中，可以直接学习和吸收外国的科学管理方法，提高自己的管理水平。许多合营企业确定了外方对中方生产、技术、管理人员的培训义务，这更有助于改善和提高中方人员的技术素质和管理水平。（4）可以扩大产品出口，增加外汇收入。出口创汇往往直接关系到合营企业的外汇平衡和外国合营者投资收益的外汇支付能力，因而外国合营者可能愿意提供原有的国际销售渠道推销产品，使合营企业产品易于进入国际市场，增加外汇收入。《中外合资经营企业法》第十条第二款规定："鼓励合营企业向中国境外销售产品，出口产品可由合营企业直接或与其有关的委托机构向国外市场出售，也可通过中国的外贸机构出售。"此外，我国还制定了许多鼓励合营企业出口的相关法律、政策。（5）有助于国家的管理和监督。因为有本国投资者参与合营企业，东道国就可以对合营企业的监督和管理做到切实有效。

但是，合营企业这一形式也存在许多实践中的问题，具体来说，主要有以下几点：

首先，投资各方的投资设想与目的可能不同。大多数外国投资者之所以来华投资，其目的主要在于扩大在我国的产品市场，并将中方合营者作为打入我国市场的跳板和桥梁。对于中方合营者来讲，则希望通过外方合营者打入其他国家的市场或取得外国的技术，由此，中外合营者可能对合营企业的前途和总方针产生分歧。其次，由于合营企业并非任何投资方的子公司，所以任何一方均无绝对的控制权，这就导致在某些情形下，合营企业可能与其股权者在产品市场或原市场上形成竞争关系。最后，外汇平衡问题是合营企业在实践中遇到的另一个难题，目前，我国同许多发展中国家一样，尚未实行货币自由兑换制度，因此如果合营企业极力扩大在我国境内的市场而不注意产品出口，并将分得利润兑成外汇汇回本国时，便可能发生问题。故而在这个问题上要充分注意。

第二节 中外合作经营企业法概述

一、中外合作经营企业的立法概况

我国的合作企业虽起步较早,发展较快,但有关合作企业的立法却落后于实践。直到1988年4月13日,第七届全国人民代表大会第一次会议才正式颁布施行《中华人民共和国中外合作经营企业法》(以下简称《中外合作经营企业法》),并于2000年10月31日第九届全国人民代表大会常务委员会第十八次会议修正,合作企业纳入法律轨道。在此之前的近10年里,合作企业本身没有一个基本法,而是参照《中外合资经营企业法》的有关规定从事生产经营活动。《中外合作经营企业法》是合作企业的基本法,它吸收了合资企业法的许多内容,又总结了合作企业丰富的实践经验,对合作企业的基本问题作了原则的规定,该法在许多方面都力图能方便外商按照国际惯例管理企业,着眼于改善投资的软环境,因而显示了其更加成熟、更具灵活性、更能发挥中外合作者的投资积极性的特点。

为了使《中外合作经营企业法》具体化,对有关细节问题加以明确,对外经济贸易部于1995年9月4日发布《中华人民共和国中外合作经营企业法实施细则》。合作企业除了适用《中外合作经营企业法》外,还适用有关合作企业的单行法规以及外商投资企业共同适用的一些法规,如《关于中外合作企业进出口货物的监管和征免税的规定》《国务院关于鼓励外商投资的规定》《中国银行对外商投资企业贷款办法》《国务院关于经济特区和沿海14个港口城市减征、免征企业所得税的暂行规定》《对侨资企业、外资企业、中外合资经营企业外汇管理施行细则》《国家进出口商品检验局对外加工装配业务和补偿贸易,中外合资、合作以及外国独资经营企业的出口产品普惠制签证规定》等,我国的合作企业已逐渐步入有法可依的轨道,必将促进合作企业的进一步规范化,使其更加顺利地发展。

二、中外合作经营企业的概念和特征

(一) 合作企业的概念

合作企业,是指外国的企业、其他经济组织或者个人,同中国的企业或者其他经济组织按照中国法律,依据合作双方签订的合作企业合同,在中国境内开办的经济组织。

合作企业通常由中国合作者提供土地、厂房、劳动力或部分资金,外国合作者提供技术、设备、全部或部分资金。在合作企业中,合作者的投资不计算股权或股份,合作各方的权利和义务不是根据股权确定,而是通过合同规定的,合作各方的出资方式和数量、产品分成、收入和利润分配、风险和亏损承担、经营管理等基本内容都必须在合同中规定,如中外合作者在合作企业合同中约定合作期满时,合作企业的全部固定资产归中国合作者所有的,往往在合同中约定外商投资者在合作期限内先行回收投资。

(二) 合作企业的特征

合作企业作为外商投资的一种形式,与其他外商投资企业相比,具有自身的一些特点,这些特点表现在以下几个方面:

1. 合作企业属于契约式合营企业

它与采取股权式的合营企业有着明显的不同。在合作企业中,中合作双方的投资一般不以货币单位进行计算,也不把投资折算成股份,并按此股份比例分享利润和承担风险,合作各方的权利和义务是由双方自愿地在合作企业合同中明确规定的。合作企业各方的出资方式、合作条件、收益或者产品的分配、经营管理方式和合作企业终止时财产的归属等事项，都在合同中作了详尽的规定。这同以股份为基础来享受权利和承担义务的合营企业形成了鲜明的对照。

2. 合作企业的资格或身份具有可选择性

合作企业既可以办成具有法人资格的企业，也可以办成非法人式的经济组织，是否组成法人实体应由合作双方在合同中加以规定。《中外合作经营企业法》第二条第二款规定："合作企业符合中国关于法人条件的规定的，依法取得中国法人资格。"这就是说，合作企业要想取得中国法人资格，必须符合中国关于法人设立的条件，这些条件是指《民法通则》第三十七条的规定，即：依法成立；有必要的财产或者经费；有自己的名称、组织机构和场所；能够独立承担民事责任。合作企业符合上述条件的，依法经工商行政管理机关核准登记，即可取得法人资格。当然，合作企业也可以采取非法人形式，这种企业虽然不具备法人资格，但仍可以依法从事各种经济活动。

3. 合作企业承担责任的形式视具体情况而不同

合作企业既然采取法人或非法人两种形式，那么，与此相对应，合作企业承担的经济责任也应视其是否具有法人资格而定。具有法人资格的合作企业，以其全部财产对外承担责任，合作各方对合作企业的责任，仅限于其所投入的资金或者其他合作条件。在这种情况下，合作各方的责任较为明确，类似于合营企业中合营各方所承担的责任。与组成法人的合作企业不同，非法人的合作企业，无法律实体，不具有法人资格，该企业对外便无法独立承担财产责任，只能由合作各方以其所有的或者经营管理的财产对外承担无限责任。

4. 合作企业主体的范围相当广泛

根据《中外合作经营企业法》，对方投资者可以是企业、其他经济组织，也可以是个人。其中，外国合作者可以是具有法人资格的公司、企业，也可以是不具有法人资格的合伙企业、其他经济组织或者个人。中方合作者，是我国的企业或其他经济组织。我国的企业和其他经济组织，既包括全民所有制企业、集体企业，也包括私营企业，还包括各种形式公司和非法人的联营组织和合伙等。因此，双方合作者的范围十分广泛。这既有利调动于国内各种经济组织的积极性，也有利于吸引众多的外商来华投资，从而为中外合作者创造较多的合作机会。

（三）我国合作企业的发展及其评价

1. 合作企业的发展情况

1979 年，我国实行对外开放，广东省根据中央关于在广东、福建两省实行特殊政策、灵活措施的方针，结合广东省当时的实际情况，率先开办合作企业。随后，这种做法在全国逐步得到推广，成为前些年我国引进外资的主要形式之一。合作企业的经营范围，已由旅游、交通运输业，逐渐发展到了工业、农业、畜牧业、水产养殖业、捕捞业、建筑业和文化教育、医疗卫生等部门。

据国家统计局数据，截至 2016 年，我国共批准建立三资企业 505151 家。1979~1987 年，广东共开办三资企业 5970 家，其中合作企业 3836 家，占三资企业的 64.2% 多。[①] 但随着中国改革开放、加入 WTO，合作经营企业不再是外资投资的主流，而是变为外商直接投资与合资，近几年每年新增合作经营企业项目只有一百多个，而外商总投资项目多达 3 万个。

2. 对合作企业的评价

合作企业是我国在对外开放实践中的一个创造，由于其具有其他外商

---

① 国家统计局：《中国经济统计年鉴》，中国统计出版社 2017 年版，第 128 页。

投资企业无可比拟的灵活性，同时又适合我国国情，容易为中外合作双方所接受，因而发展异常迅速。具体地讲，合作企业具有以下优点：

（1）从投资方式来看，合作企业一般是由外国合作者提供全部或绝大部分资金、技术和设备，我方提供资源、土地、厂房、劳动力或少量资金，许多情况下不提供资金。我国长期发展生产力的最大障碍是资金短缺，且技术落后，但我国人口众多，资源丰富，有可利用的土地及厂房。我国开办外商投资企业的主要目的，就是要吸收外国的资金以及先进的技术、设备和管理经验，以克服我国资金短缺、技术落后的困难，而合作企业这种我国可以少出资，甚至不出资，而以我国丰富的资源、建筑物以及其他方式投资的合作形式，恰好扬长避短，既解决了我国资金短缺、技术落后的困难，又能有效地利用我国丰富的资源和其他实物，同时在一定程度上缓解了我国就业紧张的局面。显然，这比我方必须投入一定比例的资金的合营企业具有明显的优势，合作企业在我国发展如此迅速的主要原因就在于此。

（2）灵活性大，适应性强。由于合作企业是由合作双方通过合同约定其权利和义务的，这种契约性安排增加了合作企业进行经济活动的灵活性。无论是在设立程序、投资方式、管理方法以及在利润分配上，合作企业都比合营企业灵活简便。同时，合作企业既适用于大型项目，也适用于中小型项目；既适用于生产性项目，也适用于农村，资金多少均可，形式大小不限，可因时、因事、因地制宜，易于发展，并能迅速地适应不断变化的国际市场的要求。

（3）合作企业的投资回收制度有利于吸引更多的外资和引进先进的技术设备。合作企业的合作双方可以在合同中约定外国合作者合作期限内先行回收投资，这无疑对外商有着很大的吸引力。因为外商输出资本的最大目的是为了获取最大限度的利润，他们首先要考虑的问题还是在获取利润的基础上尽快地回收资本，以便将资本又投入到其他的生产经营中去。如果他们的资本回收受到限制，或回收期过长，就不利于资金的有效利用，势必影响外商获取更多的利润。我国允许外商提前回收资本，不仅能使外商的资本在短时间内得到高效率的利用，还能在实际上解除他们的顾虑，增强他们投资的安全感和积极性。因此，外商大多选择合作企业作为他们的投资方式。我方合作者除得到分成利润外，在外商先行回收投资后，合作期满时企业的全部固定资产归我方合作者所有，有利于改造我国的落后设备。可见，开办合作企业，尤其是实行外商投资回收制度，是一件对合作双方都有利可图的事。

（4）手续简便，程序简单。近些年来，我国的投资环境已经有了较大的改善，但仍存在着审批手续烦琐、办事效率低下、政府部门对企业干预过多等弊端。一些外商投资者对此意见很大，影响了他们的投资信心。为了创造一个使外商能够按照我国法律和国际惯例在我国投资开办企业，并能取得利润的良好环境，《中外合作经营企业法》按照从简、从快和放开的精神作了许多规定。审批手续简便，在一定程度上加快了筹备速度。无论在设立程序上、投资的方式上还是在经营管理机构的规模及盈亏分配方式上，合作企业都比合资企业简便易行，因而缩短了设立时间，投资见效较快，达成协议的成功率也较高，很受外商欢迎。

综上所述，合作企业是我国引进、利用外资较为灵活的形式，是适合我国国情的外商投资方式。合作企业的许多制度都尽可能从有利于外商同时亦不损害我方利益的角度去规定。这对吸引外商投资无疑具有积极的作用，但在实践中也存在一些不利于我方的问题。例如，合作企业的风险问题。合作企业的投资回收和纯利分红在时间上采取了让步和优惠于外商的原则，如果企业能在整个合作期间保持正常经营，并不会发生什么问题，但如果在后期发生严重亏损，而此时，外商的投资或利润已全部或大部分收回，其风险势必全部转嫁到我方身上。我方不但得不到利，而且投资也无法收回，甚至还可能要用企业剩余的资产去抵债。因此，我国有关法律应规定合营期间的风险按合营各方获得的实际收入来分担。我方在开办合作企业时，也应在合作企业合同中规定不损害我方利益的风险责任承担方式，但关键问题还在于外商承担的责任如何实现，对此应采取有关措施加以保证。

三、中外合作经营企业的法律地位

《中外合作经营企业法》第二条第二款规定:"合作企业符合中国法律关于法人条件的规定的,依法取得中国法人资格。"也就是说,合作企业符合《民法通则》第三十七条关于法人成立条件的,依法取得中国法人资格。若合作企业不具备中国法人条件的,也可以开办不具有中国法人资格的合作企业。由此可见,我国合作企业,可分法人式合作企业和非法人式合作企业。从实践来看,绝大多数合作企业都是经济实体,依法取得了法人资格,非法人式合作企业,在过去和现在都为数很少。

(一) 法人式合作企业的法律地位

合作企业依法取得法人资格的,能以自己的财产独立地享有民事权利和承担民事义务,并能独立地承担民事责任,具有订约、履约和诉讼的行为能力。合作企业是依照中国法律在中国境内成立的,因此,合作企业具有中国国籍,中国对法人式合作企业既有属地管辖权,又有属人管辖权,依法享有中国法律所赋予的权利,承担中国法律所规定的义务,其合法权益受中国法律的保护。《中外合作经营企业法》第三条规定:"国家依法保护合作企业和中外合作者的合法权益,合作企业必须遵守中国的法律、法规,不得损害中国的社会公共利益。"

法人式合作企业在国内和国际上的法律效果与合营企业相同。法人式合作企业与中国境内其他的公司、企业或经济组织之间的关系是国内法律关系,而不是涉外法律关系,它们之间的争议也只能按国内的法律程序加以解决,而不能像涉外经济争议那样提交国外仲裁或法院解决。但不能将法人式合作企业与合资企业等同起来。就像同为法人,集体企业和国有企业仍有区别一样,法人式合作企业和合营企业也存在着根本的不同。最基本的一点,就是前述的,合营企业双方的出资要计算成股权,双方的权利义务均依股权来确定,而合作企业双方的出资不计算股权,权利义务均在合同中规定。在其他方面，两者也都存在着差别。

合作企业依法取得法人资格后，可以或应该采取何种组织形式？《中外合作经营企业法》并未加以规定。有的人认为，既然没有规定，就说明可以采取各种各样的公司形式作为其组织形式，如有限责任公司、股份有限公司乃至无限责任公司等。然而，从理论上讲，法人式合作企业只能采取有限责任公司的形式，不能采取其他两种或以外的任何形式。这是因为：第一，法人式合作企业不可能采取股份有限责任公司的形式，因为股份有限公司的设立是由公司公开向社会发行股票以筹集资本来成立的，筹集到的资本为公司成立的资本。而法人式合作企业是通过合作双方订立协议，以双方投资来成立的；股份有限公司的股票认购者（股东），并不以协议来确定设立公司，确定各自的股息、红利分配以及各自对公司所负的责任，而法人式合作企业的合作双方，则必须以合同来确定双方各自的利润分配比例和风险亏损承担的大小；股份有限公司的股东可以随时向任何人出售转让股票而丧失股东身份，法人式合作企业的合作双方则不能任意出售转让自己的投资。可见，股份有限责任公司的法律特征与法人式合作企业不同，法人式合作企业不能采取股份有限责任公司的形式；第二，法人式合作企业也不可能采取无限公司的形式。无限责任公司最主要的特点是股东对公司承担无限连带责任，无限公司本身对外承担无限责任，而法人式合作企业的中外合作双方，对合作企业则不负无限连带责任，而是按照合同约定的比例来承担有限责任，法人式合作企业本身只以自己所有的财产对外承担有限责任。此外，从成立条件、投资方式等方面来看也存在着明显的不同，所以法人式合作企业也不可能采取无限责任公司的形式。第三，法人式合作企业只能采取与其法律特征相似的有限责任公司的形式。虽然两者也存在某些不同，但在根本性特征方面还是基本相同的，如二者对外都以其所有的财产承担有限责任；投资者都以其投资额承担有限责任。投资者的财产与法人式合作企业或有限责任公司的财产相分离等。

从我国目前的实际做法来看，法人式合作企业都采取有限责任公司的形式。合作企业对外以其独立于合作各方的财产承担有限责任，合作各方以其出资额或合作条件对合作企业负有限责任。但是，由于合作企业不计算出资比例，各方无法以出资额来确定有限责任的比例。根据《中外合作经营企业法》规定，中外合作各方的责任承担的比例由合作者在合同中约定。

（二）非法人式合作企业的法律地位

非法人式合作企业与法人式合作企业的法律地位有所不同。从管辖权来看，合作企业位于中国境内，首先要接受中国属地管辖。但在属人管辖问题上，由于非法人合作企业没有取得法人资格，不具有"人格"，因此谈不上国籍问题。中外合作者，包括外国企业，其他经济组织或者个人，在合作中仍保持法律上应有的独立性，受本国管辖，我国对外国合作者无国籍管辖权（华侨投资者除外）。根据国际法，外国合作者的权益受到不当侵害而又得不到正当的法律程序的救济时，其国籍国有行使外交保护的权利。我国虽然对外国合作者无国籍管理权。但仍对其享有属地管辖权，外国合作者的合法权益受中国法律保护，外国合作者必须遵守中国的法律、法规，不得损害中国的社会公共利益。

非法人式合作企业采取何种组织形式？这是目前争论较大的一个问题。通行的说法是：合作企业属于责任有限的经济组织，合作企业不论采取法人式合作形式还是非法人式合作形式，合作企业都以其财产对外承担有限责任。那么，如果非法人式合作企业与法人式合作企业都承担有限责任，二者之间有什么区别？划分法人式合作企业和非法人式合作企业的意义何在？更何况，合作企业不具有法人资格时，其本身并没有独立于合作各方的财产，合作企业的财产仍属于合作各方，非法人式合作企业如何以其本身的财产承担有限责任？从法理上讲，非法人式合作企业无法律实体，是一种合伙关系，同资本主义国家的合伙企业颇相类似。即由两个或两个以上的投资者组成的企业，由合伙人以订立合伙合同的方式成立，不组成法人，合伙人的权利义务亦通过合同约定，合伙人对企业的经营后果负无限责任。我国法律目前对企业间合伙尚无规定,《民法通则》规定的是个人间的合伙,以及企业间的联营,从性质上看,非法人式合作企业与个人合伙及企业间的半紧密型联营类似。《民法通则》第三十五条规定:"合伙的债务,由合伙人按照出资比例或者协议的约定,以各自的财产承担清偿责任;合伙人对合伙的债务承担连带责任,法律另有规定的除外。"第五十二条规定:"企业之间或者企业、事业单位之间联营,共同经营,不具备法人条件的(半紧密型联营),由联营各方按照出资比例或者协议的约定,以各自所有的或者经营管理的财产承担民事责任,依照法律规定或者协议的约定负连带责任的,承担连带责任。"1986年3月23日公布的《国务院关于进一步推动横向经济联合若干问题的规定》进一步明确了它承担财产责任的范围和方式:半紧密型经济联合组织由各方"以各自所有的或者经营管理的财产承担连带责任"。我们认为,非法人型合作企业应参照我国法律关于个人合伙及半紧密型联营的规定,根据合作合同约定,以中外合作各方各自所有或者经营管理的全部财产对外承担责任,而不能通过合同约定承担有限责任。

第三节 外资企业法概述

一、外资企业法的立法状况

为了进一步鼓励外商在中国境内投资开办外资企业,维护外国投资者的合法权益,1986年4月12日,第六届全国人大第四次会议正式通过了《中华人民共和国外资企业法》(以下简称《外资企业法》),2000年、2016年对其修正。该法共25条,主要包括外资企业的设立、经营期限、法人资格、税收合法权益以及政府对外资企业的监督管理等原则性规定。为我国的外资企业的经营活动提供了法律依据。

关于外资企业的立法，还有1990年12月12日对外经济贸易部发布的《中华人民共和国外资企业法实施细则》及2001年对此的修正。此外，还有一些包括外资企业在内的涉及外商投资企业的共同法规。如《国务院关于鼓励外商投资的规定》《对外经济贸易部关于确认和考核外商投资的产品出口企业和先进技术企业的实施办法》《对侨资企业、外资企业、中外合资企业外汇管理施行细则》《中国银行对外商投资企业贷款办法》《中国人民银行关于外商投资企业外汇抵押人民币贷款办法》《对外经济贸易部关于外商投资企业购买国内产品解决外汇收支平衡的办法》等，这些法规对外国投资者到我国开办外资企业起到了推动作用。

二、外资企业的概念和特征

（一）外资企业的概念

外资企业，英文为 wholly foreigh-owned enterprise，译成中文即完全归外国人所有的企业。目前，国际上对外资企业还没有形成统一的概念。但根据各国的立法，外资企业一般是指按照东道国的法律在东道国设立和经营，由外国投资者拥有全部或大部资本的经济实体。在实践中，各国对外资企业的资本构成比例要求不同，有的规定凡外资占大部分的企业即为外资企业，有的则规定只有外国投资者拥有全部资本的企业才是外资企业。

我国的外资企业是指依照中国有关法律在中国境内设立的全部资本由外国投资者投资的企业，不包括外国的企业和其他经济组织在中国境内的分支机构。

（二）外资企业的特征

从外资企业的概念中可以看出，外资企业具有三个基本特征：

1. 外资企业是依中国法律在中国境内设立的企业

这一特征将外资企业与外国企业区别开来。一般来讲,外国企业是指依本国法律设立,在东道国办理必要的登记手续,并从事经营活动的企业。这类外国企业通常是一国的总公司设在外国的分公司,对该分公司营业所在地国家来讲,就是外国企业,外国企业具有外国国籍。外资企业具有中国国籍,中国对外国企业只有属地管辖权,没有属人管辖权。而对外资企业既有属地管辖权又有属人管辖权。

2. 外资企业的全部资本归外国投资者所有

这一特征将外资企业与合营企业和合作企业区别开来。外资企业的全部资本的所有人必须是外国人,而不能是中国人。这里需说明的是,港、澳、台同胞和海外华侨,他们都是中国人,其所拥有的资本不能称为外国资本,但由于国家对他们实行特殊政策和优惠、灵活措施,因此,这些人回大陆投资可适用外资企业法,所办的企业也可称为外资企业。

3. 外资企业是独立核算、自负盈亏、独立承担民事责任的经济实体

这一特征把外资企业和外国企业的分支机构区别开来。后者属于外国企业的附属机构,是外国企业总公司的分公司,其本身在法律上和经济上都没有独立性。分支机构和其所附属的外国企业共同使用一个资产负债表,分支机构不组成一个独立核算的法人,不能以自己的名义进行民事活动,也不能以自己的名义承担民事责任,它是受外国企业总公司绝对控制的。而在我国设立的外资企业,从法律关系来讲,它既不是外国投资企业本身,也不是外国投资企业的代表机构和分支机构,而是一个独立于外国企业的经济实体。它与外国投资企业的关系只能是母公司与子公司的关系,而不是总公司与分公司的关系。因此,外资企业不包括外国企业在中国境内的分支机构。

三、外资企业的法律地位

（一）外资企业的法人资格

《外资企业法》第八条规定："外资企业符合中国法律关于法人条件的规定的，依法取得中国法人资格。"也就是说，外资企业如不符合法人条件，就不能取得法人资格。言外之意，外资企业可以是法人，也可以不是法人。这种规定可以使外资企业组织形式灵活多样，投资规模大小不一，以适应外国投资者的需要。

外资企业取得法人资格后，即为中国法人，中国对他们既有属地管辖权，也有属人管辖权，尽管这些企业的全部资本为外国投资者所独有，外国投资者所属国也不得依据资本控制对其行使管辖权，因为这些企业不具有投资本国的国籍。作为中国法人，外资企业与中国其他公司、企业之间的关系是国内法律关系，他们之间的经济活动应适用有关国内的立法。如外资企业与其他国内企业签订的经济合同，应适用《中华人民共和国合同法》，而不是《涉外经济合同法》。

不具有法人资格的外资企业，除遵守《外资企业法》外，其具体的经营活动应参照中国有关个体工商户的法律规定进行。这里应特别强调的是，外国投资者设立的未取得法人资格的企业，是按照中国法律创设的，因此也是外资企业，它们同在中国境内进行经济活动的外国企业的分支机构不同，分支机构属于外国企业，他们不适用中国法律，他们在中国的活动适用《关于外国企业在中国活动的管理条例》。

（二）外资企业的责任形式

关于外资企业的责任形式，《外资企业法》未作规定，由申请人依据自身的条件和需要作出选择。如果投资者建立有限责任公司，则按开业申请书写明的资本额登记注册资本，企业对外承担的债务责任，以注册资本为限。有限责任公司在经营期间，注册资本不能减少。如果外资企业采取无限责任公司的形式，法律并不禁止，这样可以加强经营者的责任感。不过，从实际可能性来看，外资企业投资者的资产多在国外，一旦发生债务纠纷，追索起来颇费周折，从理论上讲，具有法人资格的企业都采取有限责任公司的形式，从实践来看，我国批准设立的外资企业绝大多数采取有限责任公司的形式。采取无限责任公司形式的外资企业，都是外商投资者开办的不具有法人资格的小规模的外资企业。

（三）对外资企业合法权益的法律保护

既然我国鼓励外国投资者来华开办外资企业，而且外资企业是依据我国法律设立，并依法从事经济活动的，我们就应该像对待本国企业那样对外资企业的合法权益给予保护。为此，《外资企业法》第四条规定：外国投资者在中国境内的投资获得的利润和其他合法权益，受中国法律保护。同时也规定：外资企业必须遵守中国的法律、法规，不得损害中国的社会公共利益。我国还给予外资企业在税收方面的优惠待遇以及充分的经营管理自主权。总之，只要外资企业不违反中国法律，它们的一切活动都受中国法律保护，它们的生产经营活动也不会受到中国政府的干预。

第四节　合作企业与合营企业的比较

在本章对合作企业的阐述中，已零星地提到合作企业不同于合营企业的特色。为了使读者进一步了解这两种利用外资的经济合作方式，从整体上把握二者的实质内容，有必要对他们作一较为系统的比较。

第三章 三资企业法概述

一、合作企业与合营企业的共同点

（一）二者均有利于发展我国经济

从设立的目的和作用来看，二者都是我国利用外资发展我国经济的好方式。我国开办合作企业和合营企业，都是为了引进外资弥补国内建设资金的不足，同时引进外国先进技术、设备和科学管理经验，以填补国内技术的空白，发展新的技术领域。它们的设立既有利于原有企业的技术改造，又有利于发展技术先进、产品出口的新兴企业，改善产业结构，提高产品质量，扩大出口创汇，同时又培训了一大批国内技术力量和管理人才，此外还在一定程度上解决了我国劳动力就业问题。

（二）二者的出资方式基本相同

主要包括现金投资、建筑、设备、原材料、工业产权或专有技术、场地使用权及其他财产。而且在一般情况下，不论是合作企业还是合营企业，都是外方提供大部分资金、技术、设备，中方提供建筑、场地使用权等，这同设立的目的相吻合。

（三）二者的设立条件、审批程序以及登记等事项相同

合作企业与合营企业的设立都必须符合有利于企业技术改造、能采用先进的技术设备和科学管理方法、能扩大产品出口、增加外汇收入等条件。合作企业与合营企业的成立都必须经国务院对外贸易主管部门或国务院授权的机关审批，到工商行政管理局登记注册。

（四）合作企业与合营企业的一系列经营管理制度基本相同

二者都享有充分的经营管理自主权，在购销业务管理、技术引进管理、财务会计管理、金融外汇管理、劳动人事管理、场地使用管理等方面

都大致相同。

（五）适用的法律、法规有许多相同

正因为二者有诸多相同之处，因此有许多外商投资的法律法规是二者共同适用的。在《中外合作经营企业法》颁布的前十年中，合作企业以《中外合资经营企业法》作为自己的基本法参考使用。

二、合作企业与合营企业的区别

（一）二者的性质不同

合营企业是股权式企业，中外各方无论以何种方式投资都必须折算成股份，建立具有法人资格的企业。各方按其出资比例即按股权分配利润，承担亏损和风险；合作企业是契约式企业，各方的投资不折算成股份，也不以出资额作为享受权利、承担义务的依据，而是根据双方签订的合作企业合同来具体规定各方的权利、义务。

（二）组织形式部分不同

合营企业的组织形式是有限责任公司，合营各方以其认缴的出资额为限，对企业承担有限责任；合营企业以其独立于合营各方的财产对外承担清偿责任；合作企业分为法人式合作企业与非法人式合作企业。法人式合作企业的组织形式与合营企业相同，采取有限责任公司形式。非法人式合作形式采取无限责任公司形式。

（三）资本的运行过程不同

合营企业的注册资本在合营期满以前不得随意减少，只能增加，只有在合营期满时双方才能收回各自的资本；合作企业允许外国合作者在合作期满前提前收回其资本。

（四）利润分配过程不同

合营企业各方在整个合营期间始终以出资比例来分配利润；而合作企业一般采取了在时间上优惠外国合作者的原则，即在合作前期提高外商的利润分成比例，中期平均分，后期倒过来，提高中方的分成比例，使外国合作者在合作前期或中期就基本上分得大部或全部利润。

（五）投资结构有某些不同

合营企业的外商的投资额不得低于注册资本的25%，以技术作为投资的，技术股本不得超过注册资本的20%，同时应以等价的实物现金投资；合作企业没有上述限制性规定，只把合作双方投入的现金实物、工业产权等作为合作条件。

（六）结束时的财产归属不同

合营企业结束时应对财产进行清算，以其全部财产对其债务承担责任，清偿后的剩余财产按出资比例进行分配；合作企业结束时也应对资产和债权债务进行清算，但偿还债务后的财产，按合同的约定确定财产归属，外商在合作期间先行收回投资的，结业时企业的固定资产归中方所有。

（七）期限不同

合营企业的合营期限较长，一般项目为 10~30 年。投资大、建设周期长、资金利润率低的项目，由外国合营者提供先进技术或关键技术生产尖端产品的项目，或在国际上有竞争能力的产品的项目，其合营期限可延长到50年，经国务院特别批准的可在50年以上；合作企业的期限比较短，多数在10年以下，少数在 10~30 年。

第四章

三资企业的设立与登记

第一节 中外合资经营企业的设立

一、合营企业的投资方向和设立条件

（一）合营企业的投资方向

根据《中外合资经营企业法实施条例》第三条规定："在中国境内设立的合营企业，应能促进中国经济的发展和科学技术水平的提高，有利于社会主义现代化建设。"这就确定我国利用外资开办合营企业的总体方向。

各国利用外资的领域是有所侧重的。一般来说，关系到国家安全、人民日常生活和涉及社会公益的关键部门，各国都禁止或限制外国投资者的投资参与；而能够引进先进生产技术和管理技术、增加出口创汇、创造就业机会、带动其他行业发展的部门或行业，各国都允许或鼓励外国投资，并把他们作为吸引外资的重要领域，由于确立利用外资的重点领域是和国家整个经济和工业发展目标及相关策略密切相关的，为此，世界上大多数

国家的利用外资法都从本国国情及经济需要出发，规定了允许、鼓励、禁止或限制外国投资的部门行业，以维护国家的经济主权和利益，使外国投资与本国的经济发展目标相一致。我国也不例外。

1. 鼓励设立合营企业的领域

2002年2月11日中华人民共和国国务院公布的《指导外商投资方向规定》第五条，将下列项目作为鼓励外商投资项目：（1）属于农业新技术、农业综合开发和能源、交通、重要原材料工业的；（2）属于高新技术、先进适用技术，能够改进产品性能、提高企业技术经济效益或者生产国内生产能力不足的新设备、新材料的；（3）适应市场需求，能够提高产品档次、开拓新兴市场或者增加产品国际竞争能力的；（4）属于新技术、新设备，能够节约能源和原材料、综合利用资源和再生资源以及防治环境污染的；（5）能够发挥中西部地区的人力和资源优势，并符合国家产业政策的；（6）法律、行政法规规定的其他情形。

2. 限制设立合营企业的领域

《指导外商投资方向规定》第六条，将下列项目列为限制类外商投资项目：（1）技术水平落后的；（2）不利于节约资源和改善生态环境的；（3）从事国家规定实行保护性开采的特定矿种勘探、开采的；（4）属于国家逐步开放的产业的；（5）法律、行政法规规定的其他情形。

3. 禁止设立合营企业的领域

《指导外商投资方向规定》第七条将下列项目列为禁止外商投资项目：（1）危害国家安全或者损害社会公共利益的；（2）对环境造成污染损害，破坏自然资源或者损害人体健康的；（3）占用大量耕地，不利于保护、开发土地资源的；（4）危害军事设施安全和使用效能的；（5）运用我国特有工艺或者技术生产产品的；（6）法律、行政法规规定的其他情形。

(二) 合营企业的设立条件

由于设立合营企业涉及我国主权和法律管辖权,因此,外国合营者与中国合营者在开办合营企业时,必须事先向我国政府主管部门申请,主管机关经审核做出批准或不批准的决定。与此相适应,设立合营企业的条件也就分为两类:可予批准设立的条件和不予批准设立的条件。

1. 可予批准设立的条件

《中外合资经营企业法实施条例》第三条规定:"申请设立的合营企业应注意经济效益,符合下列一项或数项要求:(1)采用先进技术设备和科学管理方法,能增加产品品种,提高产品质量和产量,节约能源和材料;(2)有利于企业技术改造,能做到投资少、见效快、收益大;(3)能扩大产品出口,增加外汇收入;(4)能培训技术人员和经营管理人员。"

2. 不予批准设立的条件

《中外合资经营企业法实施条例》第四条规定:"申请设立合营企业有下列情况之一的,不予批准:(1)有损中国主权的;(2)违反中国法律的;(3)不符合中国国民经济发展要求的;(4)造成环境污染的;(5)签订的协议、合同、章程显属不公平,损害合营一方权益的。"

二、设立合营企业的审批制度

世界上大多数国家对设立合营企业都实行了审批制度,即只有经过政府审查机构审查批准后,合营企业才能设立。究其原因在于能够有目的、有计划有侧重地利用外资,充分发挥外资的经济效益,并使其与本国的经济建设总体目标保持一致,使本国经济沿着正确的轨道发展,从而避免因盲目利用外资而造成的产业结构失调、国民经济发展不平衡和有损国家安全和社会公序良俗的后果。我国对合营企业的设立实行审批制度,也是和上述考虑相一致的。

（一）审批机构

根据《中外合资经营企业法实施条例》第六条的规定："在中国境内设立合营企业，须经中华人民共和国对外贸易经济合作部审批"。

但凡具备下列条件的，对外贸易经济合作部委托有关省、自治区、直辖市人民政府或国务院有关部、局审批：（1）投资总额在国务院规定的金额内，中国合营者的资金来源已落实的；（2）不需要国家增拨原材料，不影响燃料、动力、交通运输、外贸出口配额等全国平衡的。委托机构批准设立合营企业后，应报对外贸易经济合作部备案，并由对外贸易经济合作部发给批准证书。

国务院授权省、自治区、直辖市人民政府审批的投资限额原为500万美元以下的项目；上海、天津为3000万美元以下的项目；北京、辽宁为1000万美元以下的项目。但根据1988年7月3日国务院《关于扩大内地省、自治区、计划单列市和国务院有关部门吸收外资审批权限的通知》规定，吸收外商投资的生产性项目，凡符合国家规定投资方向、建设和经营条件及外汇收支不需要国家综合平衡，产品出口不涉及配额与许可证管理的，内地省、自治区和计划单列市及国务院有关部门的审批权限提高到1000万美元以下。

（二）审批程序

根据《中外合资经营企业法实施条例》第七条的规定，设立合营企业的审批程序如下所述。

1. 立项

设立合营企业首先应由中国合营者向企业主管部门呈报拟与外国合营者设立合营企业的项目建议书和初步可行性研究报告。该建议书和可行性研究报告，经企业主管部门的审查同意并转报审批机构批准后，合营各方才能进行以可行性研究为中心的各项工作,在此基础上商签合营企业的协议、合同、章程。项目建议书是由中方合营者通过初步的可行性研究,把同外国合营者开办合营项目的规划设想写成具体的建议书。

编制项目建议书是利用外资过程中的第一个重要环节,其重要性在于:(1)项目建议书是编制投资规划的依据,各级计划部门通过审批项目建议书把利用外资项目纳入计划渠道,避免了计划的盲目性;(2)项目建议书又是开展可行性研究的依据,它为进一步进行深入的可行性研究提出了方向和要点;(3)项目建议书还是对外开展工作的依据,一经主管部门批准,即可正式对外洽谈开展以项目可行性研究为中心的各项方针。

项目建议书没有法定格式,内容一般应包括:(1)合营各方的名称、注册国家、法定地址、企业规模和资信情况;(2)合营的宗旨、经营范围和规模;(3)投资总额、各方投资比例、投资方式、合营期限;(4)引进技术和设备情况的分析;(5)合营企业的主要产品、内外销比例、外汇平衡情况;(6)初步经济效益分析;(7)初步的项目进度安排等。

初步可行性研究报告是由中国一方合营者编制的,而正式可行性研究报告则由合营各方共同编制。对合营企业进行可行性研究是保证中外投资双方实现最佳经济效果的必要措施,是设立合营企业过程中的重要一环。只有当中方提出的项目建议书和初步可行性研究报告经主管部门审查同意并转报对外贸易经济合作部或其委托的审批机构批准后,合营各方才能进行以可行性研究为中心的各项工作,同时,也只有通过对经济技术和法律等方面进行综合的可行性研究,确定了合营项目会给合营各方带来明显的经济效益。其报告再次得到批准后,才能转入签订协议、合同和章程。

可行性研究包括项目实施条件评价和经济效益的评价。可行性研究的目的是通过全面、细致、深刻的分析研究,向项目决策者提供这个项目可行与否的科学论证,以确保该合营项目实施之后所取得最佳经济效益,减少不必要的经济损失。可行性研究的范围和内容及其对象,因项目性质不同而不同。但是作为整个可行性研究,要解决分析投资项目的三个问题,

第四章 三资企业的设立与登记

即项目的合法性、可行性和效益性。

所谓合营项目的合法性，实际上就是分析这个合营企业的设立是否符合我国的法律、政策及公序良俗；所谓项目的可行性，是指开办该合营企业是否具备了必须具备的条件；所谓项目的效益性，就是经济效益分析。效益研究既是可行性研究的出发点，又是它的归宿。开办合营企业的最终目的，就是使该项目取得可观的经济效益。但对效益的分析研究，更需要用数字来表示，也就是解决投资的具体效益问题，即投入多少，可担的风险多大，可能收益是多少，这就要进行具体的财务分析和多种经济效益项目的研究。

关于可行性研究报告的主要内容，我国现行法律没有具体规定，但在实践中，许多工业性合营项目的可行性研究报告都是参照1981年国务院12号文件《技术引进和设备进口工作暂行条例》的附件二——《可行性研究报告的内容要求》进行的。国际上常用的参考资料是联合国工业发展组织1987年出版的《工业可行性研究编制手册》。

一般来说，工业生产型项目的可行性研究报告，必须包括以下几项内容：（1）总论。包括项目名称及背景、项目包办单位及有关研究的总概况、研究的结论及建议；（2）合营各方的基本情况；（3）厂址总平面布置及工艺技术、设备方案（起码提出三种方案分别比较论证，提出选定的理由）、主要的工程内容和工作量；（4）国内外市场调查情况与生产规划、物资供应与环境保护规划、生产组织、劳动定员和人员培训计划、项目实施计划；（5）项目投资总额、结算和筹措以及产品成本的结算；（6）经济效益评价。

此外，还须附有下列文件：（1）项目建议书及批件；（2）有关部门对原材料、供水电、土地征用等问题的意见书；（3）合营各方签订的意向书、备忘录等文件；（4）与外商技术交流及非正式询价的有关资料等。

2. 申请

申请设立合营企业，由中方合营者负责向审批机构报送下列文件：

（1）设立合营企业的申请书；（2）合营各方共同编制可行性研究报告；（3）由合营各方授权代表签署的合营企业协议、合同和章程；（4）由合营各方委派的合营企业董事长、副董事长、董事人选名单；（5）中国合营者的企业主管部门和合营企业所在地的省、自治区、直辖市人民政府对设立该合营企业签署的意见。

上列各项文件必须用中文书写，其中（2）（3）（4）项文件可同时用合营各方商定的一种外文书写。两种文字书写的文件具有同等效力。

3. 审查与批准

审批机构对设立合营企业的审查，可分为程序上的审查和实质上的审查两类。

（1）程序上的审查。是指审批机关接到设立合营企业的申请后，依法审查送审的文件是否齐备，内容是否符合法律要求，申请是否符合法定程序等；（2）实质上的审查。是指审查设立某合营企业与国家发展目标和国家利益的关系。具体而言，审批机构应以《中外合资经营企业法实施条例》规定的设立合营企业的可予批准条件和不予批准的条件为准绳，符合准予设立的条件之一的，可以考虑批准；具备不予批准条件之一的，不予批准。

对设立合营企业的审查和批准，应在法定期限内为之。根据《中外合资经营企业法实施条例》第八条规定，审批机构应自接到中国合营者报送的全部文件送达之日起，3个月内决定批准或不批准。如发现所送文件有不当之处，应要求期限修改，否则不予批准。由对外贸易经济合作部直接审批者，由对外贸易经济合作部发给批准证书；由对外贸易经济合作部授权审批者，应报对外贸易经济合作部备案并由其发给批准证书。

三、合营企业的登记

登记是合营企业设立的最后程序。如果说对设立合营企业的审查批准是从国家是否需要，条件是否具备等经济、法律等方面去考虑的话，那么核准登记则是工商行政管理机关代表政府行使职权，履行法律程序，对合营企业的法人资格予以法律上的最终确认。只有这样，才能切实保障合营企业的合法权益。有效地取缔非法经营，维护社会经济秩序。因此，核准登记又是国家对合营企业进行管理的一个重要措施。

1988年6月3日国务院发布了《中华人民共和国企业法人登记管理条例》（简称《条例》），同年7月1日起正式施行。根据该《条例》第三十九条的规定："自其施行之日起，1980年7月26日国务院发布的《中外合资经营企业登记管理办法》同时废止。"《条例》对登记主管机关、登记条件、登记注册事项、开业登记、变更登记、注销登记、监督管理等作了规定，下面具体加以介绍。

（一）登记主管机关

根据《条例》第五条规定，合营企业"由国家工商行政管理局或国家工商行政管理局授权的地方工商行政管理局核准登记注册"。

（二）登记条件和登记注册事项

1. 申请企业法人登记应具备的条件

依《条例》第七条的规定，申请企业法人登记的单位应当具备下列条件：

（1）名称、组织机构和章程；（2）固定的经营场所和必要的设施；（3）符合国家规定并与其生产经营和生产规模相适应的资金数额和从业人员；（4）能够独立承担民事责任；（5）符合国家法律、法规和政策规定的经营范围。

合营企业办理企业法人登记，由该合营企业的组建负责人申请。

2. 合营企业法人登记注册的主要事项

包括合营企业的法人名称、住所、经营场所、法定代表人、经济性质、经营范围、经营方式、注册资金、从业人员、经营期限和分支机构。

企业法人只准使用一个名称。申请登记注册的名称由登记主管机关核定,经核准登记注册后在规定的范围内享有专用权。根据《条例》第十条第二款规定,"申请设立合营企业,应当在合同、章程审批之前,向登记主管机关申请企业名称登记。"

(三) 开业登记

合营企业办理开业登记,应在审批机关批准后30日内,向登记主管机关提出申请。登记主管机关应当在受理申请后30日内,作出核准登记或不予登记的决定。

申请开业登记,应当提交下列文件、证件:(1)组建负责人签署的登记申请书;(2)审批机关的批准文件;(3)组织章程;(4)资金信用证明、验资证明或者资金担保;(5)企业主要负责人的身份证明;(6)住所和经营场所的使用证明;(7)其他有关文件、证件。

申请开业登记的单位,经登记主管机关核准登记注册,领取《企业法人营业执照》后,企业即告成立。企业法人凭《企业法人营业执照》可以刻制公章,开立银行账户,签订合同,进行经营活动。

(四) 变更登记

合营企业法人改变名称、住所、经营场所、法定代表人、经济性质、经营范围、经营方式、注册资金、经营期限,以及增设或撤销分支机构,应当申请办理变更登记。申请变更登记应在审批机关批准后30日内向登记主管机关申请办理。合营企业分立、合并、迁移,应当在主管部门或审批机关批准后30日内,向登记主管机关申请办理变更登记、开业登记或者注销登记。

（五）注销登记

合营企业法人歇业、被撤销、宣告破产或由于其他原因终止营业，应当向登记主管机关办理注销登记。具体办理事宜在《条例》第二十条、第二十一条和第二十二条中有详细的规定。

此外，依照《条例》第二十条的规定："合营企业不依法进行核准登记，擅自开业，或在进行各项登记过程中弄虚作假、隐瞒真情，或进行其他非法活动的，登记主管部门可以根据情况分别给予警告、罚款、没收非法所得、停业整顿、扣缴吊销《企业法人营业执照》的处罚。"

四、合营企业的主要法律文件

一国投资者与外国投资者共同开办合营企业的行为，应当是一种建立在自愿、平等互利、协商一致基础上的民事法律行为。偏离了这个基本原则而建立的合营企业，就只能是一方利用其经济实力，强行向弱方（发展中国家）投资，借以榨取巨额利润的工具。我国《中外合资经营企业法实施条例》第十条规定："合营企业的协议、合同和章程，就是对合营各方协商一致的结果在法律上的确认，它们成为合营企业的三个基本法律文件。对合营企业各方均具有约束力，是合营各方享有权利、承担义务，及合营企业活动的重要依据。"

（一）合营企业的协议

协议与合同，通常是通用的。《经济合同法》第二条规定："经济合同是法人之间为实现一定经济目的，明确相互权利义务关系的协议。"而《中外合资经营企业法实施条例》第十条对二者作了区分。该条第一款就规定："本条例所称的合营企业协议，是指合营各方对设立合营企业的某些要点和原则达成一致意见而订立的文件。"由此可见，合营企业的协议是合营各方通过谈判，就设立合营企业的某些基本问题，而并非所有问题协商一致而签订的初步意向书,以此作为各方进一步磋商签订合营合同的基础。协议必须依法定程序经批准后才对双方具有约束力。

《中外合资经营企业法实施条例》第十条第三款规定:"经合营各方同意,也可以不订立合营企业协议而只订立合营企业合同、章程。"

所以,合营企业协议在法律上也没有确定其固定格式,但一般应包括下列条款:(1)合营各方的名称;(2)合营的项目;(3)合营各方出资额、出资比例及出资方式;(4)合营企业的组织机构;(5)产品的销售方式及外销比例;(6)合营期限等。

(二)合营企业的合同

《中外合资经营企业法实施条例》第十条第一款规定:"合营企业合同,是指合营各方为设立合营企业就相互权利、义务关系达成一致意见而订立的文件。"从本质上讲,合营企业合同是合营各方在合营企业协议的基础上,经过反复磋商、研究,就开办、组成和经营管理合营企业各种有关事项而达成的正式全面协议。它既是协议的具体化和固定化,又是制定合营企业章程的依据,在合营企业的三个基本文件中占有中心地位;合营各方依法所订之合同经我国政府批准,对合营各方当事人具有法律约束力。

根据《中外合资经营企业法实施条例》第十一条规定:"合营企业合同应包括下列主要内容:(1)合营各方的名称、注册国家、法定地址和法定代表的姓名、职务、国籍;(2)合营企业名称、法定地址、宗旨、经营范围和规模;(3)合营企业的投资总额、注册资本、合营各方的出资额、出资比例、出资方式、出资的缴付期限以及出资额欠缴、转让的规定;(4)合营各方利润分配和亏损分担比例的规定;(5)合营企业董事会的组成,董事名额的分配以及总经理、副总经理及其他高级管理人员的职责、权限和聘用办法;(6)采用的主要生产设备、生产技术及其来源;(7)原材料的购买和产品的销售方式;(8)财务、会计、审计的处理原则;(9)有关劳动管理、工资、福利、劳动保险等事项的规定;(10)合营企业期限、解散和清算程序；(11) 违反合同的责任；(12) 解决合营各方之间的争议的方式和程序；(13) 合同文本采用的文字和合同生效的条件。

以上 13 条内容，是合营企业合同必须包括的主要条款，即如果一个合营企业合同中漏掉其中一个条款，则该合同是不全面的和不符合法律要求的。但是，合营企业合同并非仅限于这 13 条，一般来说，一个全面的合营企业的合同应包括合营企业从建立到经营直至合营企业解散、清算、争议的解决等各个方面，其条款往往有 50～60 条之多。另外，除合营企业合同外，还往往需要签订各种合同附件，如技术转让协议、代销协议、技术服务协议等，它们同合营企业合同具有同等法律效力。

在起草合营企业合同各主要条款过程中，对以下几个问题必须尤其加以注意。

1. 关于合营企业资金来源条款

合营企业的资金来源，是设立合营企业的首要问题，因为按《中外合资经营企业法》的规定，合营各方按注册资本比例分享利润和分担风险及亏损，它是涉及合营各方具体权利、义务的敏感性条款，故而在起草该条款时必须依照有关法律规定，反复磋商，做到十分的详细、具体和明确。

2. 合营企业的董事会和经营管理机构

根据我国法律规定的原则，合营企业实行董事会领导下的经理负责制。因此，董事会的性质；董事会董事名额的分配原则和方法；董事长、董事、总经理的职权以及聘用办法都是合营企业合同中必须予以明确的重大问题。如果说资金来源条款是合营企业合同中的物质基础条款，那么该条款就是合营企业合同中的权力分配条款，该条款的规定内容直接反映着该合营企业的开办是否建立在合营各方作为平等主体协商一致的基础上，并直接关系到合营企业经营管理的成效。

3. 解决合营各方之间争议的方式和程序

合营各方在合营企业的经营过程中发生争议，有时是很难避免的。这不仅由于合营企业存续期限一般都长达数十年之久，还由于中外合营双方对许多问题的观点、习惯做法都有很大差异。因此，合营各方尤其是外方很重视这个条款的订立。《中外合资经营企业法实施条例》第九十七条规定："合营各方如在解释，履行合营企业协议、合同、章程时发生争议，应尽量通过友好协商或调解解决。如经过协商和调解无效，则提请仲裁或司法解决。"但在起草合营企业合同的解决争议条款时，必须明确，根据《涉外经济合同法》第五条第二款的规定，在中国境内的合营企业、合作企业以及合作勘探开发自然资源的合同，适用中国法律。这是法律适用上的一种限制，应向外方解释清楚，并明确订立在合同中。

（三）合营企业的章程

1. 合营企业章程的含义

根据《中外合资经营企业法实施条例》第十条第一款规定，"合营企业章程，是按照合营企业合同规定的原则，经合营各方一致同意，规定合营企业的宗旨组织原则和经营管理方法等事项的文件。"从法律性质上来看，章程也是合营企业各方协商一致的结果；而以其内容而言，它又是合营企业本身进行组织和活动的规则和程序。

虽然合营企业章程是依据合同制订的，某些地方与合同又有一定的重复，但是章程的整体内容与作用还是和合同存在着差异的，具体表现在：（1）合营企业合同中的许多内容，如合营者之间争议的解决等，不包括在章程中；（2）某些事项，如组织机构的建立、职责、委派和任免程序等，在合同与章程中都有规定，但是合同只作原则性规定，而涉及具体事项，如董事会会期、法定人数、议事规则和总经理与副总经理的职责、与董事会的关系及出缺时的代理等，则在章程中加以规定；（3）合营企业合同涉及商业秘密，一般不对外公开，而章程不然，对外公开。

2. 合营企业章程的主要内容

根据《中外合资经营企业法实施条例》第十三条规定，合营企业章程应包括以下内容：（1）合营企业名称及法定地址；（2）合营企业的宗旨、经营范围和合营期限；（3）合营各方的名称、注册国家、法定地址、法定代表人的姓名、职务、国籍；（4）合营企业的投资总额、注册资本、合营各方的出资额、出资比例、出资额转让的规定，利润分配和亏损分担的比例；（5）董事会的组成、职权和议事规则，董事的任期，董事长、副董事长的职责；（6）管理机构的设置，办事规则，总经理、副总经理以及其他高级职员的任免方法；（7）财务、会计、审计制度的原则；（8）解散和清算；（9）章程修改的程序。

上述内容均属于绝对必要事项或相对必要事项。合营各方还可就其他需要说明的事项记载于章程中，只要这些事项不违反法律、法令和公序良俗，一经记载，对合营各方即具有约束力。

合营企业章程经有关部门批准生效后，应保持其内容的相对稳定性，一般不得随意修改但这并不意味合营企业的章程一成不变。随社会经济情况或企业本身内部情况的变化，合营企业也会作出某些相应的变动，如更改企业的名称、缩短或延长企业的存续期限，变更企业的宗旨或经营范围等，这些变动必须相应地反映到章程中去，这就构成了对合营企业章程的修改。

修改合营企业的章程，必须依照法定的程序进行才能生效。依照《中外合资经营企业法实施条例》第三十三条的规定："合营企业章程的修改，须由出席董事会的董事一致通过方可作出决议。"依该条例第十四条的规定，修改后的合营企业章程，必须经过审批机构的批准才生效。

综上所述，合营企业的协议、合同和章程是合营企业产生、组成、活动直至停业、清算的根据，对于合营企业具有极为重要的意义。但是，协议、合同和章程毕竟属于当事人自由协议的范畴，本身不是法律，因此，在签订合营企业的协议、合同和章程过程中，必须注意以下事项：

（1）协议、合同和章程应遵循和符合已有法律规定，违背法律的无效；对于现有法律未有相应规定的情况时，当事人可就相互间的权利、义务自由协商约定，但只有经过我国政府审批后才能成立；（2）制订合营企业的协议、合同和章程应符合法定程序并报请有关机关审批。同时根据《中外合资经营企业法》第三条的规定，合营企业签订的协议、合同和章程，应报国家对外经济贸易主管部门批准，并进行登记。《中外合资经营企业法实施条例》第十二条规定："合营企业合同的订立、效力、解释、执行及其争议的解决，均应适用中国的法律。"据此，我国《涉外经济合同法》中有关合同的订立、解释、执行及争议的解决等规定，均适用于合营企业的协议、合同和章程。再次，合营企业的协议、合同和章程的订立必须充分体现意思自治、平等互利两项原则。当事人任何一方不得把自己的意思强加于对方，以胁迫、欺诈等手段订立的协议、合同和章程无效；（3）订立合营企业协议、合同和章程的过程中，必须注意当事人的法律资格、订约和履约能力等问题，对对方的资信应作充分了解和调查。

第二节　中外合作经营企业的设立

一、合作企业的设立与登记

（一）合作企业设立的条件

申请设立的合作企业应符合下列一项或数项要求：

（1）采用先进的技术，产品主要供出口；（2）有利于企业的技术改造，能做到投资少、见效快、收益大；（3）能增加产品品种，提高产品质量和产量，节约能源和材料；（4）由外方提供全部或绝大部分资金；

第四章　三资企业的设立与登记

（5）能培训技术人员和经营管理人员。

如申请设立的合作企业有损于中国主权，违反中国法律，有可能造成环境污染，或签订的合同、章程显失公平的，审批机关将不予批准。

（二）合作企业设立的程序

按照我国法律的规定，建立合作企业必须报国务院对外贸易主管部门或国务院授权的部门和地方政府（以下简称"审批机关"）。审批机关对合作企业的设立采取逐项审查的办法，不论投资额大小，也不论向哪个领域投资，均须经政府审批机关审查批准。其目的在于使每一项投资都适合国家建设需要，使投资方签订的合同符合国家的法律规定，也可排除外方进入某些关系到国家安全与重大利益的经济部门。

《中外合作企业法》第五条规定："申请设立合作企业，应将中外合作企业签订的协议、合同、章程等文件报国务院对外经济贸易主管部门或者国务院授权的部门和地方政府审查批准，审查批准机关应在接受申请之日起45天内决定批准或者不批准。"具体步骤为：

（1）由中国合作者向有关机关报送设立合作企业的申请书和该项目的经济、技术可行性报告。可行性报告包括：①说明采用何种生产技术，产品的质量和生产效率如何；②市场的需求量、投资贷款利率、各项费用开支、产品成本、销售价格、投资利润、可能产生的社会效益。

（2）申请书、可行性报告经批准后，双方着手进行谈判和签订合作企业合同和章程以及其他文件合作企业合同和章程签订后，由中国合作者负责向审批机关上报。此外，还应报送以下文件：①中国合作者主管部门对设立合作企业的意见；②外国合作者资信情况证明文件；③设立该合作企业所需进口物资的清单。审批机关应在接到上述文件的45天内决定批准或不批准，并以书面形式通知合作企业申请人。

（三）合作企业的登记

申请设立的合作企业应自接到批准证书之日起30天内向工商行政管

理机关申请登记，领取营业执照。

合作企业的营业执照签发日期，为该企业的成立日期。

中外合作者应当自成立之日起30天内向税务机关办理税务登记。

中外合作者在合作期限内协商同意对合作企业合同作重大变更的，应当报审查批准机关批准，变更内容涉及法定工商登记项目、税务登记项目的，应当向工商行政管理机关；税务机关办理变更登记手续。

二、合作经营企业主要法律文件

（一）合作企业合同

合作企业是依合作各方签订的合作企业合同为基础设立的，合作各方的权利和义务大多通过合作企业合同来规定。因此，合作合同是合作企业的核心文件，是合作企业存在的法律基础。

合作企业合同必须订得明确而详尽，要将出资方式、出资额、合作条件，以及责、权利等事项在合同中订明。合作企业合同主要包括以下内容：(1) 合作各方的名称、注册地、住所及法定代表人的姓名、职务、国籍（外国合作者是自然人的，其姓名、国籍和住所）；(2) 合作企业的名称、住所、经营范围；(3) 合作企业的投资总额、注册资本，合作各方投资或者提供合作条件的方式、期限；(4) 合作各方投资或者提供的合作条件的转让；(5) 合作各方收益或者产品的分配、风险或者亏损的分担；(6) 合作企业董事会或者联合管理委员会的组成以及董事或者联合管理委员会委员名额的分配，总经理及其他高级管理人员的职责和聘任、解聘办法；(7) 采用的主要生产设备、生产技术及其来源；(8) 产品在中国境内销售和境外销售的安排；(9) 合作企业外汇收支的安排；(10) 合作企业的期限、解散和清算；(11) 合作各方其他义务以及违反合同的责任；(12) 财务、会计、审计的处理原则；(13) 合作各方之间争议的处理；(14) 合作企业合同的修改程序。

在签订合作企业合同时，应注意以下问题：

（1）双方应按平等互利的原则确定合作各方的权利和义务。在合作企业合同中，虽然不是按股权比例来划分合作各方的权利和义务，但中外投资各方的权益应与他们的投资的价值、风险责任等挂钩，不能使任何一方享有或承担与其所出资的价值、所承担的风险明显不相称的权益或义务。对于显失公平的合作企业合同，我国政府将不予批准。

（2）对企业亏损和债务的负担，应作为法定条款必须在合作企业合同中明确规定，特别是在合作企业的中后期，当外国合作者已获取大部分利润或投资已基本或大部分回收的情况下，如企业发生严重亏损，其风险责任如何承担必须订明，否则就会将风险责任全部转移到我方合作者身上，损害我方利益。再者，关于非法人式合作企业各方对外如何承担清偿责任也是非常重要的，如不明确规定，势必导致因清偿责任不明而双方互相推诿的现象。

（3）应在合同中订明合作各方认缴的入股资金额及认缴的期限和投入的设备和技术的标准。为了防止只签订合作协议而不出资，必须在合同条款中明确规定出资的期限，迟交、欠交的责任，在签订设备和技术条款时，应明确设备和技术的性能，并由中外双方共同确定设备和技术的价格，设备和技术的投入者应出具该设备和技术的合格证书和其他标准证书。

（二）合作企业的章程

具有法人资格的合作企业应由合作各方共同制订该企业的章程；并和有关文件一起向审批机构报送。由于合作企业的章程是依据合同制订的，因而合同和章程的内容既有某些重复，也有某些不同。合作企业合同与章程的区别主要在于侧重点不同。合作企业合同主要规定双方合作者的具体的权利和义务，而企业的章程侧重于规定企业的组织机构和活动原则。合作企业的章程主要包括以下内容：（1）合作企业名称及住所；（2）合作企业的经营范围和合作期限；（3）合作各方的名称、注册地、住所及法定代表人的姓名、职务和国籍（外国合作者得自然人，其姓名、国籍和住所）；（4）合作企业的投资总额、注册资本，合作各方投资或者提供合作条件的方式、期限；（5）合作各方收益或者产品的分配、风险或者亏损的分担；（6）合作企业董事会或者联合管理委员会的组成、职权和议事规则，董事会董事或者联合管理委员会委员的任期，董事长、副董事长或者联合管理委员会主任、副主任的职责；（7）经营管理机构的设置、职权、办事规则，总经理及其他高级管理人员的职责和聘任、解聘办法；（8）有关职工招聘、培训、劳动合同、工资、社会保险、福利、职业安全卫生等劳动管理事项的规定；（9）合作企业财务、会计和审计制度；（10）合作企业解散的清算办法；（11）合作企业章程的修改程序。

第三节 外资企业的设立

一、外资企业的设立

（一）外资企业的设立条件

《中华人民共和国外资企业法》（以下简称《外资企业法》）第三条规定，设立外资企业的条件是"必须有利于中国国民经济的发展。国家鼓励举办产品出口或者技术先进的外资企业。"同合营和合作企业的设立条件相比，"有利于国民经济发展"是设立外商投资企业的共同条件，但是"采用先进的技术和设备"和"产品全部或大部出口"对合营企业和合作企业来说，则属于鼓励性质的，而对于外资企业，却是必不可少的成立要件。显然，国家对外资企业的设立的要求较高，只限于设立采用先进技术和设备或者产品全部或大部出口的企业，但这项规定并不是要求每一外资企业必须同时符合这两个条件，而是满足其一即可。

对外国投资者的投资条件及范围作出规定，这是各国投资法律的共同做法，属于国际惯例。尤其是对外资企业的规定要求得更严格，因为外商在相同条件下，愿意选择独资而不选择合营，以便能够独立经营，独享利润。同样，作为外资企业的东道国，对外资企业的设立条件和监督措施规定得更严格一些，这是可以理解的。特别是发展中国家，他们吸引外商直接投资的目的，就是要引进外国的先进技术和设备。因此，发展中国家都把采用先进技术和产品出口作为开办外资企业的前提。我国也作了相同的规定，即凡外资企业都必须是外向型的，或者是能给我国带来先进的设备或技术的。

关于设立外资企业的领域和行业，国家鼓励外资企业选择下列项目：（1）生产的产品全部或大部分出口；（2）采用先进的技术或设备，有利于提高现有产品产量和质量的；（3）有利于增加现有产品品种的；（4）有利于中国开发新技术的；（5）有利于生产中国国内现阶段不能生产的缺门产品或有利于减少进口产品的。

至于外资企业行业的限制或禁止范围，《外资企业法》没有具体规定，但《外资企业法实施细则》作了禁止性规定：（1）有损中国主权或者社会公共利益的；（2）危及中国国家安全的；（3）违反中国法律、法规的；（4）不符合中国国民经济发展要求的；（5）可能造成环境污染的。

（二）外资企业的设立程序

外资企业是完全由外国投资者投资和经营管理的企业，由于没有中方参加，因此在设立时，不是由中国合作者代表企业向政府申请，而是由投资者自己向中国政府申请，外国投资者也可找中国的信托投资公司或信托人代为申请。

同设立合营企业、合作企业一样，设立外资企业也实行审批制度。审批制度是引导外资投向，控制投资规模，加强对外商投资企业管理和监督的重要手段。尤其是外资企业，由于没有中方参加，项目的选择、可行性研究，以及申请的提出都是外方独立进行的，这样，对项目可行性和适用性的审查和判断工作就完全落在审批机构身上,审批的任务更加艰难,审批的重要性更显突出,审批制度更具特殊意义。

设立外资企业的具体程序为:

(1) 由外国投资者向拟设立外资企业所在地的对外贸易经贸部门呈报设立外资企业的申请书和项目的可行性研究报告、企业章程并附呈该外国投资者的法律证明文件和资信证明文件。

申请书应包括以下主要内容:①外国投资者的姓名、住所、注册地和法定代表人的姓名、国籍、职务;②拟设立外资企业的名称、住所;③经营范围、产品品种和生产规模;④拟设立外资企业的投资总额、注册资本、资金来源、出资方式和期限;⑤拟设立外资企业的组织形式和机构、法定代表人;⑥采用的主要生产设备及其新旧程度、生产技术、工艺水平及其来源;⑦产品的销售方向、地区和销售渠道、方式;⑧外汇资金的收支安排;⑨有关机构设置和人员编制、职工的招用、培训、工资、福利、保险、劳动保护等事项的安排;⑩可能造成环境污染的程度和解决措施;⑪场地选择和用地面积;⑫基本建设和生产经营所需资金、能源、原材料及其解决办法;⑬项目实施的进度计划;⑭拟设立外资企业的经营期限。

(2) 地方经贸部门审核并签署意见后,转报中国对外贸易部或其授权的省、自治区、直辖市的对外经济贸易主管机关审查批准,审批机关在接到申请之日起90天内决定批准或不批准。

(3) 外资企业经批准后,外国投资者应当在接到批准证书之日起30天内向国家工商行政管理总局委托的省、自治区、直辖市工商行政管理局申请登记。在经济特区、14个沿海开放城市及海南省的外资企业可向当地工商行政管理局申请登记,领取营业执照。营业执照签发的日期,即为该外资企业成立的日期。外资企业应当自成立之日起30天内向当地税务机关办理税务登记和向中国银行或经中国银行同意的其他银行开户。

外资企业设立、登记的程序较其他外商投资企业简便,主要是因为外资企业不需要签订协议、合同,只需要订立章程,申报文件也少了许多。

二、外资企业的变更

《外资企业法》第十条规定:"外资企业分立、合并或者其他重要事项变更,应当报审批机关批准,并向工商行政管理机关办理变更登记手续。"审批机关应对变更的原因进行调查,在不损害国家主权和公共利益的前提下,批准外资企业的变更事项。

第五章

三资企业的组织形式、注册资本与投资方式

第一节 合营企业的组织形式、注册资本与投资方式

一、合营企业的组织形式

由于对合营企业的法律性质认识上的分歧,世界各国立法中规定合营企业采取的组织形式也各有差异,有的采取合伙形式,有的采取无限责任公司或有限责任公司等。

我国《中外合资经营企业法》第四条第一款规定:"合营企业的形式为有限责任公司。"所谓有限责任公司,是指由两个以上的仅以出资额为限对公司的债务负责的股东组成公司。有限责任公司不通过发行股票来筹措资金,而是由投资人按照一定比例分摊,并且依照投资比例分享利润和分担风险及亏损。有限公司是一种资合公司,是一种资本团体,这一点近于股份公司;有限公司又是一种闭锁性公司,这一点类似于无限公司。具

第五章 三资企业的组织形式、注册资本与投资方式

体来讲,合营企业作为有限责任公司有以下特点:

1. 责任有限性

这种有限性主体体现在以下三个方面:(1)中外合营各方对合营企业所承担的债务责任以其出资额为限,换言之,投资者的财产与合营企业的整体财产是相分离的,合营各方对合营企业的债务互相不负连带责任,《中外合资经营企业法》第四条及《中外合资经营企业法实施条例》第十六条对此做了明确规定;(2)合营企业各方对其所负的财产责任仅以其注册资本为限;(3)合营企业的主管机关或国家,对合营企业的债务也不负连带责任。

2. 闭锁性

这种闭锁性,即非公开性,其表现在:(1)资金募集方面。合营企业的资本是合营各方按双方约定的比例分批认缴的,而不能像股份公司那样在社会范围内公开发行股票;(2)出资转让方面,合营企业各方的投资不得像股份公司的股票自由转让,其转让受严格限制。《中外合资经营企业法实施条例》第二十条规定:"合资一方如向第三方转让其全部或部分出资额,须经合营他方同意,并经审批机构批准,合营一方转让其全部或部分出资额时,合营他方有优先购买权。合营一方向第三者转让出资额的条件,不得比向合营他方转让的条件优惠。……违反上述规定的,其转让无效。"

3. 组织机构的简单性

合营性的股东成员较少,不必设立股东大会,直接实行由董事会领导下的经理负责制,董事由中外合营各方各自委派。

总之,合营企业是一种资合公司,但是它重视股东间的联系。在一般情况下,资本所有权与经营权并不分离,这又使得合营企业具有了人合公司的色彩。

《中外合资经营企业法》规定合营企业采取有限责任公司的组织形式,是适合我国利用外资的需要的,比其他形式具有更多的优越性。首先,和股份有限公司相比较,股份有限公司主要体现了"资本的联合",它通过发行股票,向社会公开募集资本,股东仅以认购股份额为限对企业的责任负责,股票可以在市场上自由流动,这些都有助于社会经济的发展,但股票任意流转、股东人员的变化不定这一缺欠导致了股东对企业责任认识上的淡薄,从而必然影响股份公司的经济效益。而有限责任公司除具有股份公司的资合特点外,还具有一种人合公司的色彩,合营各方因利益的紧密相连而不得不彼此负责,客观上逼迫合营各方采用先进的经营、生产及管理技术,同时提高了企业的经济效益。因此我国的合营企业采用有限责任公司的形式,既能有效地吸引外资,又能充分引进国外的先进管理和科学生产技术;其次,采用有限责任公司的形式同合伙企业无限责任公司相比较,合伙企业一般不具备法人资格,企业的财产投资缺乏独立性,合伙人和无限责任公司股东对企业的债务都需负担无限连带责任。因此,这两种形式风险大,不利于担负风险系数大的项目。英美法中之所以规定合营企业采取合伙企业形式,大概是因为英美国家系发达国家,资本过剩,提倡资本输出而限制资本输入的缘故。而采用有限责任公司的形式,合营各方仅以出资额为限对合营企业的债务负有限责任,避免以自己的全部资本对合营企业的债务负无限责任,风险小可以预测,这对吸引外资是非常有利的。采取有限责任公司的形式无疑简单些,容易进行管理和监督,是国情和现实情况的最佳抉择。

二、合营企业的注册资本

根据《中外合资经营企业法实施条例》第十七条规定,合营企业的投资总额,是指合营企业合同、章程规定的生产规模需要投入的基本建设资金和生产流动资金的总和。如合营各方的出资达不到投资总额,也可以合营企业的名义向银行贷款作为投资。因此,合营企业的投资总额一般包括

第五章 三资企业的组织形式、注册资本与投资方式

两个部分：合营各方出资的自有资金和合营企业向银行的贷款，前者即为注册资本，后者即为借入资金。

（一）注册资本

合营企业的注册资本，是指为设立合营企业在工商行政管理机关登记的资本总额，它应为合营各方认缴的出资额之和。合营各方可根据合营企业合同的规定，将认缴的出资额一次或分几次向合营企业投入。合营各方缴纳出资额后，应由中国注册的会计师验证，出具验资报告，向合营企业据以发给验资证明书。由于注册资本是合营企业进行正常经营活动和合营各方分享利润、分担风险的基础和限度，因此《中外合资经营企业法实施条例》第十九条规定："合营企业在合营期内不得减少其注册资本。"

1. 注册资本与投资总额的比例

合营企业的投资总额是等于或大于注册资本，但合营企业的注册资本应与其生产规模和范围相适应。依照1987年3月1日国家工商行政管理局发布的《关于中外合资经营企业注册资本与投资总额比例的暂行规定》，合营企业的注册资本与投资总额的比例为：（1）投资总额在300万（含300万）美元以下的，注册资本至少应占投资总额的7/10；（2）投资总额在300万至1000万（含1000万）美元的，注册资本至少占投资总额的1/2，其中投资总额在420万美元以下者，注册资本不得低于210万美元；（3）投资总额在1000万至3000万（含3000万）美元的；注册资本至少应占投资总额的2/5，其中投资总额在1250万美元以下者，注册资本不得低于500万美元；（4）投资总额在3000万美元以上的，注册资本至少占投资总额的1/3，其中投资总额在3600万美元以下者，注册资本不得低于1200万美元。

合营企业如遇特殊情况不能执行此规定时，由对外经济贸易部会同国家工商行政管理局批准，合营企业增加投资的，其追加的注册资本与投资总额的比例，参照上述规定执行。

2. 注册资本中各方的出资比例

在合营企业的注册资本中，登记合营各方的出资所占的比例、合营各方的出资比例，关系到对企业经营管理权的控制。由于合营企业是按照股权比例分享权利和分担义务，所以一般来说出资越多，控制权也越大。许多发展中国家对外国投资者的出资比例加以限制，例如规定外资比例一般不得超过49％，本国资本应占51％以上，以防止外国投资者实际控制合营企业。

而我国的做法正好相反。《中外合资经营企业法》第四条规定："在合营企业的注册资本中，外国合营者的出资比例一般不低于百分之二十五。"即对外国合营者的投资比例只规定了下限，而未规定上限。究其原因，一句话，就是为了更好地吸引外资。具体言之，一方面，如果规定外国合营者出资比例的上限而不规定下限，由于出资所占比例太小，外国合营者便可能不关心企业的经营成果，也不可能愿意使用先进技术，这就难以收到利用外资的实效。而不规定外资比例的上限，无疑能增强外国投资者的责任感；另一方面，不规定外资比例上限并不等于我国及中方合营者丧失了对合营企业的控制权。首先，国家对外商直接投资项目制订出指导性计划，明确投资方向和重点，通过审批登记手续可以把外商投资企业的经营活动纳入国民经济范围。因此，即使外国合营者的投资在合营企业所占比例较大，也绝不会影响国家主权和经济独立。其次，依照《中外合资经营企业法》及其"实施条例"规定，合营企业在经营管理上并不完全按股份大小来决定控制权，对经营上的重大决策须由中外合营各方依照平等互利原则协商解决。再其次，对外资比例作灵活掌握，不限于49％以下，可以适应某些经济部门的需要。

3. 出资额的缴付

合营企业的注册资本是合营企业赖以进行生产经营活动和独立承担民事责任的基础。合营各方能否依法实际缴付出资额，直接关系到合营企业的存亡和发展。《中外合资经营企业法实施条例》第二十八条规定:"合营各方应按合同规定的期限缴清各自的出资额。逾期未缴或未缴清的,应按合同规定支付迟延利息或赔偿损失。"而经国务院批准,于1998年1月1日由对外经济贸易部、国家工商行政管理局发布的《中外合资经营企业合营各方出资的若干规定》,总结了十年来开办合营企业的经验教训,借鉴了国外公司法的有关内容,明确规定了合营各方缴付出资额必须遵循的以下法律原则:

(1) 合营各方的出资必须是自己所有的现金、实物、工业产权和专有技术等。合营企业任何一方不得以合营企业名义,或以合营其他方的财产和权益作担保取得贷款而作为自己的出资,也不得用以合营企业名义租赁的设备或者其他财产,以及合营者以外的他人财产作为自己的出资。外方合营者必须以自己的名义投入资金,不管这是它的自有资金,还是以它自己的名义从银行借来的资金。(2) 合营各方凡是以实物、工业产权和专有技术出资的,不允许在它们上面设立任何担保物权,出资者应当出具对其出资具有所有权和处置权的有效凭证。由于设立了担保物权的财产在担保期限内,财产所有人的所有权是受到限制的,并且很可能因担保物权的实行而导致对财产的处分,这就必然会影响合营企业的正常生产经营活动。(3) 合营各方必须严格按照出资期限缴清各自的出资额。合营各方应在合营合同中明确订立出资的具体期限。凡合同中没有具体规定出资期限,但规定一次缴清出资的,合营各方应从营业执照签发之日起6个月内缴清出资;合同规定分期缴付出资的,合营各方第一期出资不得低于各自认缴出资额的15%,并应在营业执照签发之日起3个月内缴清。合营各方未能在上述期限内缴付出资的,视同合营企业自动解散,合营企业批准证书自动失效。合营企业应当向工商行政管理机关办理注销登记手续,缴销营业执照;不办理注销登记手续和缴销营业执照的,由工商行政管理机关吊销其营业执照,并予以公告。如果合营一方未按照合营合同的规定如期缴付或缴清出资的,即构成违约,守约方应当催告违约方在一个月内缴付或者缴清出资。逾期仍未付或者缴清的,视同违约方放弃在合营合同中的一切权利,自动退出合营企业。

4. 注册资本的增加和转让

注册资本与合营企业的信誉是成正比的,如果任意减少注册资本,就意味着减少合营企业对风险和亏损承担的责任,那么该合营企业的信誉和发展就面临着严重的问题。因此我国法律明确规定合营企业不能减少其注册资本,注册资本只能增加。但合营企业在增加注册资本时,一方面必须依照《关于中外合资经营企业注册资本与投资总额比例的暂行规定》中的规定比例追加,另一方面必须明确是否变动合各方的出资比例,因为这既涉及企业兴旺发达时合营者之间的利润分配问题,也涉及企业衰落时责任的承担问题。

由于在我国合营企业采取有限责任公司的组织形式,因此在合营企业中,出资额的转让是受到一定限制的。《中外合资经营企业法实施条例》第二十条明确规定:"合营一方如同第三者转让其全部或部分出资额,须经合营他方同意,并经审批机构批准。合营一方转让其全部或部分出资额时,合营他方有优先购买权。合营一方向第三者转让出资额的条件,不得比向合营他方转让的条件优惠。违反上述规定的,其转让无效。"这种限制性规定主要是基于保证合营关系的和谐互信和稳定性,保障合营企业的正常经营,从而切实保护合营他方的合法权益的考虑,这与世界各国的普遍做法是相适应的。

合营企业注册资本的增加或转让构成了合营企业注册资本发生变更的主要内容。《中外合资经营企业法实施条例》是第二十四条规定:"合营企业注册资本的增加、减少,应由董事会会议通过,并报原审批机构批准,向原登记管理机构办理变更登记手续。"合营各方在增加和减少注册资本时必须依法行事,慎重处之。

(二) 借入资金

合营企业在其经营过程中,出于购买固定资产和资金周转的需要,往往要通时向银行贷款或向社会发行债券的手段而筹措资金，以弥补注册资本的不足。合营企业的注册资本是企业承担风险和亏损的基础，因此各国虽然允许合营企业以借入资金弥补自有资本的不足，但一般都规定借款不能过多地超过注册资本，并根据本国的具体情况而规定了注册资本与借入资金的比例。目前，西欧、美国的借款与股本的比例一般为3∶1。我国对合营企业注册资本与投资总额的比例所作的具体规定（如前所述），也反映了合营企业注册资本与借入资金的具体规定比例。

根据《中外合资经营企业法》及其"实施条例"的有关规定，合营企业应在中国银行或经中国银行同意的银行开立账户，并可以直接向外国银行筹措资金。因此，合营企业筹措资金的渠道有四种：①中国；②外国合营者本国；③第三国；④国际金融市场。筹措资金的途径有两种：一是借款，二是发行公司债。

三、合营企业的出资方式

所谓合营企业的出资方式，是指合营各方各以什么形式向合营企业投资。

《中外合资经营企业法实施条例》第二十二条规定："合营者可以用货币出资，也可以用建筑物、厂房、机器等设备或其他物料、工业产权、专有技术、场地使用权出资。以建筑物、厂房、机器设备或其他物料、工业产权、专有技术作为出资，其作价由合营各方按照公平合理的原则协商确定或聘请合营各方同意的第三者评定。"据此，合营企业的出资方式包括以下四种：

1. 现金出资

中外合营者以按期缴付其认缴的货币这种形式出资，即为现金出资。合营各方应按合营合同中明确规定出资方交款的具体金额和时间，如果分期缴款，应将每期缴款的准确金额和时间加以详细规定。中方合营者的现金一般是人民币，外国合营者的现金一般是外币资金。外方合营者用以出资的外币，应按其缴付之日我国的外汇牌价折算成人民币或套算约定的外币。中方出资的人民币，如需折算外币，也应按缴款当日牌价计算。合营各方投入的现金应当存入企业所在地的中国银行或经其同意的其他银行。根据《中外合资经营企业合营各方出资的若干规定》第二条的规定，合营各方认缴的现金，必须确实归自己所有，任何一方不得以合营企业的名义取得贷款作为出资。

现金出资时我方应掌握的原则是：投入现金的数额要小些，实物多些，争取以土地使用权或厂房设备等实物作为投资；外国合营者投入的外汇现金要尽量多些，技术设备应尽可能先进。这和我国利用外资的初衷是相一致的。

2. 实物出资

实物出资，即以有形资产作为投资，其范围较广，包括建筑物、厂房、机器设备或其他物料。在实践中，外国合营者一般以机器设备和其他物料投资，中方一般以现有厂房、建设物、辅助设备等投资。《中外合资经营企业法》第五条第二款规定："外国投资者作为投资的技术和设备，必须确定是符合我国需要的先进技术和设备。如果有意以落后的技术和设备进行欺骗，造成损失的，应赔偿损失。"《中外合资经营企业法实施条例》第二十四条更进一规定："作为外国合营者出资的机器设备或其他物料，必须符合下列各项条件：（1）为合营企业生产所必不可少的；（2）中国不能生产，或虽能生产，价格过高或在技术性能和供应时间上不能保证需要的；（3）作价不得高于同类机器设备或其他物料当时国际市场价格。"这就为避免外国合营者以实物出资形式抛售旧商品，或作价过高损害我国利益确立了法律上的保障。

合营各方以实物出资时，对实物的作价是一个非常复杂也非常重要的问题。对实物作价的总原则是要公平合理，由合营各方友好协商，一致同意后予以确定。如经各方同意，也可以聘请各方同意的第三者参与对实物的评估。外方以新购设备出资的，应由外方提供制造厂商的发票及有关使用说明和维修说明，以及证明购买该设备的全部单据。外方以旧的机器设备投资的，其作价一般不应高于国际市场上同样的新设备的价格减去应折旧费以后的余额，或按规定的使用年数与尚可使用的年数的比例计算净值后，再由合营各方协商确定。中方投入的厂房、设备等应按重置安全价值、使用年限和新旧程度进行重新评估。估价时，既要考虑到该设备的折旧问题，又要考虑到该设备可能的升值，因为我国企业的固定资产由于职工工资较低，耗用的材料、物资按计划调拨价格供应，与国际价格相比成本偏低。

工业产权和专有技术属于无形的知识资产，以其作为投资的特点就是尽管投入的是无形物，但它们能为企业带来一定权益，因而其本身就具有了价值而作为资本的一部分。根据《中外合资经营企业法实施条例》第二十五条规定，作为外国合营者出资的工业产权中专有技术，必须符合下列条件之一：(1) 能显著改进现有产品的性能、质量，提高生产效率的；(2) 能显著节约原材料、燃料、动力的。

外国合营者以工业产权和专有技术出资时，应由外方提供有关的详细资料，如专利证书或商标注册证书的复印件、有效状况及其技术特性，实用价值，作价的计算根据等。由于工业产权和专有技术的作价完全取决于它们能为企业带来多大的实际经济效益，所以中方必须基于外方提供的有关资料和自己掌握的信息，审慎分析该项投资的价值和因利用该项投资可能增加的经济效益，在确定能有较好的经济效益条件下再利用该项工业产权或专有技术。

与实物出资相同，以工业产权、专有技术作为出资的，其作价应由合营各方同意的第三者评定，并且同样应经中方的主管部门审查同意后，报请审批机构批准。

第二节 合作企业的组织形式与投资方式

一、合作企业的组织形式

依据《中外合作经营企业法》的规定，中外合作经营企业可以根据合作双方的自愿，组成法人实体，也可不组成法人实体。是否组成法人实体应由合作双方在合作合同中加以规定。因此，中外合作经营企业与国际上通常所说的契约式合营有所不同，国际上通称的契约式合营一般不建立法人实体，有的甚至不是经济实体。中外合作经营企业是具中国特色的契约式合营，表现在中国法律不仅允许组成一个新的经济实体，而且可以组成一个法律实体。由此产生两种不同的合作企业形式，即法人式合作企业和非法人式合作企业。

（一）法人式合作企业

中外合作企业符合中国法律关于法人条件规定的，依法取得中国法人资格。组成具有中国法人资格中外合作企业，应依据《民法通则》关于法人条件的规定，由中外合作双方出资组成企业的独立财产、企业财产与合作各方的财产分离；应建立独立的经营管理机构，如设立董事会作为权力机关，以自己的名义独立参加经济活动，具有订约、履约和诉讼的权力能力和行为能力，并独立地承担民事责任。但中外合作企业与中外合营企业有所不同，在法人式合作企业中，合作者的投资不算股份式股权，合作双方的权利和义务也不依股权确定，而是通过合同加以具体规定。

对于法人式合作企业的组织形式，《中外合作经营企业法》未作明确规定。从我国目前的实践来看，法人或合作企业都采取有限责任公司的组织形式，合作企业以其全部财产对外承担民事责任，合作各方则以各自提供的资本为限对合作企业负责,相互之间不负连带责任。

(二) 非法人式合作企业

没有组成法人实体,不具有法人资格的中外合作经营企业,为非法人式合作企业。这种性质的合作企业,也应由合作双方投资,形成企业财产,并由合作各方代表组成联合管理机构对合作企业进行经营管理,但合作各方可分别拥有参加合作企业的各自财产,联合管理机构非合作企业的法定代表。非法人式合作企业,从法理上分析实际上是种合伙关系,因此,在组织形式上应采取合伙形式。合作各方的权利和义务,包括对企业债务的责任,应依合伙关系的法律加以确定。

二、合作企业的出资方式

《中外合作企业法》第二条规定:"中外合作者兴办合作企业,应当依照本法的规定,在合作企业合同中约定投资或者合作条件……。"这一规定说明,合作企业的投资方式较合营企业更为灵活;该法第八条规定:"中外合作者的投资或者提供的合作条件可以是现金、实物、土地使用权、工业产权、非专利技术和其他财产权利。"这条规定反映了合作者投资方式或合作条件具有广泛性。为了使合作各方能够正确、及时地履行合同规定的投资义务,该法第九条规定:"中外合作者应当依照法律、法规的规定和合作企业合同的约定,如期履行缴足投资、提供合作条件义务。逾期不履行的,由工商行政管理机关限期履行;限期届满仍未履行的,由审查批准机关和工商行政管理机关依照国家有关规定处理;外方合作者的投资或者提供的合作条件,由中国注册会计师或者有关机构验证并出具证明。"合作企业的出资方式主要有以下几种:

(一) 现金投资

开办合作企业,同合营企业一样,必须有一定数额的现金,用以支付建厂的开支和以后生产经营活动的费用,因而需要以现金投资。但合作企业的现金投资情况与合营企业不同,合营企业不论中方还是外方,必须提供一定的现金,而合作企业的中国合作者可以提供一定的现金,也可以不提供现金而只以其他方式投资,这正是合作企业发展迅速、深受中国合作者欢迎的原因。因为我国鼓励外商投资的目的之一就在吸引外资以克服我国资金不足的弱点,合作企业可使中国合作者不出现金而以其他实物投资,从而扬长避短发展我国经济。中国合作者如以现金投资,其现金一般是人民币,外国合作者的现金一般是外币。外国投资者用以投资的外币,按其投资交款之日的我国牌价折算成人民币或套算成约定的外币。中国合作者的人民币,如需折合外币,也要按交款当日的牌价计算。虽然中外合作者的现金投资须折算成相同单位的货币,但并不折算成股份,只作为规定双方盈利分配或亏损承担等权利义务的参考。

在实践中,一些外国合作者用作投资的现金是向银行或其他信贷机构借贷的,这是允许的,但必须以自己的名义借款。一些合作企业合同笼统地规定由外国合作者提供资金,而实际上外国合作者却是以合作企业的名义向银行借款,这样,外国合作者实际上没有直接投资,也没有承担投资风险,它把一部分风险转嫁给了中国合作者,却以"全部投资者"的身份"优先"和"多拿"利润。而有的外国合作者虽然是以自己的名义借款,却要求由中国合作者向银行担保。由于保证人和债务人要负连带责任,因此,实际上是把借款风险转嫁给中方。中国合作者往往因为外国合作者还不起借款而吃大亏。因此,《中外合作企业法》第十七条第二款规定:"中外合作者用作投资或者合作条件的借款及其担保,由各方自行解决。"

(二) 实物投资

实物投资一般包括厂房、建筑物、机器设备、原材料、零部件等。在实践中,由于中方设备落后,机器设备一般由外国合作者提供,而中国合作者作为东道主,提供厂房、建筑物、材料等比较便利。

为了防止外国合作者以实物投资的方式抛售旧商品，或作价过高，损害我国利益，《中外合作经营企业法实施细则》对外国合作者出资的机器设备以及其他材料作了规定。合作企业可参照该条例的规定来衡量外国合作者的实物投资是否符合条件。应注意的是，有的外国合作者虽提供了机器设备或其他实物作为投资，但他们对该设备或实物并不享有所有权或处分权，有的是租赁来的，有的已设立了抵押权，一旦租赁期满，或外国合作者因无法偿债，该设备或实物被抵押权人变卖，合作企业则无法进行正常的生产经营，有的甚至破产。因此，在设立合作企业时，中国合作者应对外商用作投资的实物进行认真的查验，确保其对实物享有所有权。

（三）土地使用权

中国合作者可以提供土地使用权作为投资。以土地使用权作为投资的，应比照该同类土地使用权使用费作价。土地使用费标准应根据土地的用途、地理环境条件、征地拆迁安置费用和合作企业对基础设施的要求等因素，由所在地的省、自治区、直辖市人民政府规定，并向外贸部和国家土地管理部门备案。同合作企业的其他投资方式一样，土地使用权虽然作价，但不折算成股份。

中外合作企业用地，不论是新征用土地，还是利用原有企业的场地，都应计收土地使用费。以土地使用权投资的中方合作者，应向土地管理部门缴纳土地使用费。如合作企业所占用的土地不是中方的投资，而是以合作企业的名义来使用的，则应由合作企业向我国土地管理部门缴纳土地使用费。

合作企业对批准核拨的土地，只有使用权，没有所有权。严禁买卖和变相买卖土地，违者应受法律制裁。

实践中存在的问题是土地使用费收费标准不统一，不合理。有的收费过高，有的收费太低，特别是在合作企业使用土地缴纳土地使用费的情况下，固然土地使用费收得太低，我国的利益受到损害，但收费过高，外商无利可图时也会使合作搞不好。有的外商认为我国的土地使用费太高，是人为的价值，没有进行科学计算。可见，收费定得是否合理，关系到外商是否接受我们合作的问题。立法部门应在有关法规中对土地使用费予以明确、科学、统一的规定。

（四）工业产权与非专技术

工业产权和非专利技术作为一种无形的知识财产，可以像其他实物财产一样作为合作企业的投资。一般情况下，工业产权和非专利技术由外国合作者提供，外国合作者提供的技术，必须是我国所需要的先进的技术。如果外方有意以落后的技术进行欺骗，由此造成的损失，应由外方赔偿。

（五）其他财产权利

《中外合作经营企业法》规定，中外合作者除以现金、实物、土地使用权等作为投资或者合作条件外，也可以其他财产权作为投资或合作条件。至于其他财产权利的内容，未作规定。《民法通则》规定的财产权，除前面提到的作为出资的财产外，还有全民所有制企业的经营权，国有自然资源的使用权、经营权、公民或集体组织的承包经营权，抵押权等财产权，这些财产权利，经过合法程序，也可成为合作企业的出资方式或合作条件。

根据合作企业各方的投资方式的特点，结合我国合作企业的投资实践，在出资时有两个问题应注意：一是合作企业各方的投资都不折算成股份，因此，有的人认为，合作企业的投资也不必作价。这是错误的。合作各方不管以何种方式出资，都必须折价，折价的意义在于它可以作为规定各方享受权利、承担义务的参考。合作各方的权利义务虽以合同规定为准，但合作企业合同规定的各方所享有的权利大小、利润分配多少、亏损分担比例、外方合作者投资回收时间等，主要是以双方投资的折价为依据的。折投是一回事，折价又是一回事，不能将二者混同。更有甚者，由于双方的投资不折算成股份，致使有的人产生了一种错觉，认为中国合作者提供的厂房、建筑、场地使用权不是资本，同外商合作是做无本生意，是借鸡下蛋,这显然是错误的。在合作企业中,不仅中方提供的厂房、设施是资产,是有价值的东西,而且所提供的土地使用权也是一种特殊的资本。土地既然是以实物形态存在的,它当然可以作为资本来利用,那种认为中方只提供实物是做无本生意、是白捞钱的观念不利于我们以正确的姿态与外商合作,把各种实物投资折价,有利于消除人们的这种错误认识。二是合作各方应严格按照合同的规定如期如数缴纳投资和提供合作条件。在实践中,有的合作者虽然在合同中规定了所要提供的投资及其他合作条件,但迟迟不履行,致使企业造成重大损失,《中外合作经营企业法》第九条的规定,可以督促合作各方履行投资义务,有利于合作企业正常开业和经营。

第三节 外资企业的组织形式、注册资本与出资方式

一、外资企业的组织形式

关于外资企业的形式,各国的外资法和公司法对此都有规定,外资企业可采取法人实体和非法人实体的形式,如合伙、无限责任公司、两合公司、股份两合公司、有限责任公司和股份有限公司等,但大多数国家采用有限责任公司和股份有限公司的组织形式,具有企业法人资格,是东道国的法人。例如,1990年波兰有关外资的规定,外国投资者企业可采取有限责任公司和股份公司的形式。

我国《外资企业法实施细则》的第十八条对外资企业的组织形式做出规定:"外资企业的组织形式为有限责任公司。经批准也可以为其他责任形式。外资企业为其他责任形式的,外国投资者对企业的责任适用中国法律、法规的规定。"这就是说在我国,有限责任公司是外资企业的主要形

式。此外，外国企业也可根据实际情况采用其他责任形式，但这种其他形式的责任适宜用我国法律、法规的有关规定，并经中国政府的批准。

对组建法人实体的外资企业，普遍采取的形式是有限责任公司和股份有限公司，但在实践中由于外资企业不能在中国境内发行人民币股票，因此，股份有限公司还不是我国外资企业的主要责任形式。当前，我国已批准设立的外资企业大都采取有限责任公司形式，股东以其出资额为限，对公司承担责任，公司以其全部资产对公司的债务承担责任；对不组建法人的外资企业来说，通常可以采取合伙和个人独资企业的形式。这里所说的合伙，是指两个或两个以上的外国自然人或外国法人基于合伙合同共同出资，依法在中国境内设立的企业。除合伙合同另有规定外，合伙人之间对企业的债务负无限连带责任，其法律依本着同类推适用《民法通则》的个人合伙和企业联营的规定。而个人独资企业，是指一个外国自然人依法在中国境内设立的独资企业是一个自然人企业，企业主对企业的债务需负无限责任，其法律同类推适用我国私营企业法中关于独资企业的规定。

应当指出的是，对于具有法人资格、外国投资者对企业承担有限责任的企业，外国投资者必须缴足注册资本，并保障该企业享有足够的自主经营权。倘若企业投资不足，或外国投资者抽逃资金，或由于外国母公司的不当干预和控制对外资企业造成重大损失时，外国母公司应承担连带责任。对于不具有法人资格，外国投资者在企业中承担无限责任的外资企业，由于其财产在国外，发生债务纠纷时追索起来很困难。因此应事先采取某种保证措施。

二、外资企业的注册资本

根据《外资企业法实施细则》第十九条规定："外资企业的投资总额，是指开办外资企业所需资金总额，即按其生产规模需要投入的基本建设资金和生产流动资金的总和。当外资企业的出资达不到投资总额时，企业可以申请向中国银行的借资，后者为借入资金。"

第五章 三资企业的组织形式、注册资本与投资方式

(一) 外资企业的注册资本

外资企业的注册资本,是指为设立外资企业在工商行政管理机关登记的资本总额,即外国投资者认缴的全部出资额。外国投资者可按设立外资企业申请书和外资企业章程载明情况,将投资额一次或分几次向外资企业投入,但最后一期出资应当在营业执照签发之日起3年内缴清。外国投资者缴付每期出资后,外资企业应当聘请中国注册会计师验证,并出具验资报告,报审批机关和工商行政管理机关备案。由于注册资本是外国投资承担风险的基础和限度,因此《外资企业法实施细则》第二十一条规定:"外资企业在经期内不得减少其注册资本。"

1. 注册资本与投资总额的比例

外资企业的投资总额是等于或大于注册资本,但由于注册资本是外资企业承担责任的基础,因此,各国外资法都规定了注册资本与投资总额的比例,根据1987年3月1日国家工商行政管理局公布的《关于中外合资经营企业注册资本与投资总额比例的暂行规定》的第六条规定:"中外合作经营企业,外资企业的注册资本与投资总额比例,参照本规定执行。"的规定,外资企业的注册资本与投资总额的比例为:(1)外资企业的投资总额在300万美元以下(含300万美元的)其注册资本至少应占投资总额的7/10;(2)外资企业的投资总额在300万美元以上至1000万美元(含1000万美元)的,其注册资本至少应占投资总额的1/2,其中投资总额在420万美元以下的,注册资本不得低于210万美元;(3)外资企业的投资总额在1000万美元以上至3000万美元(含3000万美元)的,其注册资本至少应占投资总额的2/5,其中投资总额在1250万美元以下的,注册资本不得低于500万美元;(4)外资企业的投资总额在3000万美元以上的,其注册资本至少应占投资总额的1/3,其中投资总额在3600万美以下的,注册资本不得低于1200万美元。

外资企业如遇特殊情况不能执行此规定时,由对外经济贸易部会同国

家工商行政管理局批准。外资企业增加投资的，其追加的注册资本与投资总额的比例，参照上述规定执行。

2. 注册资本的缴付

外资企业的注册资本是外资企业从事生产经营活动和承担民事责任的基础，因此，外国投资者应按照设立外资企业申请书和外资企业章程载明的出资期限缴纳出资，但按照《外资企业法实施细则》的有关规定，外国投资者必须：（1）外国投资者的第一期出资不得少于外国投资者认缴出资额的百分之十五，并应当在外资企业营业执照签发之日起九十天缴清；（2）第一期出资后的其他各期的出资，外国投资者应按企业申请书和章程的规定如期缴付，至迟不得逾期三十天；（3）外国投资者分期交纳出资的最后一期出资应在营业执照签发之日起三年之内缴清。

外国投资者缴付每期出资后，外资企业应当聘请中国的注册会计师验证，并出具验资报告，报审批机关和工商行政管理机关备案，如外国投资者有正当理由要求延期出资的，应当经审批机关同意，并报工商行政管理机关备案。

外国投资者如未能按期缴付第一期出资的，外资企业批准证书自动失效。外资企业应当向工商行政管理机关办理注销登记手续，缴销营业执照，不办理注销登记手续和缴销营业执照的，由工商行政管理机关吊销营业执照，并予以公告。如外国投资者交纳第一期出资后，未按时或逾期三十天仍未缴纳出资额的也按上述办法处理。

3. 外资企业注册资本的增加和转让

外资企业的注册资本是企业从事生产经营活动和责任的基础。我国法律规定在其经营期内外资企业不得减少注册资本，否则就意味着减少外资企业对风险和亏损承担责任。因此，外资企业在经营期间可以增加注册资本，而且增加注册资本必须依照《关于中外合资经营企业注册资本与投资总额比例的暂行规定》中的规定进行增加。由于外资企业的形式为有限责任公司，外资企业在经营期间注册资本的转让也受到一定的限制。因此，《外资企业法实施细则》第二十二、二十三条规定："外资企业注册资本的增加、转让，外资企业将其财产或者权益对外抵押、转让，须经审批机关批准，并向工商行政管理机关办理变更登记手续或备案。"

（二）外资企业借入资金

在外资企业的经营过程中，出于购买固定资产和资金周转的需要，可以向银行贷款筹措资金，用以弥补注册资本的不足，但由于外资企业的注册资本是企业承担风险和亏损的基础，因此，各国虽然允许外资企业借入资金弥补自有资金的不足，但一般都规定借入资金不能过多地超过注册资本，并根据实际情况规定注册资本和借入资本的比例。我国法律对外资企业的注册资金与投资总额的比例规定，反映了这一情况。

根据我国法律的有关规定，外资企业可以向我国的国内银行借款，也可向国外银行借款。当外资企业向我国国内银行借款时应按《中国银行对外商投资企业贷款办法》等有关规定办理。

三、外资企业的出资方式

所谓外资企业的出资方式是指外资者以什么形式向外资企业投资。依据《外资企业法实施细则》第二十五条规定："外国投资者可以用可自由兑换的外币出资，也可以用机器设备、工业产权、专有技术等作价出资，经审批机关批准，外国投资者也可以用其从中国境内举办的其他外商投资企业获得的人民币利润出资。"由此可见，外资企业的出资方式有以下三种类型。

（一）现金出资

外资企业的外国投资者按期缴付其认缴货币的出资形式，即为现金出资。外国投资者应按外资企业申请书和企业章程中明确规定的具体出资额和时间缴纳出资,如果规定期缴纳的出资则应按规定分期、分批缴纳出资,并将出资存入企业所在地的中国银行或经其同意的其他银行的企业帐户内。

(二) 实物出资

实物出资,即以有形资产作为投资,其范围较广,但作为外国投资者的实物出资一般仅指机器设备和其他物料投资。根据《外资企业法实施细则》的第二十六条规定:"外国投资者以机器设备作出资的,该机器设备必须符合下列要求:(1) 外资企业生产所必需的;(2) 中国不能生产或者虽能生产,但在技术性能或者供应时间上不能保证需要的。该机器设备的作价不得高于同类机器设备当时的国际市场正常价格。对作价出资的机器设备,应当列出详细的作价出资清单,包括名称、种类、数量、作价等,作为设立外资企业申请书的附件一并报送审批机关。当作价出资的机器设备送抵中国口岸时,外资企业应当报请中国的商检机构进行检验,由该商检机构出具检验报告。作价出资的机器设备的品种、质量和数量与外国投资者报送审批机关的作价出资清单列出的机器设备的品种、质量和数量不符的,审批机关有权要求外国投资者限期改正。

(三) 工业产权和专有技术

工业产权和专有技术都属于无形的知识产权,以其作为投资的特点就是无形物,但它们却能为企业带来一定权益,因其本身的价值而作为资本的一部分,可以用来投资。根据《外资企业法实施细则》的第二十七条规定:外国投资者以工业产权、专业技术作价出资时,该工业产权,专有技术必须符合下列要求:(1) 外国外资者自己所有的;(2) 能生产中国急需的新产品或者出口适销产品的。该工业产权,专有技术的作价应当按国际上通常的作价原则一致,其作价金额不得超过外资企业注册资本的20%。对作价出资工业产权、专有技术,应当备有详细资料,包括所有权证书的复制件、有效状况及其技术性能、实用价值、作价的计算根据和标准等。作为设立外资企业的申请书附件一并报送审批机关。当作价出资的工业产权，专有技术实施后，审批机关有权进行检查。该工业产权，专有技术与外国投资者提供的原有资料不符的，审批机关有权责令外国投资者限期改正。

第六章

三资企业的期限、终止与清算

第一节 合营企业的期限、终止与清算

一、合营企业的期限及其延长

世界各国的外资法或合营企业法都从原则上规定了合营企业的期限,但一个合营企业的具体期限,则应由该合营企业的合同加以规定。合营企业的期限是外国合营者关注的问题之一,因为一个合营企业从成立到发展成熟不是在短时间内能够办到的,如果期限过短,就使外国合营者无利可图或得利甚微。合营企业也不可能是无期限的,应当贯彻平等互利的原则,使当地国家取得实际效益,并让外国合营者也能获得一定的利润,目的已经达到,就可按规定的合营期限结束。因此合营企业的期限长短,应根据合营企业建设时间的长短、盈利增长的一般速度,由合营各方相互协商,依法加以确定。

我国《中外合资经营企业法》第十三条规定:"合营企业的合营期限,按不同行业作不同的约定。有的行业的合营企业应当约定合营期限,

有的行业的合营企业，可以约定合营期限，也可以不约定合营期限。"而1990年10月22日对外经济贸易部发布的《中外合资经营企业合营期限暂行规定》（以下简称《合营期限暂行规定》）对合营企业的期限作了更进一步的明确，具体介绍如下：

1. 应当约定合营期限的合营企业

根据《合营期限暂行规定》第三条，属于下列行业或情况的合营企业应当约定合营期限：（1）服务性行业，如饭店、公寓、写字楼、娱乐、饮食、出租汽车、彩扩洗相、维修、咨询等；（2）从事土地开发及经营房地产的；（3）从事资源勘查开发的；（4）国家规定限制投资项目的；（5）国家其他法律、法规规定需要约定合营期限的。

应当约定合营期限的合营企业，其具体期限应由合营各方依照有关法律规定协商决定。根据2001年7月22日国务院对《中外合资经营企业法实施条例》第一百条的修改规定，合营企业一般项目的合营期限为10～30年，投资大、建设周期长、资金利润低的项目，由外国合营者提供先进或关键技术生产尖端产品的项目，或在国际有竞争能力的产品的项目，其合营期限可以延长于是50年，经国务院特别批准的可在50年以上。

2. 对不约定合营期限的鼓励

依照《合营期限暂行规定》第五条规定："合营各方在合营合同中不约定合营期限的合营企业，经税务关批准，可以按照国家有关税收的规定享受减税、免税优惠待遇。如实际经营期未达到国家有关税收优惠规定的年限，应当依法补缴已经减免的税款。"由此可见，从长期利用外资和引导外资投向方面考虑，在我国现阶段，除法律规定应约定合营期限的情况外，我国是鼓励合营不约定合营期限的。

对在上述规定之前已经批准设立的合营企业，如果该合营企业不属于约定合营期限之列，并且合营各方一致同意将合营合同中合营期限条款修改为不约定合营期限时，根据《合营期限暂行规定》第六条，合营各方应当申报理由，签订修改合营合同的协议，并提出申请，报原审批机关批准。

3. 合营期限的起算和延长

《中外合资经营企业法实施条例》第一百零一条第一款规定，合营期限从合营企业营业执照签发之日起算，但在实践中，合营企业从领取营业执照，到正式开业或投产往往还需要很长一段时间。如北京长城饭店，领取营业执照的时间是1981年，而正式营业却是1984年。现今对合营期限的起算一般采取变通的办法，即以正式营业日为合营期开始日，或把合营期限相对拉长一些。

合营企业期满后延长期限的问题，现在还没有实践，但根据《中外合资经营企业法实施条例》第一百零一条规定，合营各方如同意延长合营期限，应在合营期满前六个月，向审批机构报送由合营各方授权代表签署的延长合营期限的申请书，批准后，应到工商行政管理部门办理变更登记手续。

二、合营企业的解散

合营企业由于不能继续存在的事实出现而终止其经营活动，称为合营企业的解散。它可以分为因期满而解散和提前解散两种情形，提前解散又称为中止。

（一）合营企业解散的原因

《中外合资经营企业法实施条例》第一百零二条第一款规定，合营企业在下列情况下解散：

（1）合营期限届满，合营企业按合营合同规定的期限或经法定程序延长后的期限，如期结业，都属期满而解散。（2）企业发生严重亏损，无力继续经营。合营企业因经营管理不善而发生亏损是常见的现象，并不当然导致企业的解散，但是当合营企业发生严重亏损而足以影响与外界的和生产经营关系，导致合营企业无法继续经营下去时，合营企业应解散。（3）一方不履行合营企业的协议、合同、章程的义务，致使企业无法继续经营。这是指由于合营一方不履行合营合同中所规定的重要义务，从而使整个企业的预计目标难以实现，而导致合营企业被迫中止的情况。比如合营一方逾期不缴足或无力缴纳自己认缴的出资额，或合营一方不按合同规定如期供应零部件和原材料，而企业又无法从其他渠道取得以应急需时，可以解散合营企业。（4）因自然灾害、战争等不可抗力遭受严重损失，无法继续经营，而导致合营企业被迫中止。所谓不可抗力，是指当事人在订立合同时不能预见、对期发生和结果不能避免并不能克服的事件，通常来自自然条件和社会条件两个方面。（5）合营企业未达到其经营目的，同时又无发展前途。这种情况下，合营企业已丧失了存在下去的价值，应当予以中止。（6）合营企业合同、章程所规定的其他解散原因已经出现。

（二）合营企业解散的效力

依照《中外合资经营企业法实施条例》的有关规定，合营企业除因期届满解散外，因其他几种原因而导致企业中止的，应由董事会提出解散申请书，报审批机构批准。如果合营企业解散系合营一方不履行合同或章程规定的义务所致，则不履行合营企业协议、合同或章程的规定的义务的一方，应对合营企业由此造成的损失负赔偿责任。

合营企业解散后，即进入清算程序。在清算范围内，合营企业视为解散，其法人资格依然存续，但其权能力受到限制，除了为实现清算目的而暂时经营的业务外，合营企业不得进行业务经营活动，其业务执行机关随企业解散而丧失其权限。

三、合营企业的清算

清算是在合营企业解散时，由特定机构进行的清理企业的财产关系，并终结企业原有法律关系的程序。

(一) 清算机构及其任务

根据《中外合资经营企业法实施条例》的有关规定，合营企业宣告解散时，董事会应提出清算的程序、原则和清算委员会人选，报企业主管部门审核并监督清算。清算委员会的成员一般应在合营企业的董事中选任，董事不能担任或不适合担任清算委员会成员时，合营企业可聘请在中国注册的会计师、律师担任。审批机构认为必要时，可以派人进行监督。清算委员会成员的酬劳和清算费用应从合营企业现存财产中优先支付。

清算委员会的任务是对合营企业的财产、债务进行合面清查，编制资产负债表和财产目录，提出财产出价和计算依据，制订清算方案提请董事会议通过后执行。在清算期间，清算委员会代表该合营企业起诉和应诉。

(二) 清算的主要内容

合营企业清算的内容主要是企业债务的清偿和剩余财产的分配两个方面。合营企业用其全部资产对其债务承担责任；合营企业清偿债务后的剩余财产应当按照合营各方的出资比例进行分配，但合营企业协议、合同和章程中另有规定的除外。根据法律规定，合营企业解散时，其资产净额或剩余财产超过注册资本的增值部分视同利润，应依法缴纳所得税；外国合营者分得的资产净额或剩余财产超过其出资额的部分，在汇往国外时，应依法缴纳所得税。

(三) 清算的终结

合营企业的清算工作结束后，由清算委员会提出清算结束报告，提请董事会会议通过后，报告原审批机构，并向原登记管理机办理注销登记手续，缴销营业执照。至此，合营企业的法人资格即归于丧失，根据法律规定，合营企业解散后，各项账册及文件应由原中国合营者保存。

第二节　合作企业的期限、终止和清算

一、合作企业的期限

《中外合作经营企业法》第二十四条规定："合作企业的合作期限由中外合作者协商并在合作企业合同中订明。中外合作者同意延长合作期限的，应当在距合作期满一百八十天前向审查批准机关提出申请。审查批准机关应当自接到申请之日起三十天内决定批准或者不批准。"

《中外合作经营企业法》对合作企业的期限未作上限和下限规定，由合作者根据不同的行业和具体情况协商规定，在合同中订明。一般来说，合作企业建设周期较短，资金回收较快，因此，确定合作企业期限通常以外国合作者回收资本并获得合理利润的时间为标准，对于投资少、资本回收快的项目，期限应该短一些，而投资大、回收慢的项目，合作期限应该长一些。

合作各方如同意延长合作期限，应当按上述规定的时间向审查批准机关提出申请，说明原合作企业合同的执行情况，延长合作期限的原因和目的，同时报告合作各方就延长合作期限间各方就权利、义务等或项所达成的协议。如经审批机关批准，延长的期限从合作企业期限届满后的第一天开始计算。

二、合作企业的终止

合作企业在合作期限届满或合同中规定的终止原因或条件出现以及其他原因出现时终止。

1. 合作期限届满

如果合作期限届满而合作各方未申请延长合作期限时,合作企业应于合作期限届满时自动终止。

2. 合同规定的终止原因

合同规定的终止原因出现,合作企业一般在合同中规定如出现下列情况企业即行终止:

(1) 企业发生严重亏损,无力继续经营;(2) 合作一方不履行合同规定的义务,致使企业无法继续经营;(3) 合作企业未达到其经营目的,同时又无发展前途。

3. 其他原因

通常包括以下几种:(1) 因自然灾害、战争等不可抗力遭受严重损失,合作各方不能继续合作;(2) 合作企业不能清偿到期债务,债权人申请宣告合作企业破产或合作企业自行申请宣告破产,法院对其宣告破产时,合作企业应终止,实行破产程序;(3) 合作企业违反中国法律从事非法经营或企业成立后长期不开始营业或营业后长期停止营业的,法院或政府部门勒令其终止营业。

合作企业因期限届满以外的原因终止的,应由合作企业的董事会或联合管理机构提出终止申请,报审批机构批准。因不履行合同规定的义务而终止的,应由违约方对合营企业由此而造成的损失负赔偿责任。

合作企业期满或提前终止,应向工商行政管理机关和税务机关办理注册登记手续。

三、合作企业的清算

(一) 合作企业的清算办法

合作企业期满或者提前终止时,应当依照法定程序对资产和债权、债务进行清算。中外合作者应当依照合同的约定，决定合作企业财产的归属。

合作企业终止后，对其财产的处置分为下述三种情况。

1. 按合同约定的方案分配

中方合作者在合作企业合同中约定外国合作者在合作期限内先行回收投资，合作期限届满时企业的全部固定资产归中国合作者所有的，如合作企业经营正常，合作企业解散时，对其固定资产无需进行清算而归中方所有。

2. 按合同约定的程序和方法清算

合作企业合同规定合作企业终止时，应对企业的全部或部分财产进行清算并按约定的比例承担债务和分配剩余财产的，按以下程序和方法清算：

（1）成立清算委员会，清算委员会的成员一般应从合作企业董事会或联合管理机构的成员中选任，还可聘请在中国注册的会计师、律师担任清算委员会成员，审批机关认为必要时，可派人进行监督；（2）清算委员会召集债权人会议，接管企业财产，对合作企业的资产、债权、债务进行全面清算，编制资产负债表和资产目录，提出财产作价和计算依据，制订清算方案，提请董事会或联合管理机构通过后执行；（3）合作企业清算后，合作企业的资产、负债、按原合同规定的清算前最后一次的利益分成比例分配和承担，合作各方分得的财产超过原投资额的部分，应视同利润。合作企业各方要依法交纳所得税；（4）清算工作结束后，清算委员会应提出清算结束报告，提请董事会或联合管理机构通过后报原审批机构，并向原登记管理机构办理注销登记手续，撤销营业执照或登记证。

3. 按各方实际收益分配债务承担额

外国合作者根据合同约定已先行回收投资和取得全部或大部分利润，

而合作企业在合作期限内因故终止，需要偿还债务的，应根据合作各方已获得的实际收益分配债务承担额，不能只用合作企业剩余的财产和固定资产承担债务。

（二）合作企业债务的清偿顺序

（1）清算费用和清偿委员会成员的报酬；（2）合作企业尚未支付的职工的工资和劳动保险费用；（3）合作企业所欠的国家的税款；（4）合作企业的财产中有设定抵押的，不计算在被清算的财产范围内；（5）合作企业的财产不足以清偿同一顺序债权人的，按比例清偿各债权人。

第三节　外资企业的期限、终止与清算

一、外资企业的经营期限

《外资企业法》对外资企业的经营期限未做具体规定，只在第二十条规定："外资企业的经营期限由外国投资者申报，由审查批准机关批准。期满需要延长的，应当在期满一百八十天以前向审查批准机关提出申请。审查批准机关应在接到申请之日起三十天内决定批准或者不批准。"

一般来说，外资企业的期限不宜定得过短或者过长。确定外资企业的经营期限应本着两条原则：一是能够使外国投资者获得合理的利润，不至于使企业发展到成熟阶段便到了结束期。二是必须考虑有利于中国国民经济的发展，不至于使企业已经走向滑坡或技术设备已经陈旧时，仍要勉强维持下去。从我国已批准建立的外资企业看，经营期限最长的有50年，中等的为20～30年，最短的为3～5年。

应该说，与某些发展中国家相比，我国法律对外资企业经营期限的规定是十分优惠的。在一些发展中国家，法律虽然也允许外国投资者在其境

内投资开办外资企业，但在经营期限上做了限制，对外资企业实行外资当地化的原则，要求外资企业采取资本转让的方法在一定年限内逐年减少外资股份，直到当地投资者在企业中占多数股为止。如阿根廷法律规定，如果外国投资者保证在 10 年内变成阿根廷资本公司，保证在 5 年内至少转让 20% 的资本，剩余资本每年至少转让 16%，主管当局批准其优先投资。菲律宾、印度、印度尼西亚都规定外国资本当地化原则。我国法律对外资企业的期限未做限制，也无关于外国资本当地化的规定，充分显示了我国外资企业的优惠政策。

二、外资企业的终止与清算

（一）外资企业终止的原因

（1）经中国政府审批的经营期限已满，外国投资者又未申请延长的。

（2）企业发生严重亏损，负债过多致使企业丧失了继续经营的能力。

（3）因自然灾害、战争等不可抗力使企业遭受严重损失，无法继续经营的。

（4）企业因从事违法活动，或企业成立后长期不开始营业，或营业后长期停业，法院或主管机关对其发布解散命令的。

（5）我国政府依法对外资企业进行征收的。

（6）出现了外资企业章程中规定的解散原因。

（二）清算

外资企业终止，应及时公告，按照法定程序进行清算。如果企业是由于期限届满终止的，企业的清算主要是为了收回债权，清偿债务。

这时应报企业主管部门审查批准，组成清算机构对企业财产、债权、债务进行全面清查，编制资产负债表和财产目录，制订清算方案，提请董事会议通过执行；如果企业是由于宣告破产解散的，则须在人民法院的监督下进行清算。

如果企业属于有限责任公司形式，其债务应以企业的全部财产承担清偿责任；如果企业属于无限责任公司形式，那么投资者必须对其债务承担无限责任。

外资企业终止后，应当向工商行政管理机关办理注销登记手续，缴销营业执照。

第三编

三资企业的经营管理

第七章

三资企业的经营管理机构与用工制度

第一节 中外合营企业的组织机构

合营企业的组织机构是合营企业自身经营管理的主体,它由董事会、总经理(副总经理)、经理部门、工会和其他机构组成。各经理部门下设有职能科室。作为总经理的重要职能(专业)助理,有总工程师、总会计师、审计师和法律顾问等高级职员。而工会虽不负责直接的经营管理,但其许多职能间接地或直接地与企业的经营管理有关。上述机构和成员之间的关系如下图所示:

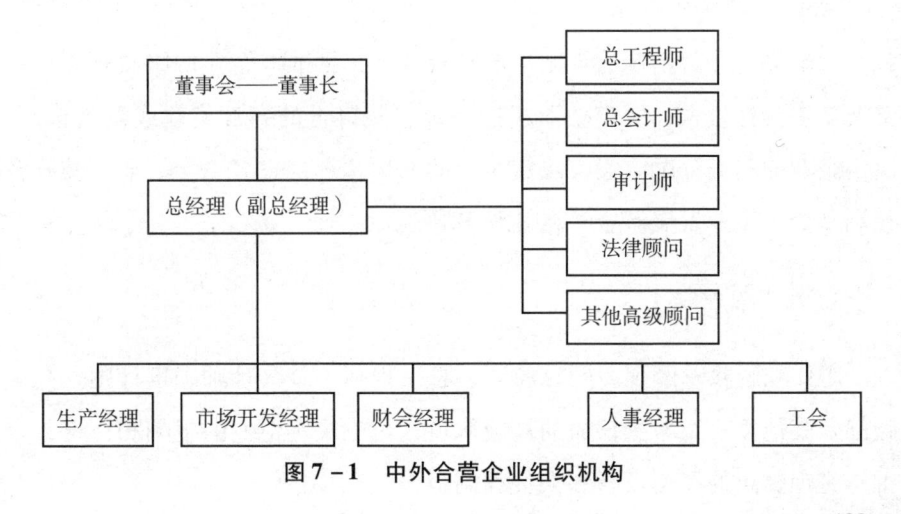

图7-1 中外合营企业组织机构

一、合营企业的董事会

合营企业设立董事会,实行董事会领导下的经理负责制,这是合营企业管理体制的核心内容。因为合营企业不设立股东大会,董事会应成为合营企业的最高权力机构,它对合营企业的一切重大问题作出决策,并领导和监督经营管理机构的日常工作。

(一)董事会的职权

依照《中外合资经营企业法》及其实施条例的规定,董事会行使下列重要职权:

1. 决策权

董事会有权讨论决定企业的发展规划和生产经营方针;讨论决定合营企业合同及章程的修改,注册资本的增加或转让,合营企业的合并、解散和清算等。

2. 经营领导权

讨论决定合营企业的年度生产经营计划,批准本企业的财政预算、决策及年度会计报告,决定企业超过一定金额以上的高额贷款或重大合同,决定企业的利润分配方案,决定企业的三项基金(储备基金、职工奖励及福利基金、企业发展基金)的比例和用途。

3. 人事管理权

聘任和解除总经理、副总经理、总工程师、总会计师、审计师、高级顾问及其他需经董事会任命的高级职员,讨论决定他们的报酬和待遇,审批总经理提出的机构设置和人员编制报告。

4. 监督权

检查董事会各项决议的执行情况，撤换渎职或不称职的总经理、副总经理等高级职员。

（二）董事会的组成和结构

董事会由董事长一人、副董事长一人或二人，以及董事若干人组成。董事会成员的人数由合营各方参照出资比例协商，在合同、章程中确定，但不得少于3人。实践中，我国目前的合营企业董事会一般由5~11人组成，具体视企业规模大小而定，依照《中外合资经营企业法实施条例》第三十一条的规定，董事名额的分配由合营方参照出资比例协商确定，并由合营各方委派和撤换，同时也意味着不必按出资比例进行硬性分配，以利于合营企业的经营和管理，董事长和副董事长由合营各方协商确定或由董事会选举产生。中外合营者之一方不得同时担任董事长和副董事长。董事长、副董事长在董事会中与一般董事享有平等的表决权。董事长的职责，对内主要负责召集和主持董事会议，监督执行董事会的决议；对外作为合营企业的法定代表人参与各种法律关系。董事长不能履行职责时，应授权副董事长或其他董事代表合营企业执行对外职能。董事的任期一般是4年，经合营各方继续委派可以连任。在同一任期内，合营企业的董事长、董事要有相对稳定性，不宜轻易变换。

（三）董事会会议及其议事原则和规则

1. 董事会会议

根据法律规定，合营企业董事会会议可分为例会和临时会议两种。例会即指董事会每年至少应召开一次的会议，有的则规定每年召开两次或更多次，这完全由合营企业根据业务需要由章程规定。例会由董事长负责召集并主持，董事长不能召集时，由其委托的副董事长或董事负责召集并主持。例会主要讨论决定应该由董事会会议决定的正常事务；而临时会议则是指经 1/3 以上的董事提议，可由董事长召集的不定期会议，一般为讨论决定合营企业的应急事务所需。董事会会议应有 2/3 以上的董事出席，并且一般应在合营企业法定地址所在地举行。如果董事不能出席会议，可出具委托书委托他人代表出席和表决。

2. 董事会的议事原则和规则

对于董事会的议事原则，《中外合资经营企业法》第六条第一款规定："董事会根据平等互利的原则，决定合营企业的重大问题。"由此可见，合营各方在董事会中享有的权利，不应因出资比例的大小不同而有所差别，不允许任何一方凭借自己的优势而把自己的意志强加于他方。董事会在处理重大问题时，应从合营企业的整体利益为出发点，平等协商，充分吸取各方董事的意见，协调合营各方的利益，至于合营企业的具体议事规则，根据一般做法，每个出席会议的董事对每个决定仅有一个表决权，同时从考虑在重大问题决策上保护少数股权者的利益出发，《中外合资经营企业法》规定了对重大问题和一般问题的决议采取不同的表决方式：

对于重大问题的决议，应以出席董事会会议的董事或其委托的代理人一致同意才能通过。《中外合资经营企业法实施条例》第三十三条规定，"下列事项由出席董事会会议的董事一致通过方可做出决议：（一）合营企业章程的修改；（二）合营企业的中止、解散；（三）合营企业注册资本的增加、减少；（四）合营企业的合并、分立。"而一般问题的决议，应以出席董事会会议的董事或其委托的代理人的多数同意就能通过。所谓"多数"，可以是 2/3 多数，也可以是简单多数。究竟是哪一个多数，应在合营企业章程中予以确定。

二、合营企业的经营管理机构

合营企业在董事会的领导下，建立常设经营管理机构，负责日常的经营管理工作,《中外合资经营企业法实施条例》第三十五条规定:"合营企业设经营管理机构,负责企业的日常经营管理工作。经营管理机构设总经理一人,副总经理若干人。副总经理协助总经理工作。"由于总经理和副总经理是合营企业经营管理机构的总负责人,因而在实践中,合营企业多根据实际需要,在职能部门另设部门经理。各部门经理领导本部门的人员,管理日常经营活动并相互配合,相互协助,以企业为服务对象,向总经理负责。

（一）总经理负责制

合营企业的经营管理体制是实行董事会领导下的总经理负责制。无论合营企业的经营管理机构如何设置,总经理都是经营管理机构的总负责人,是合营企业进行生产和经营活动的最高执行者,企业各机构直接受总经理指挥。总经理在董事会的领导和监督下,执行董事会会议的各项决议。而副总经理是总经理的助手,协助总经理进行工作。原则上,副总经理不具有与总经理同等的领导地位,不是合营企业组织管理机构的共同负责人。副总经理可以负责主管合营企业的某一方面工作。

（二）总经理的职权

《中外合资经营企业法实施条例》第三十六条规定:"在董事会授权范围内,总经理对外代表合营企业,对内任免下属人员,行使董事会授予的其他职权。"这条规定从法律上原则性地明确了总经理的职权。

（三）总经理、副总经理的任免

由于合营企业是由合营各方共同管理和控制,并且董事会是合营企业的最高权力机构,所以董事必须由合营各方委派,并代表各方参与企业的共同决策。而总经理和副总经理并不能掌握最终决策权和控制权,只是负责执行董事会的决议,服从董事会的领导和监督,没有义务也不应该代表其所属股东一方意志管理企业,所以从原则上讲,总经理、副总经理的任免也就不像董事那样由合营各方委派或撤换，凡具有领导组织合营企业日常经营管理才能的人，经董事会的聘请，即可担任。《中外合资经营企业法实施条例》第三十七条规定："总经理、副总经理由合营企业董事会聘请，可以由中国公民担任，也可以由外国公民担任。经董事会聘请，董事长、副董事长、董事可以兼任合营企业的总经理、副总经理或其他高级管理职务。"这就为合营企业在经营管理上实行代理制提供了法律依据。

总经理、副总经理的免除，也须由董事会会议作出决定。《中外合资经营企业法实施条例》第三十八条规定："总经理、副总经理及其他高级管理人员有营私舞弊或严重失职行为的，经董事会决议可以随时解聘。"

三、中外合营企业的高级职员

合营企业的高级职员，是指合营企业的董事长、副董事长，董事和高级管理人员，其中高级管理人员应包括正、副总经理，正、副总工程师，正、副总会计师和审计师等，依照《中外合资经营企业法》及《中外合资经营企业法实施条例》的规定，合营企业的董事长和副董事长由合营各方协商确定或由董事会选举产生；董事由合营各方参照出资比例协商确定名额后各自委派；至于正、副总经理，正、副总会计师等高级管理人员的任命或聘请以及解聘，由董事会讨论决定。

我国法律对中方人员出任合营企业的董事长、董事，或被聘任为企业的高级管理人员，一方面规定有原则性的要求，另一方面又确保他们在任职或受聘期间相对稳定的地位。依照1985年劳动人事部对合营企业中方董事人选的规定，国家各级政府机关的在职干部不允许担任董事和董事长，如果需要担任，应辞去行政职务，兼任的须报国务院批准。1986年劳动人事部又作出规定，要求中方委派到合营企业工作的高级管理人员，应当是能够掌握政策、懂技术、会管理、勇于开拓、并能与外商合作共事的人员。同时，为制止合营企业的主管部门及其他有关部门擅自撤换在合营企业中任职或受聘的中方高级职员，确保合营企业用人自主权，1988

年 5 月 5 日劳动人事部发布的《关于进一步落实外商投资企业用人自主权的意见》(以下简称《意见》)第六条作出规定,对在合营企业中担任董事长、董事的中方人员,在任期内不得擅自调动他们的工作,如需调动时,委派单位应征求该企业的审批机构和合营他方的意见。外商投资企业聘用的中方高级管理人员,在聘用合同期内,未经企业董事会和总经理同意,任何部门和单位无权调动他们的工作。

合营企业高级职员的工资待遇,根据《中外合资经营企业法实施条例》的规定,应由董事会作出决定。外籍高级管理人员的工资,原则上要参照其工资标准合理确定。

四、合营企业的职工

此处所谓合营企业的职工,是指合营企业高级职员以外的其他职工。关于合营企业职工的招聘、辞退、辞职,以及工资、福利、劳动保险、劳动保护和劳动纪律等内容,我国近些年来已专门制订了一系列法律和法规,下面具体加以介绍:

(一) 合营企业职工的招聘、辞退和辞职

《国务院关于鼓励外商投资的规定》第十五条第三款规定:"外商投资企业可以根据生产经营需要,自行确定其机构设置和人员编制,聘用或者辞退高级经营管理人员,增加或者辞退职工;可以在当地招聘和招收技术人员、管理人员和工人,被录用人员所在单位应给予支持,允许流动;对违反规章制度,造成一定后果的职工,可以根据情节轻重,给予不同处分,直至开除。外商投资企业招聘、招收、辞退或者开除职工,应当向当地劳动人事部门备案。"而根据《意见》的有关规定,合营企业具体享有以下用人自主权:

1. 职工的招聘

合营企业可自行制订劳动计划,报企业主管部门或所在地区劳动人事

部门备案，专项纳入国家劳动计划。合营企业招聘职工时实行公开招收、通过考试、择优录用的原则，并具体享有以下招聘职工自主权：

（1）合营企业需要的工人、专业技术人员和经营管理人员，由企业面向社会公开招聘，也可以从中方合营者推荐的人员中选聘。在本地区招聘职工不能满足需要时，可以跨地区招聘。（2）有关部门对合营企业招聘职工应积极支持，允许流动，不得采取不合理收费、收回住房等手段加以限制。如原单位无理阻拦，被聘用职工可以提出辞职、辞职后其工龄可连续计算。如有争议，当事人可以向所在地区劳动争议仲裁委员会或当地政府授权的人才交流服务机构申请仲裁，有关各方必须执行仲裁决定。必要时，可以由当地劳动人事部门直接办理被聘用职工的调转手续。（3）合营企业跨省、自治区、直辖市招聘职工，不再报省级劳动、人事部门批准，有关地区的劳动、人事部门要做好组织、协调和服务工作。（4）中方企业与外商合营时，原企业的职工可由合营企业按需择优录用。对未被聘用人员，中方合营者和企业主管部门要妥善安置，当地政府应积极协助做好调剂工作。

合营企业招聘职工并非绝对自由，也要受到一定的限制。根据1984年1月19日劳动人事部发布的《中外合资经营企业劳动管理规定实施办法》第四条的规定，合营企业招聘职工，除其中的外方合营者的代理人外，凡中方能够提供并胜任工作的，应招用中方人员。

2. 职工的辞退

合营企业根据生产经营需要，并依照法律或合同的规定，在劳动合同有效期内对下列人员有权辞退：（1）经过试用或者培训而不合格的人员；（2）企业因技术条件发生变化而产生的富余人员；（3）劳动合同或法律规定的其他可以辞退的人员。

合营企业辞退职工，须在辞退前1个月通知企业工会和被辞退职工本人，并报企业主管部门和所在地区劳动人事部门备案，以便被辞职工做好另谋工作的准备。对于在劳动合同期内被辞退的职工以及合同期满后被解除合同的职工,企业须根据他们在本企业的工作年限,每满 1 年发给 1 个月本企业平均工资的补偿金,10 年以上的,从第 11 年起,每满 1 年发给一个半月本企业平均工资的补偿金。根据《意见》第六条规定,合营企业依合同或有关规定辞退职工,任何部门、单位或个人不得干预。被辞退职工原属借调、借聘的,由原单位接收;属于应聘的,到应聘前所在地区的劳动服务公司或者人才交流服务机构进行待业登记。

3. 职工辞职

合营企业的在职职工遇有特殊情况,本人也可以主动向企业提出辞职。需要辞职的职工必须通过企业工会组织提前 1 个月向企业提出。对于职工具有正当理由的辞职,企业应予同意,但可不发给补偿金。如果职工系由本企业出资培训,在培训期满后工作未满合同规定年限而辞职时,须按劳动合同规定,赔偿企业一定的培训费或经济损失。

(二)合营企业职工的劳务费用

劳务费用是指合营企业对于职工提供的劳动价值所支付的报酬和其他各种费用的总和,具体包括职工的工资、在企业内开支或向国家缴纳的劳动保险费,福利费和国家对职工的各种补赔四项费用。除工资原则上由企业制订外,其他费用一般由法律规定。

1. 职工的工资

它包括各种形式的工资、津贴和奖金。依照《关于鼓励外商投资的规定》第十五条第二款规定,合营企业有权自行确定工资标准、工资形式和奖励、津贴制度。而 1986 年 11 月 10 日劳动人事部发布的《关于外商投资企业用人自主权和职工工资、保险福利费用的规定》第二条第(一)项规定:"外商投资企业职工的工资水平,由董事会按照不低于所在地区同行业条件相近的国营企业平均工资的 120% 的原则加以确定,并根据企业经济效益好坏逐步加以调整,或多增或少增或不增。"

2. 劳动保险费

一般应包括企业在职职工患病、生育、负伤残废、死亡、退休以及待业的时候，由于暂时或长期丧失劳动能力或机会，由合营企业给予的物质帮助所支付的费用。

3. 福利费

是指企业用于职工生活集体福利事业的费用，如兴办职工食堂、职工休息室和娱乐室、职工子女哺乳室、托儿所、医务室等，以及职工退休养老基金和待业保险基金。职工在职期间的保险福利待遇，按照我国政府对国有企业的有关规定执行，所需费用从企业成本费用中如实支出。

4. 补贴费用

我国长期以来实行低工资、多补贴的政策，国家每年在房租、基本生活品价格，以及文化、教育、卫生保健等方面对职工支付大量的财政补贴。合营企业的职工同样在许多方面也享受国家的补贴，因此合营企业理应按国有企业标准向国家缴纳一定的补贴费用。但《关于鼓励外商投资的规定》第三条规定："产品出口企业和先进技术企业，除按照国家规定支付或者提取中方职工劳动保险、福利费用和住房补助基金外，免缴国家对职工的各项补贴。"

（三）合营企业的职工奖惩及劳动保护

合营企业有权奖惩职工。对于模范执行各项规章制度，在完成年生产、工作任务、革新生产技术和改善经营管理中取得优异成绩的职工，企业可分情况，给予不同的荣誉奖励和物质奖励；对于有突出贡献的，可以晋级、晋职。职工违反企业各项规章制度和劳动纪律，造成一定后果的，企业可视情节给予不同的处分，包括给予行政处分、罚款或经济赔偿，直至开除。但合营企业对职工进行处分时，须征求企业工会组织的同意，并听取被处分职工本人的申辩。开除职工时，须报企业主管部门和所在地区劳动人事部门备案。

合营企业必须执行我国有关劳动保护的规章制度，设立必要的人员负责本企业的劳动保护工作，采取有效措施改善职工的劳动条件，参照国有企业标准发给职工劳动保护用品，并执行我国合营企业现行的工时制度和休假制度，保证安全生产和文明生产。企业如发生职工因公伤亡、严重职业中毒、职业伤害等事故时须按有关法律规定及时报告企业主管部门、劳动管理部门和工会组织，并自觉接受它们对事故的检查和处理。

五、合营企业的工会和劳动合同

（一）工会

根据《中外合资经营企业法实施条例》的有关规定，合营企业职工有权按照《中国工会法》和《中国工会章程》的规定，建立基层工会组织，开展工会活动。合营企业的工会是职工利益的代表，有权代表职工与合营企业签订劳动合同，并监督合同的执行。其基本任务是，依法维护职工的民主权利和物质利益；协助合营企业安排和合理使用福利、奖励基金，组织职工学习政治、业务、科学技术知识，开展文艺、体育活动；教育职工遵守劳动纪律，努力完成企业的各项经济任务。

合营企业工会的代表有权依照《中外合资经营企业法实施条例》第八十七条的规定列席董事会会议，反映职工意见和要求。合营企业应积极支持本企业工会组织并为之提供必要的活动条件，每月按企业职工实际工资总额的2%拨交工会会费。

（二）劳动合同

合营企业除高级职员实行聘任制外，用人采用劳动合同制。劳动合同可以采用以下两种方式签订：一是由企业同企业工会组织签订集体劳动合同,此时工会组织是以中介人身份出现的;二是由企业直接与职工本人签订个人劳动合同,这种形式多适用于规模小而没有工会组织的合营企业。合营企业劳动合同一般应包括下列事项:(1)职工的招聘、辞退和辞职;(2)职工的生产和工作任务;(3)职工工资和奖励;(4)工作时间和假期;(5)劳动保险和福利;(6)劳动保护和劳动纪律;(7)合同有效期限;(8)合同变更和解除的条件;(9)企业和职工双方应履行的其他权利和义务;(10)劳动争议的解决。

劳动合同必须以书面形式订立,并应报省、自治区、直辖市劳动人事部门批准。合同一经正式签订,即具有法律约束力,双方必须遵守执行。

第二节 中外合作企业的组织机构

一、合作企业的权力机构

《中外合作经营企业法》第十二条规定:"合作企业应当设立董事会或者联合管理机构,依照合作企业合同或者章程的规定,决定合作企业的重大问题。……"在实践中,法人式合作企业实行董事会制,非法人式合作企业实行联合管理机构制。

(一)董事会

董事会是法人式合作企业的最高权力机构,其职权依照合作企业合同或章程规定,决定合作企业的重大问题。合作企业董事会的产生、人数及分配,董事长的选定,都由合作双方协商决定。《中外合作经营企业法》规定,中外合作者的一方担任董事长的,由他方担任副董事长。这就是说,外国合作者也可以担任董事长,这与合营企业的董事长必须由中方担任的规定不同。

（二）联合管理机构

非法人式合作企业一般采取联合管理机构的形式，即由合作方选派代表组成统一的联合管理机构，作为非法人式合作企业的最高权力或决策机构，决定企业的重大问题。联合管理机构设主任、副主任，人选由双方协商产生，主任既可以由中方担任，也可以由外方担任。

二、合作企业的经营管理机构

（一）总经理负责制的经营管理机构

合作企业不论采取董事会制还是联合管理机构制，都可以设立统一的经营管理机构，实行总经理负责制。《中外合作经营企业法》规定，董事会或联合管理机构可以决定任命或者聘请总经理负责合作企业的日常经营管理工作，总经理对董事会或联合管理机构负责。至于总经理的选任及其经营管理机构的设置等由双方协商灵活掌握。

（二）委托管理机构

合作企业的日常经营管理工作可以委托合作的一方或合作者以外的第三人组织经营管理机构，负责日常生产经营活动。委托管理机构主要有两种形式：（1）由双方商定委托合作的一方经营管理，另一方进行监督。监督一方对经营业务有建议权，对财务管理有检查审核权。（2）由合作企业出面委托第三人对合作企业进行管理。这种形式主要适用于经营管理较为复杂和技术水平较高的企业，但"合作企业成立后改为委托中外合作者以外的他人经营管理的，必须经董事会或者联合管理机构一致同意，报审批机关批准，并向工商行政管理机关办理变更登记手续"。

三、合作企业的工会组织

《中外合作经营企业法》第十四条规定:"合作企业的职工依法建立工会组织,开展工会活动,维护职工的合法权益。合作企业应当为本企业工会提供必要的活动条件。"充分肯定了工会组织在合作企业中的地位和作用。工会组织是工人群众自己的组织,在性质上不同于企业的管理机构,管理机构是资方代表,工会组织是劳方代表。工会组织的主要职权和任务在于维护职工的合法权益,搞好职工的福利待遇,代表职工同企业签订集体劳动合同,并监督合同的执行,对企业解雇职工的决定和行为有权提出异议,并有权向当地政府劳动管理部门请求仲裁,还可以向人民法院起诉,在董事会会议研究决定有关职工奖惩、工资制度、生活福利、劳动保护和保险等问题时,工会的代表有权列席会议,董事会应听取工会的意见,取得工会的合作。

第三节 外资企业的机构设置与职工

一、外资企业的机构设置

外资企业可以根据企业生产经营的需要自行确定它的机构设置。外国投资者可以根据企业不同的经营内容、经营规模、经营方式,本着精简、高效率、科学合理的原则自行设置,中国政府不加干涉。

按照国际惯例,设立外资企业的权力机构应遵循资本占有权同企业控制权相统一的原则。根据这一原则,外资企业的最高权力机构必须由资本持有者组成。由于企业经营的成败直接关系到资本持有者的切身利益,因此,最高权力机构必须对企业的财产实行有效的使用和管理。

在实践中，外资企业管理机构的设置，主要有两种情况。一是外资企业系一个外国投资者独家投资经营的中小型企业，在这种情况下，企业一般只设总经理和相应的经营管理人员或部门；二是外资企业系多个外国投资者联合投资经营的大中型企业。这时应设立董事会或理事会作为企业的最高权力机构，每个投资者应该有他们的法定席位。董事会席位的分配一般按照每个股东的股权比例。另外，除股东成员外，也可吸收与企业经营有关的代表，如职工代表和社会知名人士参加。

外资企业的董事会应推选董事长作为企业的法人代表。按惯例董事长一般由股权比例最大的股东担任。董事长的主要职责是：主持董事会议，对企业的经营方针和经营活动以及其他重大问题做出决定；代表企业对外签署具有法律效力的文件；对企业经营活动的法律后果承担责任；发生纠纷时，作为企业的法人代表在法庭起诉，承担民事责任。

外资企业除设立董事会外，还应成立一个经营管理机构负责日常经营工作。其负责人总经理应向董事会和全体股东负责，定期向董事会汇报企业的经营状况等。

外资企业的董事长和总经理都应依法向我国政府主管部门登记注册，变更时必须向原登记部门备案，改变注册。

二、外资企业的劳动用工制度

《中华人民共和国外资企业法》第十二条规定："外资企业雇佣中国职工应当依法签订合同，并在合同中订明雇用、解雇、报酬、福利、劳动保护、劳动保险等事项。"外资企业的劳动用工采取合同形式。

（一）职工的雇佣和解雇

外资企业可以根据生产经营需要，聘用或招收高级经营管理人员、技术人员和工人。外资企业的职工可以在国内聘用，也可以在国外聘用，但在同等条件下，应尽先在国内聘用。外资企业聘用职工的办法是：由企业提出应聘者的条件和采用后的报酬,向劳动管理部门提出报告,由劳动部门组织招聘。也可由外资企业自行招聘。应聘职工经考试合格后,应同外资企业签订劳动合同。劳动合同应载明聘用期限、工资标准、福利待遇、奖惩、解雇、劳动纠纷等条款。劳动合同应经劳动部门批准。

外资企业对违反规章制度且造成一定后果的职工,可以根据情节轻重,给予不同的处分,直至开除,外资企业辞退或开除职工,应向当地劳动人事部门备案。

外资企业由于出现了合同规定的原因需要解雇职工时,可以根据劳动合同的规定执行,但应当在解雇的前一个月通知企业的工会组织、当地的劳动人事管理部门和职工本人,并按规定发给被解雇的职工一定的补偿金。

(二) 职工的工资

外资企业有权自行确定职工的工资标准、工资形式。可以实行计时工资,也可以实行计件工资,一般情况下,外资企业的工资报酬应大体相当于合营企业职工的工资,职工实得工资标准应比同行业国有企业标准工资高出50%~100%。

(三) 职工的福利待遇和劳动保险

外资企业应提取职工福利基金和劳动保险基金归企业支配,职工有权对其使用提出建议。

(四) 工会组织

外资企业有权依法建立工会组织,开展工会活动。工会组织有权监督企业的合法经营,代表职工同外资企业签订劳动合同,维护职工的合法权益,协助企业安排和合理使用福利、奖励基金,组织职工学习科学技术和业务知识,开展文体活动。按照中国工会法规定,外资企业提取职工工资的2%作为工会活动经费。

（五）劳动争议的解决

企业与职工发生劳动争议时，首先由争议双方协商解决，经过协商不能解决的，可以向劳动管理部门的劳动争议仲裁委员会申请仲裁解决，对仲裁不服的，可以向人民法院起诉。

三、外资企业的工会组织

根据《中华人民共和国工会法》和《中华人民共和国外资企业法》的有关规定：外资企业的职工有权依据有关法律、法规的规定，建立基层工会组织，开展工会活动。外资企业工会是职工利益的代表，有权代表职工同本企业签订劳动合同，并监督劳动合同的执行。

外资企业工会的基本任务是：依照中国法律、法规的规定维护职工的合法权益，协助企业合理安排和使用职工福利、奖励基金；组织职工学习政治、科学技术和业务知识，开展文艺、体育活动，教育职工遵守劳动纪律，努力完成企业的各项经济任务。当外资企业研究决定有关职工奖励、工资制度、生活福利、劳动保护和保险问题时，工会代表有权列席会议，外资企业应当听取工会的意见，取得工会的合作。

外资企业应当积极支持本企业工会的工作，依照《中华人民共和国工会法》的规定，为工会组织提供必要的房屋和设备，用于办公、会议、举办职工集体福利、文化、体育事业。外资企业每月按照企业职工实发工资总额的2%拨交工会经费，由本企业工会依照中华全国总工会制定的有关工会经费管理办法使用。

第八章

三资企业的场地使用、物资购买和产品销售

第一节 中外合营企业的场地使用、技术引进、物资购买与销售

一、中外合营企业的场地使用及费用

(一) 场地使用权的取得及其使用原则

合营企业的场地使用权,是指合营企业根据其业务需要取得的所需场地的权利。根据《中外合资经营企业法实施条例》第七章的有关规定,合营企业取得场地使用权的方式有两种:一是中方合营者以场地使用权作价后向合营企业出资而使企业取得场地使用权;二是合营企业向所在地的市(县)级土地主管部门提出申请,经审查批准后,通过签订合同而取得场地使用权,合营企业依合同规定向我国政府缴纳场地使用费。作为中方出资的场地使用权,其作价金额应与取得同类场地使用权应缴纳的使用

费相同。

关于合营企业的场地使用原则,《中外合资经营企业法实施条例》第四十四条规定:"合营企业使用场地,必须贯彻执行节约用地的原则。"我国虽然疆域辽阔,但人均可耕地仍十分有限,而城市土地更为紧张,因此合营企业使用土地必须尽量利用老场地,少占用新场地,充分使用已占场地。

(二) 场地使用费

1. 场地使用费的构成

合营企业的场地使用费由土地使用费和开发费两部分构成。

土地使用费,是指为取得场地使用权而支付场地使用权价格的费用。作为使用土地资源的补偿代价,这部分费用应由合营企业向所在地方政府缴纳,纳入地方财政收入。

土地开发费,是指为使所需用场地达到一定的使用标准而支付的开发建设费用。它属于对开发土地成本的补偿,主要包括征地的补偿费用、原有建筑物的拆迁费、人员安置费用和四通一平费(即通电、通气、通路、通风和平整土地的费用)。土地开发如由地方政府负责,这部分费用就应包含在场地使用费内,由企业向地方政府支付;如合营企业自己开发所需用场地,则土地开发费由企业直接支付,而不向地方政府支付。因此,政府缴纳的场地使用费可以包括土地开发费,也可以不包括,但必然包括土地使用费。

2. 场地使用费标准

《中外合资经营企业法实施条例》第四十六条规定:"场地使用费标准应当根据该场地的用途、地理环境条件、征地拆迁安置费用和合营企业对基础设施的要求等因素,由所在地的省、自治区、直辖市人民政府规定,并向对外贸易经济合作部和国家土地主管部门备案。"由此可见,基于我国地域辽阔、各地区生产力发展水平极不平衡的国情，我国对现阶段场地使用费标准只做了某些原则性的规定，具体的标准由各地方人民政府结合本地实际情况予以确定。而各地区在确定场地使用费标准时，应考虑多方面因素，进行综合平衡，区别对待，并把握住以下总原则：不宜高于国外一般用地费用水平，以利于贯彻执行节约用地原则，做到适中收费，并区别情况给予一定优惠。

3. 场地使用费的优惠

依照《中外合资经营企业法实施条例》第四十七条和国务院《关于鼓励外商投资的规定》的有关规定，对合营企业场地使用费的征收，分别不同情况给予以下优惠：

（1）对于从事农业、畜牧业的合营企业经所在地的省、自治区、直辖市人民政府同意，可按合营企业收入的百分比向所在地的土地主管部门缴纳场地使用费；（2）在经济不发达地区从事开发性的项目，场地使用费经所在地人民政府同意，可以给予特别优惠；（3）对产品出口企业和先进技术企业的场地使用费，给予特别的优惠。《关于鼓励外商投资的规定》第四条明文规定："产品出口企业和先进技术企业的场地使用费，除大城市市区繁华地段外，按下列标准计收：一、开发费和使用费综合计收的地区，为每年每平方米5元至20元；二、开发费一次性计收或者上述企业自行开发场地的地区，使用费最高为每年每平方米3元。前款规定的费用，地方人民政府可以酌情在一定期限内免收。"上述规定，比以前的土地使用费用大幅度地减少了。从全国范围来看，合营企业场地使用费总的水平，每年每平方米最低不少于5元，最高不超过300元，其中大中城市的市区和近郊区最低不少于10元，一般都在50元左右，即便是深圳地区，每年每平方米的收费标准也不高。与其他近邻国家和地区相比，我国的场地使用费是偏低的，如日本土地使用费每年每平方米为188～900元人民币，香港为460～3000元人民币。此外，各地方有关法规根据上述法律规定的精神，结合本地的情况，对本地区场地使用费的征收具体规定了不同的优惠待遇。

4. 场地使用费的调整和缴纳

场地使用费在开始用地的 5 年内不调整。以后随着经济的发展、供需情况的变化和地理环境条件的变化需要调整时，调整的间隔期应当不少于 3 年。场地使用费作为中国合营者投资的，在该合同期限内不得调整。

合营企业按《中外合资经营企业法实施条例》第四十四条取得的场地使用权，其场地使用费应当按合同规定的用地时间从开始时起按年缴纳，用地时间超过半年的按半年计算；不足半年的免缴。在合同期内，场地使用费如有调整，应当自调整的年度起按新的费用标准缴纳。

二、中外合营企业的技术引进

所谓技术引进，根据 1985 年 5 月 24 日国务院发布的《技术引进合同管理条例》第二条的规定，是指中华人民共和国境内的公司、企业、团体或个人，通过贸易或经济技术合作的途径，从中华人民共和国境外的公司、企业、团体或个人获得技术。而技术转让虽然也是技术受让方引进转让方的专利技术或专有技术，但并不要求必须是从境外到境内的引进，因此从法律关系的主体考虑而言，技术转让要比技术引进内涵广一些。

在我国，合营企业引进技术有两种方式：一是由外国合营者以技术作为出资方式投资；二是合营企业通过有偿的技术转让方式，从外国合营者或第三者获得所需要的技术。根据我国《中外合资经营企业法实施条例》第四十条的规定，本节所述的合营企业的技术引进，是专指后一种而言。

（一）技术引进的范围和渠道

1. 技术引进的范围

依照《技术引进合同管理条例》第二条的规定，合营企业可以引进技术的范围为：

（1）专利权或者其他工业产权的转让或许可。由于工业产权包括专利权与商标权，因而实际上指的就是引进专利权和商标权。一般说来，专利权转让方应当将商标权连同专利权一并转让，而不另收费用。

（2）以图纸、技术资料、技术规范等形式提供的工艺流程、配方、产品设计、质量控制以及管理方面的专有技术。专有技术又称技术诀窍或技术秘密，它不同于专利权，专利权是公诸大众的，受一国专利法保护，是一种法定权利，而专有技术是一种可以转让和传授的、公众所不知道的并且不取得专利权的技术知识。它不像专利所有权那样具有有效期限制，而是靠保密手段进行垄断的，因此在专有技术的转让中，保密就成为双方订立合同中的重要条款。

（3）技术服务。根据1987年12月3日国务院批准，1988年1月20日对外经济贸易部发布的《技术引进合同管理条例施行细则》第二条第二项的规定，技术服务合同是指供方利用其技术为受方提供服务或者咨询以达到特定目标的合同，包括受方委托供方或者与供方合作进行项目可行性研究或工程设计的合同，雇用外国地质勘探队或工程队提供技术服务的合同，委托供方就企业技术改造、生产工艺或产品设计的改进和质量控制、企业管理提供服务或咨询的合同等。

2. 技术引进的渠道

合营企业引进技术主要有三条渠道：

（1）外方合营者把自己拥有所有权的专利技术和专有技术直接转让给合营企业。这样做可以减少技术专利权或专有权方面的争议和授权诉讼纠纷，是近些年来我国合营企业引进技术的主要渠道。

（2）外方合营者先购买专利或专有技术，在得到产权所有者的许可后，再向合营企业转让。由于技术转让一般只是转让技术的使用权而非所有权，所以外方合营者对购买的技术也无权直接再行转让，而必须事先征得技术所有人同意。在实践中，技术所有人一般能同意技术使用人另行转让。

（3）以合营企业的名义直接向合营各方以外的拥有专利技术或专有技术的第三人购买技术使用权。

（二）技术引进的条件

《中外合资经营企业法实施条例》第四十一条规定："合营企业引进的技术应当是适用的、先进的，使其产品在国内具有显著的社会经济效益或者在国际市场上具有竞争能力。"而《技术引进合同管理条例》第三条则更进一步规定了引进的技术必须符合下列一项以上的要求：（1）能发展和生产新产品；（2）能提高产品质量和性能，降低生产成本，节约能源或材料；（3）有利于充分利用本国的资源；（4）能扩大产品出口，增加外汇收入；（5）有利于环境保护；（6）有利于生产安全；（7）有利于改善经营管理；（8）有助于提高科学技术水平。

三、技术转让协议

依照法律规定，合营企业引进技术必须订立技术转让协议。所谓技术转让协议，是指由技术转让方（技术输出方）与受让方（技术输入方）双方订立的，规定转让方向受让方转让技术使用权，而受让方向转让方支付技术使用费的书面文件。合营企业的技术转让协议应包括两类，一类是合营企业与中国境内的公司、企业、团体或个人之间订立的技术转让协议；另一类是合营企业与境外的公司、企业、团体或个人之间订立的技术转让协议，而后一种技术转让协议，其实就是技术引进合同，本部分所谈即属后一类。

（一）技术转让协议的报审和批准

根据《中外合资经营企业法实施条例》第四十三条的规定，合营企业订立技术转让协议，应经企业主管部门审查同意，并报审批机构批准。而

《技术引进合同管理条例实施细则》第五条和第六条不但规定了技术引进合同的审批机关是对外经济贸易部及其授权审批机关，而且还对技术引进合同的分级审批做了明确的规定：

（1）由国务院各部、委和各直属机构批准可行性研究报告的项目，其技术引进合同由经贸部审批；（2）由省、自治区、直辖市、沿海开放城市、经济特区和计划单列省辖市人民政府或者其授权主管机关批准可行性研究报告的项目，其技术引进合同由同级授权审批机关审批；如果该项技术引进合同委托该地区的其他公司对外签订的，在征得委托方所在地的授权审批机关同意后，可以由签约地的授权审批机关审批。合同批准后，签约地的授权委托机关应当将合同批准证书复印件送委托方所在地的授权审批机关备案。但是，跨地区委托驻在北京的公司（不包括北京市属公司）对外签订的技术引进合同，由经贸部审批；（3）外商投资企业从供方获得技术所签订的技术引进合同，属于国务院各部、委和各直属机构批准的外商投资企业的，由经贸部审批；其他的分别由授权审批机关审批。

至于合营企业技术转让协议的批准，根据《技术引进合同管理条例》第九条和第十条的规定，应由受让方在签字之日起30日内提出申请书并附具合同副本和合同译文文本，以及签约双方法律地位的证明文件，向对外贸易经济合作部及其授权审批机关报批。审批机关应在收到申请书之日60天内决定批准或不批准；经批准的合同自批准之日起生效。在规定的期限内，如果审批机关没有做出决定，即视同获得批准，合同自动生效。

（二）有关技术转让协议内容的规定

依照《中外合资经营企业法实施条例》第四十三条的规定，合营企业技术转让协议在内容上必须符合以下规定：

（1）技术使用费应公平合理。一般应采取提成方式支付。采取提成方式支付技术使用费时，提成率不得高于国际上通常的水平。提成率应按由该技术所生产产品的净销额或双方协议的其他合理方式计算；技术使用费的支付方式一般有三种：

①一次性总付，即将技术转让的一切费用，在签订合同时一次算清，然后一次支付或分期支付。②提成支付。即引进技术投产后，按合同产品的净销售量或净销售额，提取一定百分比的提成费用，并连续提成支付一定的限额。③入门费加提成费。即合同签订后受让方先支付一笔入门费，投产后支付一定金额的提成费。入门费有定金性质。上述三种支付方式中，提成支付方式对受让方是有利的。

提成的方法有固定提成、滑动提成或最低、最高提成三种。固定提成是指提成率在整个合同期内固定不变；滑动提成则是按产品产量或销售额的不断增加而逐渐降低提成率；而最低提成率则是指在一定期间内，不管引进方的生产经营是否正常、是否盈利，都必须支付一笔最低限额的提成费；而最高提成率则是指不能超过双方商量的一个最高限度。合营企业应根据实际情况，选择最适用的提成方法。

（2）除双方另有协议外，技术输出方不得限制技术输入方出口其产品的地区、数量和价格。限制引进方产品出口的地区、数量和价格是技术贸易中的限制性做法，为国际惯例所反对。

（3）技术转让协议的期限一般不超过十年由于合营企业采用提成方法支付技术使用费，合同期限和支付的提成费就是成正比的，因而期限不宜订得太长。

（4）技术转让协议期满后，技术输入方有权继续使用该项技术。

（5）订立技术转让协议双方，相互交换改进技术的条件应对等；这种规定是和平等互利原则相符的。

（6）技术输入方有权按自己认为合适的来源购买需要的机器设备、零部件和原材料。

（7）不得含有为中国的法律、法规所禁止的不合理的限制性条款。

四、合营企业的物资购买

合营企业的物资购买与产品销售是与企业的生产经营紧密相连的两个

重要环节。根据《中外合资经营企业法实施条例》第五十一条的规定，合营企业对所需的机器设备、原材料、燃料、配套件、运输工具和办公用品等物资，有权自行决定在中国购买或向国外购买，但在同等条件下的应尽先在中国购买；由此可见，合营企业的物资采购渠道有两种：一是国内渠道；二是国际渠道。

（一）国内渠道及物资采购价格

一般来说，我国国内的物资供应渠道，分为国家计划调拨（计划分配）和市场自由采购两种。根据《中外合资经营企业法实施条例》第五十八条的规定，合营企业在中国购买的物资，其供应渠道如下：

（1）属于计划分配的物资，纳入企业主管部门供应计划，由物资、商业部门或生产企业按合同保证供应；（2）属于物资、商业部门经营的物资，向有关的物资经营单位购买；（3）属于市场自由流通的物资，向生产企业或其经销、代销机构购买；（4）属于外贸公司经营的出口物资，向有关的外贸公司购买。

关于合营企业在国内购买物资的价格和货币支付依《中外合资经营企业法实施条例》第六十五条规定，如下执行：

（1）用于直接生产出口产品的金、银、铂、石油、煤炭、木材六种原料，按照国家外汇管理局或外贸部门提供的国际市场价格计价，以外币或人民币支付；（2）购买中国的外贸公司经营的出口商品或进口商品，由供需双方参照国际市场价格协商定价，以外币支付；（3）购买用于生产在中国国内销售产品所需的燃料用煤、车辆用油和上述两项所列外的其他物资的价格，以及为合营企业提供水、电、气、热、货物运输、劳务、工程设计、咨询服务、广告等收取的费用，应与国营企业同等待遇，以人民币支付。

另外，国务院《关于鼓励外商投资的规定》第五条进一步规定："对产品出口企业和先进技术企业优先提供生产经营所需的水、电、运输条件和通信设施，按照当地国营企业收费标准计收费用。"

（二）国际渠道

合营企业通过国际渠道而购买本企业生产经营所需的各种物资，依照《中外合资经营企业法实施条例》第五十五条第一款规定："合营企业在合营合同规定的经营范围内，进口本企业生产所需的机器设备、零配件、原材料、燃料，凡属国家规定需要领取进口许可证的，每年编制一次计划，每半年申领一次，外国合营者作为出资的机器设备和其他物件，可以凭批准机构的批准文件直接办理进口许可证进口。超出合营合同规定范围进口的物资，凡国家规定需要领取进口许可证的，应另行申领。"具体说来，根据1987年1月20日对外经济贸易部公布的《关于外商投资企业申请进出口许可证的实施办法》，合营企业进口物资应当按照该《办法》的下列规定办理：

（1）外国投资者作为投资而进口的设备和物料，如属实行进口许可证管理的商品，凭批准的该企业的进口设备和物料清单，领取进口许可证；不属于实行进口许可证管理的商品，海关凭原批准该企业的进口设备、物料清单验放。（2）外商投资企业为生产出口产品所需进口（包括实行进口许可证管理的）机构设备，生产用车辆（指运输用货车、特制车和客货两用车），原材料、燃料、散件、零部件、元器件、配套件等物资，免领进口许可证，由海关实行监督，凭批准成立企业的文件、合同或进出口合同验放。上述进口机械设备、生产的车辆、料、件，只限于本企业生产自用，不得在国内转让出售；其进口料、件或用进口料、件所生产的产品，因特殊情况转为内销，应按（3）项规定办理进口事宜。（3）外商投资企业在批准的经营范围内，为生产内销产品和国内经营业务所需进口的各种物资，其中属于进口许可证管理的商品，凭确认的企业进口计划，每半年申领一次进口许可证；不属于实行进口许可证管理的商品，海关凭批准成立企业的文件、合同验放。（4）外商投资企业进口本企业自用的、数量合理的非生产物品，其中属于进口许可证管理的商品，由省级对外经济贸易管理部门颁发进口许可证。

五、合营企业的产品销售

合营企业的产品销售有两个市场：一是国际销售市场，即产品外销；二是我国国内销售市场，即产品内销。《中外合资经营企业法》第十条第二款规定："鼓励合营企业向中国境外销售产品。出口产品可由合营企业直接或与其有关的委托机构向国外市场出售，也可通过中国的外贸机构出售。合营企业产品也可在中国市场销售。"

（一）产品外销

鼓励合营企业的产品外销，既可以增加合营企业的外汇收入，解决外汇平衡问题；又可以促进合营企业采用先进技术和管理经验，以适应在国际市场上的激烈竞争。《中外合资经营企业法实施条例》第五十四条规定："合营企业有权自行出口其产品，也可以委托外国合营者的销售机构或中国的外贸公司代销或经销。"由此可见，合营企业的产品外销渠道有以下三种：一是设立外销机构，由合营各方自行进行外销；二是利用合营企业中的外国合营者已有的销售渠道和客户，委托其代销或经销；三是利用中国的外贸公司或其他位于国外的公司或机构已有的销售渠道和客户，委托其代销或经销。

而合营企业产品外销的价格，由合营企业自行确定，报企业主管部门和物价管理部门备案。

合营企业产品外销，应根据《关于外商投资企业申请进出口许可证的实施办法》中的下列规定办理出口手续：（1）出口本企业生产的产品，属于实行出口许可证管理的商品，凭企业年度出口计划每半年申领一次出口许可证；（2）在本企业经营范围内出口本企业生产产品的，不属于出口许可证管理的商品，海关凭出口合同等有关证件验放；（3）经批准为解决外汇收支平衡而出口的非本企业生产的产品，凡属于实行出口许可证的商品，凭批准文件领出口许可证；不属于出口许可证管理的商品，海关

第八章 三资企业的场地使用、物资购买和产品销售

凭出口合同等有关证件验放。

（二）产品内销

《中外合资经营企业法实施条例》第六十一条规定："合营企业生产的产品，属于中国急需的或中国需要进口的，以在中国国内市场销售为主。"由此可见，在我国合营企业产品内销，必须符合下列条件之一：（1）合营企业采用的技术、工艺和主要设备先进，属于国家公布的鼓励投资的项目，其产品要具有先进性和适用性；（2）产品系国内短缺的产品或新开发的产品；（3）对国内同类产品能更新换代或可替代进口的。

关于合营企业产品内销的渠道，依据《中外合资经营企业法实施条例》第六十四条规定，有以下四种：（1）属于计划分配的物资，通过企业主管部门列入物资管理部门的分配计划，按计划销售给指定的用户；（2）属于物资、商业部门经营物资，由物资、商业部门向合营企业订购；（3）上述两类物资的计划收购外的部分，以及不属于上述两类的物资，合营企业有权自行销售或委托有关单位代销；（4）合营企业出口的产品，如属中国的外贸公司所要进口的物资，合营企业可向中国的外贸公司销售，收取外汇。

合营企业对产品的内销价格，享有自主决定权，但要接受物价管理部门的监督，依照我国《中外合资经营企业法实施条例》第六十六条第一款的规定，合营企业在中国国内销售的产品，除经物价管理部门批准可以参照国际市场价格定价的以外，应执行国家规定价格，实行按质论价，收取人民币。合营企业制定的产品销售价格，应报企业主管部门和物价管理部门备案。

最后，具体有关合营企业产品内外销的比例问题，我国法律未作硬性规定，但根据《中外合资经营企业法实施条例》第十四条规定，产品内外销比例应由合营各方在合营合同中加以规定。从我国政府的态度来看，倾向于鼓励出口，多多益善。

第二节 中外合作企业的物资购销

《中外合作经营企业法》第十一条规定:"合作企业依照批准的合作企业合同、章程进行经营管理活动。合作企业的经营管理自主权不受干涉。"这就是说,合作企业享有充分的经营管理自主权,在中国法律及合作企业合同、章程规定的范围内,有按照国际上先进的科学方法独立自主地经营管理企业的权利。合作企业的经营管理自主权是外国合作者特别关心的问题,企业自主权的有无和大小,直接关系到企业经营的好坏,效益的高低,利润的多少,和外国合作者的利益息息相关。我国法律给合作企业以充分的经营管理自主权,有利于吸引外商来华开办合作企业,同时便于中外合作双方采取最为有效的手段管理企业,从而促进企业经济效益的提高。

我国法律最大限度地赋予合作企业经营管理自主权,并不是说我国对合作企业的经营活动没有丝毫约束,《中外合作经营企业法》及其他单行法规对合作企业的生产经营活动作了许多指导性的规定,目的在于规范、引导合作企业沿着正确、良性的方向发展。我国法律关于合作企业的经营管理的规定主要有下述几个方面。

一、经营管理方式

如前所述,中外合作双方享有充分的选择经营管理方式的自由,可以双方共同经营,也可以由一方管理,另一方监督,还可以委托第三人经营。

二、合作企业的购销管理

《中外合作经营企业法》第十九条规定;"合作企业可以在经批准的经营范围内,进口本企业需要的物资,出口本企业生产的产品。合作企业在经批准的经营范围内所需的原材料、燃料等物资,按照公平、合理的原则,可以在国内市场或者在国际市场购买。"同合营企业相比,合作企业在这方面的权限扩大了。《中外合资经营企业法》规定,合营企业所需要的原材料、燃料、配件等物资在同等条件下,应优先在中国购买。而合作企业没有这条规定。这主要是尊重企业的自主权,保证企业能按生产经营的需要购买物资和产品。

(一) 物资的购买

合作企业所需要的物资,可以在中国购买,也可以从国外购买,在中国购买的,可通过以下渠道:
(1) 属于国家统一分配的物资,企业应于每年的年初编制物资采购申请书,经批准后,在物资部门召开的物资订货会上向货源单位订购;(2) 属于物资部门、商业部门专营的物资,向有关物资经营部门购买;(3) 属于一般性物资的,合作企业可以在市场上购买,其购买条件同国有企业相同;(4) 属于外贸部门经营的出口物资,可向有关外贸公司购买,也可以在外贸收购计划以外,直接向产地购买。在国际市场上购买物资的渠道主要有:(1) 不属于进口许可证管理范围内的物资,合作企业可以直接进口或者委托国内的进口公司代为进口;(2) 属于进口许可证管理范围内的商品,凭审批机关的批准文件、合同、进口物资目录表等办理进口许可证后进口。

(二) 产品的销售

合作企业生产的产品可以内销,也可以外销,国家鼓励合作企业向国外销售其产品。但如果其产品属于技术先进性产品,也允许内销为主。不管内销还是外销,都必须按合同规定的经批准的内外销的比例、限额来销售。

合作企业产品内销的渠道有:(1) 属于国家计划分配的物资,应通过主管部门列入物资部门、商业部门的分配计划,由合作企业计划进行销售；(2) 属于物资部门、商业部门经营的物资，由物资部门、商业部门向合作企业订购；(3) 属于一般产品的，由合作企业自行在国内市场上销售；(4) 合作企业生产的出口产品如属于中国外贸公司需要进口的物资，合作企业可向中国外贸公司销售并收取外汇。合作企业产品外销的途径有：(1) 由外国投资者负责在国际市场上进行销售；(2) 由中外合作双方共同在国际市场上进行销售；(3) 委托国内的进出口公司代为在国际市场上销售。

第三节 外资企业的用地、物资购买与销售

一、外资企业的用地及费用

(一) 土地使用权的取得

按照我国《宪法》的规定，中国所有的土地，无论是城市土地还是农村的土地，都等于国家所有或集体所有。土地不得进行买卖。但是，我国《宪法》和《土地管理法》又规定，土地可以出租或者以其他方式进行转让。因此，外资企业不能通过购买土地的方式获得土地所有权，只能取得对土地的使用权。

外资企业为了获得土地使用权，应向中国政府土地管理部门申请。即外资企业应当在营业执照签发之日起三十天内，持批准证书和营业执照到外资企业所在地县级或县级以上地方人民政府的土地部门办理土地使用手续，并与之签订土地使用合同，依法交纳土地使用费用、办理登记、领取土地使用证书，取得土地使用权。土地使用证书为外资企业使用土地的法律凭证。外资企业在经营期内未经批准，其土地使用权不得转让。

第八章 三资企业的场地使用、物资购买和产品销售

（二）场地使用费

1. 场地使用费的构成

外资企业的场地使用费由土地使用费和土地开发费两部分构成：（1）土地使用费。是指为取得场地使用权而支付场地使用权价格的费用。这部分作为使用土地资源的补偿代价，由外资企业向所在地的地方政府缴纳，并归入地方财政。（2）土地开发费。是指为使所需用地达到一定的使用标准而支付的开发建设费用。该土地开发费包括征地拆迁安置费用和外资企业配套的基础设施建设费用。土地开发费可由土地开发单位一次性计收或者分年计收。如果，外资企业利用未经开发的土地，可以自行开发或者委托中国有关单位开发并由外资企业支付该项开发费用。

2. 场地使用费标准

我国对三资企业的场地使用费标准是由法律确定基本原则。由国务院规定具体幅度，各地方政府再根据法律和国务院的规定自行确定。在确定该标准时应根据场地的用途、地理环境条件、征地拆迁安置费用和企业对基础设施的要求等因素确定。一般来说，土地使用费标准沿海高于内地，城市高于乡村。

国务院于1980年在《关于土地使用费的暂行规定》中规定了下列幅度，土地使用费标准为 5 元～300 元/米^2/年。其中大城市最低不少于 10 元/米^2/年。各省、自治区、直辖市人民政府，根据上述原则和幅度，规定本地区三资企业的土地使用费标准，并向对外经济贸易部和国家土地主管部门备案。但从各省、自治区、直辖市为吸引外商投资的直接规定中，土地使用费一般低于国家规定的标准，并处于较低的水平。

场地使用费在开始用地的五年内不调整，以后随着经济的发展，供需情况的变化和地理环境条件的变化需要调整时，调整的间隔期应不少于三年。

3. 土地使用的年限

按照《外资企业法实施细则》第四十条规定：外资企业的土地使用年限，与经批准的该外资企业的经营期限相同。但我国的有关法规对土地的最高出让年限按不同的土地用途作了明确规定：（1）居住用地七十年；（2）工业用地五十年；（3）教育、科技、文化、卫生、体育用地五十年；（4）商业、旅游、娱乐用地四十年；（5）综合或者其他用地五十年。

二、外资企业的物资采购和产品销售

1. 外资企业的物资采购

《外资企业法》第十五条规定，外资企业在批准的经营范围内所需的原材料、燃料等物资，按照公平、合理的原则，可以在中国购买，也可以在国际市场上购买，在同等条件下，应当尽先在中国购买。这就是说，外资企业采购生产物资有两条渠道，一个是国内市场，另一个是国际市场，在哪个市场购买由外商自行决定，任何部门不得干涉。中国政府鼓励在同等条件下尽先在中国购买，国家和地方各级物资部门，应按合理的价格向外资企业供应国内能够供应的物资，或为外资企业提供资源信息。

外资企业在国内市场购买物资的途径有：（1）外资企业在国内市场购买属于国家计划调拨的物资，应于每年的年初编制物资采购申请书，上报主管部门，纳入国家的统一分配计划。（2）非计划分配物资可不报国家主管机关批准，直接与有关的货源单位签订购货合同。随着经济管理体制的改革，今后计划调拨的物资的品种会越来越少，市场供应物品将增多，多数物资可以到市场、商店购买。外资企业可以直接到这些物资经营商店按市场价格购买。（3）属于外贸公司经营的物资，外资企业可以直接与各外贸公司洽谈订货，采购价格不高于国际市场。

外资企业在国际市场采购的方法有：（1）不属于进口许可证管理范

围内的物资，外资企业可以直接进口；（2）凡属于进口许可证管理范围内的商品，应凭审查批准机关的批准文件、合同、进口物资目录表等办理进口许可证后方能进口；（3）在外资企业比较集中的少数大城市，经报对外贸易部批准，可以由物资部门试行代理外资企业进口国内缺乏的原材料和零部件等生产物资。

2. 外资企业的产品销售

外资企业的产品应以外销为主，这是外资企业成立的条件之一，但在某些情况下，如外资企业生产的产品属于中国急需的或需要进口的，也可以在国内市场上销售。外资企业产品销售的渠道为：（1）由外资企业自行组织出口；（2）按照我国的法律条例、规定，委托我国有进出口经营权的外贸公司代理出口，并支付代理手续费；（3）如外资企业的产品属于国内需要进口的商品，且已经能够批量生产，产品的性能和质量已基本上达到国外同类产品的水平，产品的价格和交货期又能适应需要的，可以采用"以产顶进"的方法，按我国政府准许的渠道在国内市场上销售，但此类产品必须属于国家公布的以产顶进的产品名目。关于外资企业产品的销售价格，外销产品的价格由外资企业自行决定，内销产品的价格，除国家实行统一管理和统一定价的商品外，其他的产品允许外资企业自行规定其销售价格，中国政府不加干涉。

第九章

三资企业的财务、外汇与信贷管理

第一节 合营企业的财务与利润分配

一、合营企业的财务会计制度

合营企业的财务会计制度,是指合营企业对自身的财务活动进行管理并用书面予以记载的制度。其中财务管理通常是指资金的管理,包括资金的筹措和运用,而会计是指对企业财务活动进行的书面记载工作。合营企业通过会计工作,观察、记载、反映并监督本身经济活动的情况,以取得必要的核算资料,了解和控制生产,并据此进行合理的利润分配。因此财务会计工作是合营企业经营管理的一个重要组成部分。如果从广义上讲,合营企业的财务会计还包括审计工作在内。《中外合资经营企业法实施条例》第六十九条规定:"合营企业的财务与会计制度,应当按照中国有关法律和财务会计制度的规定,结合合营企业的情况加以制定,并报当地财政部门、税务机关备案。"而1985年3月4日财政部发布的《中外合资经营企业会计制度》则对合营企业的财务与会计作了具体规定。

（一）财务机构及其职责

合营企业应设立专门的会计机构，配备必要的会计人员，大中型企业应当设立总会计师，必要时还可设副总会计师，小型企业可以不设总会计师，但应指定财务机构负责人担任总会计师的职责。一般来说，总会计师的具体人选不限于中国人，但依照《中外合资经营企业法实施条例》第七十九条的规定，合营企业的下列文件、证件、报表，应当经中国注册的会计师验证和出具证明，方为有效：（1）合营各方的出资证明书（以物料、场地使用权、工业产权、专有技术作为出资的，应当包括合营各方签字同意的财产估价清单及其协议文件）；（2）合营企业的年度会计报表；（3）合营企业清算的会计报表。合营企业总会计师的职责是：协助总经理负责主持企业的财务会计工作，组织各管理部门和车间、工段定期进行经营活动分析，向总经理提出改善经营方案，保证企业以最少的资金开支，获取最大的经济效益。

（二）会计计账方法、文字和本位币

根据《中外合资经营企业法实施条例》第七十三条的规定，合营企业会计采用国际通用的权责发生制和借贷记账法记账。

权责发生制，就是在企业会计核算中确定一个会计期间内的收益和费用的一种方法。凡在本期内应收的收益和应付的费用，不论是否在本期内实际收到或付出，都应视为本期的收益和费用；凡不应归入本期内收到或付出，也不应作为本期的收益和费用处理。这种方法与我国国营企业现行的"实收实支"的会计核算方法不同。采用权责发生制，有利于正确计算各时期的产品成本和企业盈亏。借贷记账法，是指在会计核算中，用"借"和"贷"两个字作为记账符号，记录企业资金占用（或资产、费用）和资金来源（或资本、收益、负债）增减变动的一种记账方法，系复式记账法的一种。凡是资金占用的增加或资金来源的减少记入"借方",而凡是资金占用的减少或资金来源的增加记入"贷方"。依这种方法,对每一项应该记账的经济活动都应按照"有借必有贷,借贷必相等"的记账规则记账,即按照相等的金额,同时记入一个(或几个)账户的借方和一个(或几个)账户的贷方,所有记入账户借方的金额合计数与所列记入账户贷方的金额合计数相等,所有账户的期末借方金额账户就是资金占用账户,贷方金额账户就是资金来源账户。这也与我国国有企业采用的"增减记账法"不同,依照后者,企业有所增加时只记增加,减少时只记减少,不必反映债权债务对等关系。

关于合营企业会计计账的文字和本位币,依照法律规定,合营企业的一切自制凭证、账簿、报表必须用中文书写,也可以同时用合营各方商定的一种外文书写。在原则上,合营企业采用人民币作为记账本位币,经合营各方商定,也可以采用某一外国货币作为本位币。

(三) 会计年度和会计报表

《中外合资经营企业法实施条例》第七十二条规定:"合营企业会计年度采用日历年制,自公历每年1月1日起至12月31日止为一个会计年度。"如果合营企业投资活动或正式营业开始之日不是1月1日,第一笔账仍要于当年12月31日止终算,下一个年度再从次年1月1日起算。

合营企业应向合营各方、当地税务机关,企业主管部门和同级财政部门报送季度会计报表。年度会计报表应抄报原审批机构,并且必须经中国注册的会计师验证和出具证明方为有效。

二、合营企业的审计制度

审计,是指对企业的财务活动的合法性和会计资料的准确性进行检查,揭露弊端,发现错误。严格说来,审计不属于会计工作,而是与之相并立,并对之进行监督,因而审计师不是隶属于财会部门,而是直接向董事会和总经理负责。依据1988年10月21日国务院发布的《审计条例》

的规定，合营企业的审计可分为两种：其一为内部审计，其二为外部审计。

（一）内部审计

《中外合资经营企业法实施条例》第七十一条规定："合营企业设审计师（小的企业可不设），负责审查、稽核合营企业的财务收支和会计账目，向董事会、总经理提出报告。"《中外合资经营企业会计制度》也规定了规模较大的合营企业要设置审计师，负责审计工作。内部审计，即稽核，是指合营企业的固定人员在平时对企业财务收支和会计账册进行查核，它包括日常审计和定期审计两种。日常审计类似于复核，定期审计是指在季度或年度财务报表提出之前，由审计师或总会计师组织审计人员进行全面检查，以便为年度外部审计做好准备。

（二）外部审计

外部审计，又称为社会审计，是指由合营企业以外的社会审计组织委派的审计师或公证会计师，对合营企业的财务会计进行的全面审查核实。根据《审计条例》第十二条的规定，社会审计组织接受委托，承办对合营企业的有关查证业务时，应当依照《注册会计师条例》的规定执行。其在执行业务中取得和了解的资料、情况，应当按照规定严格保守秘密。

三、合营企业的利润分配

《中外合资经营企业法》第八条第一款规定："合营企业获得的毛利润，按中华人民共和国税法规定缴纳合营企业所得税后，扣除合营企业章程规定的储备基金、职工奖励及福利基金、企业发展基金，净利润根据合营各方注册资本的比例进行分配。"这就规定了合营各方利润分配的计算方法。

1. 毛利润的计算

毛利润，又称为税前利润，是指合营企业在一个纳税年度内的营业总收入额，减去营业总支出额（包括成本、费用以及损失）后的余额。

2. 三项基金的提取

企业储备基金、职工奖励及福利基金和企业发展基金，是依照法律规定并体现在合营企业章程中的、合营企业应当提取的三项基金，它们是确保合营企业能够健康发展的后备物质力量。其中企业储备基金，主要用于垫补合营企业亏损，如经过审批机构批准也可以用于本企业增加资本，扩大生产。职工奖励及福利基金，用于职工的集体福利事业和奖金开支；企业发展基金，则用于发展企业生产，提高生产效率，进行技术改造，购置固定资产，增加流转资金等。对三项基金的提取比例，法律未作具体规定，由企业董事会协商确定。一般说来，三项基金所占利润比例的高低，取决于企业的盈利水平。实践中三项基金的提取总额一般相当于净利润的 10% ~ 15%。

3. 净利润及其分配

净利润是合营企业的税后利润（毛利润减除依法缴纳的所得税款）提取上述三项基金后的可分配利润。净利润的具体分配与否，由合营企业董事会视企业的具体情况做出决定。合营各方按照出资比例对净利润进行分配的金额，就是合营各方所分得的利润。

4. 亏损的处理

合营企业发生亏损时，不但谈不上利润的分配，而且还要面临弥补亏损、渡过难关等问题。依照《中华人民共和国企业所得税法》第十八条，企业纳税年度发生的亏损，准予向以后年度结转，用以后年度的所得弥补，但结转年限最长不得超过五年。

5. 利润再投资

合营企业的净利润，可以由董事会决定是否用于投资，是部分用于再投资还是全部用于再投资。依投资比例对净利润进行分配的，合营者也可以把自己分得的利润再投资。

第二节　合营企业的外汇管理

外汇管理，又称外汇管制，是指一个国家通过法令、条例、制度和临时性措施，对外汇在本国境内的收、支、存、兑以及进出国境等活动，进行管理和控制。外汇管理有广义和狭义之分。广义的外汇管理，不但包括国家对企业、组织和个人的外汇的存放、收支、汇出口等活动的管制，而且还包括国家对企业外汇需求的调剂——即外汇平衡的内容；而狭义的外汇管理仅指前者。

我国是实行外汇管制的国家。依照1980年12月18日国务院发布的《中华人民共和国外汇管理暂行条例》第三条的规定，我国对外汇实行由国家集中管理、统一经营的方针。我国管理外汇机关是国家外汇管理总局及其分局，而经营外汇业务的专业银行为中国银行。非经国家外汇管理总局批准，其他任何金融机构都不得经营外汇业务。《中外合资经营企业法实施条例》第六十三条规定："合营企业的一切外汇事宜，按照《中华人民共和国外汇管理条例》和有关管理办法的规定办理。"而《对侨资企业、外资企业、中外合资经营企业外汇管理实施细则》和1985年4月5日国家外汇管理局发布的《违反外汇管理处罚施行细则》等，又进一步规定了对合营企业的外汇管理。

一、合营企业的外汇管理

此处所说的外汇管理，是指国家对合营企业的外汇账户、外汇收支、外汇结算、外汇抵押人民币贷款以及外汇利润的汇出等方面的管理。

(一) 外汇账户

外汇账户是指合营企业在我国境内或我国境外银行开立的用于存放和收付外汇的专门账户。依照上述各有关法律规定，合营企业应当在中国境内开立外汇账户，一般情况下，合营企业凭借国家工商行政管理局发放的营业执照，在我国境内的中国银行或经国家外汇管理局批准的其他银行或金融机构办理，并由开户银行监督收付。境内账户是每一个合营企业必须开立的基本账户。

在一定条件下，合营企业也可同时在国外另行开立外汇账户，但根据《中外合资经营企业法实施条例》第六十五条和第六十六条的规定，合营企业在国外或港澳地区的银行开立外汇存款账户，应经国家外汇管理局或其分局批准，并向国家外汇管理局或其分局报告收付情况和提供银行对账单。合营企业在国外或港澳地区设立的分支机构，凡当地有中国银行的，应在中国银行开立账户。其年度资产负债表和年度利润表，应通过企业报送国家外汇管理局或其分局。

(二) 外汇收支

合营企业的一切合法外汇收入都归企业所有，在法定范围内，合营企业行使自主开支使用。但由于合营企业的外汇收支活动影响到国家的外汇收支平衡状况和外汇管理秩序，故应遵照有关法律规定进行。具体说来体现在以下四个方面：

(1) 合营企业在中国境内设立外汇存款账户后，其一切外汇收入都必须存入其外汇存款账户；一切外汇支出，从其外汇存款账户中支付，并且必须定期向国家外汇管理局或者分局填送外汇业务报表，国家外汇管理总局或者分局有权检查其外汇收支的活动情况。

(2) 合营企业产品出口所得的外汇，除经国家外汇管理局或其分局批准外，应调回存入开户银行账户，并办理出口外汇核销手续。

（3）合营企业经批准在国外或港澳地区设立的分支机构或办事机构，其所需外汇经费，经国家外汇管理局或其分局批准，可以按期从其外汇存款账户中支付汇出。

（4）合营企业外汇在中国境内银行或其他金融机构的存款利率，按中国银行公布的利率执行。

（三）外汇结算

合营企业的外汇结算，是指合营企业以外币作为计价单位和支付手段，清偿债务、债权关系的活动。合营企业与外国的公司、经济组织或个人在商业活动中的结算多为外汇结算。而依《外汇管理暂行条例》第四条第二款的规定，在我国境内，是禁止外币流通、使用和质押的，但作为该条规定的例外，合营企业在特定的情况下，经国家外汇管理局或其分局的批准，可以与中国境内的企业或者个人进行外汇结算。《个人外汇管理办法施行细则》第十二条就具体规定了下列具体情况：（1）生产的产品如系中国需要进口的商品，售给中国经营外贸业务的单位或其他企业，经中国外贸管理机关批准，供需双方商定，可参照国际市场价格，以外币计价结算；（2）因生产需要购买中国经营外贸业务单位经营出口商品和进口商品，经中国外贸主管机关批准，供需双方商定，可参照国际市场价格，以外币计价、结算；（3）同中国建筑单位签订建筑合同，经国家外汇管理局或其分局批准，可以外币计价、结算；（4）根据国务院规定，或经国家外汇管理局或其分局批准，可以外币计价、结算的其他项目。

（四）外资原本和利润的汇出

外国合营者的投资原本、利润及其他合法收益的汇出管理，是合营企业外汇管理中的核心问题，事关合营企业各方的权益。各国立法及国际立法中都原则上允许外国投资者将投资原本及利润等自由汇出境外，即遵循外汇自由汇出的原则。但是在另一方面，这种自由汇出又是相对的，有条件的，实践中，东道国基于社会公共利益及货币政策的需要，尤其是维持国际收支平衡，在承认自由汇出的前提下，往往对投资者原本及利润等的汇出加以一定的合理限制，实行外汇管制。

特别对发展中国家而言，这种管制已成为维持国家经济发展政策的重要手段。

由此可见，在外汇汇出问题上存在着两种利益的对立：一是外国合营者要求汇出投资原本及所得利润等合法收益；二是东道国基于维护本国经济发展的利益需要而对外汇汇出加以必要限制。对这两种对立的利益做适当的协调，是保障合营企业这种国际经济合作得以正常进行和发展的关键。这种协调，目前有国内法上的措施和国际条约上措施，但主要是依靠东道国国内法措施。各国的一般做法是，在原则上允许投资者自由汇出其投资原本及利润等，但要符合一定的限制条件，这种限制条件归纳起来大致有三种情况：一是规定在一定期限后可以汇出及可汇出的金额；二是汇出前必须履行一定的法定义务，如纳税等；三是汇出前必须履行其他支付。总的来说，这种限制在发展中国家较严，而在发达国家较宽。

1. 投资原本的汇出

投资原本是合营企业维持与发展的基础，无论是分期摊还、依法转让或企业清算所得的回收资本余额，特别是资本抽回等，一般是在较严格的条件下，才允许汇出。目前世界各国立法中的具体规定有三类：一是原则上允许自由汇出；二是对抽回资本规定有期间、限额及其他条件的限制（这种做法为大多数国家所采用）；三是不作硬性规定。依照我国《中外合资经营企业法》第十一条的规定："外国合营者在履行法律和协议、合同规定的义务后分得的净利润，在合资企业期满或中止时所分得的资金以及其他资金，可按合营企业合同规定的货币，按外汇管理条例规定汇往国外。"而《外汇管理施行细则》第十三条规定："侨资企业、外资企业，中外合资经营企业的华侨投资者或外国投资者，如要将外汇资本转移到中国境外，经向国家外汇管理局或其分局申请，从企业的外汇存款账户中支付汇出。"由此可见，我国对合营企业外国投资本金的汇出基本上未加限制。

2. 投资利润的汇出

我国对合营企业中外国合营者获得的利润及其他合法收益，允许其依法纳税后自由汇出。根据《外汇管理施行细则》第十三条第一款及第十四条的规定，合营企业的华侨投资者或外国投资者依法纳税后的纯利润和其他正当收益，可以向开户银行申请，汇出境外，从其外汇存款账户中支付。申请时，应提交企业董事会或相当于董事会的权力机构的分配利润决议书、纳税凭证以及载有收益分配条款的合同；合营企业按照中外双方合同规定用产品回收资本和分配利润的，华侨投资者或外国投资者提取和拥有其所获的产品可以运出，但必须汇回应在中国缴纳的税款和其应付的款项。如在中国境内出售，其销售所得的外汇，在缴纳税款和其他应付的款项后可以汇出。

3. 外籍职工工资的汇出

《中外合资经营企业法实施条例》第六十八条规定："合营企业的外籍职工和港澳职工的工资和其他正当收益，依法纳税后，减去在中国境内的花费，其剩余部分可以按照国家有关规定购汇汇出。"而《外汇管理施行细则》第十五条更进一步规定，合营企业中的外籍职工或港澳职工的工资和其他正当收益，依法纳税后可以汇出，汇出金额超过50%的比例时，可以向国家外汇管理局或其分局申请，汇出外汇均从其企业的外汇存款账户中支付。

二、合营企业的外汇平衡

（一）合营企业外汇平衡的含义

合营企业的外汇平衡，即外汇收支平衡，是指合营企业在一定时期内的外汇支出与外汇收入的数额应大体相抵持平。外汇收入一般包括：外方合营者外汇投资、中方外汇投资、企业外汇贷款、产品外销收汇、产品内销收入、对外技术服务收入和其他外汇收入；而外汇支出一般包括：进口原材料、设备费，技术转让费，技术提成费，外籍人员工资，偿还外汇贷款及其利息，外商盈利分配等。由此可见，衡量合营企业外汇是否平衡的标准，是看企业的外汇收入是否能支付以下三项基本费用：（1）企业进口原材料、零部件所需要的外汇；（2）支付外籍职工工资所需要的外汇；（3）外商分红所需要的外汇。如果外汇的收大于支，就是外汇有顺差，出现外汇有余；反之就是外汇有逆差，出现外汇短缺。因此，合营企业外汇平衡的问题，实质上就是尽力消除企业的外汇逆差，实现外汇收支相抵或顺差的问题。

（二）合营企业外汇平衡的意义

由于我国是实行严格的外汇管制的国家，人民币与国际货币是不允许自由兑换的。因此，解决合营企业的外汇收支平衡问题，有着十分重要的意义。具体体现在：

1. 保证合营企业的正常经营和顺利发展

只有解决外汇收支平衡，才能保证合营企业的正常经营和顺利发展。合营企业与国际市场关系密切，它从国外引进必要的设备、原材料、零部件，以及引进先进技术和聘请专家等活动，都需要外汇。如果合营企业的外汇收入不能保证其支出花费，就必然影响企业的生产经营活动。

2. 保障外方合营者的利润和原本金的顺利汇出

只有解决外汇收支平衡，才能保障外方合营者的利润和原本金的顺利汇出。外方合营者到中国投资开办合营企业的目的即在于牟取利润，而在我国人民币不能自由兑换外币，也不允许汇出境外的情况下，如果合营企业赚取的利润缺乏足够的外汇比例，企业就无法保证以外汇支付外方合营者应得的利润、投资原本以及其他合法权益，这就势必影响外方合营者的投资积极性。

3. 达到利用外资的目的

只有解决外汇收支平衡，才能达到我国利用外资的目标。开办合营企业的初衷就是要充分利用外国资本，发展本国经济，既能解决本国资金短缺问题，又能增加国家外汇收入，而如果合营企业自身不能解决外汇收支平衡问题，合营企业本身不但面临生存危机，上述目标也会落空。

（三）外汇不平衡的原因及解决途径

合营企业外汇收支不平衡的原因是多方面的，而最根本的原因在于企业的产品内外销比例的问题。因为企业的产品如全部或大部分外销，企业就能获得足够的外汇收入，反之则不然。导致内外销比例不合理的原因很多。一方面，从工作失误角度讲，有的是在引进项目时缺乏宏观控制和指导，对项目缺乏筛选和正确的可行性研究分析；有的在签订合同时规定由外商销售大部分产品，但项目实施后，外商却不履行销售责任，也不受合同约束，结果造成产品大部或全部内销等；另一方面，从客观上讲，任何一种引进项目，从用汇到投产，从投产到出口创汇，都有一定的供、产、销周期，资金有一个借、用、还、赚的周转过程，不可能每个项目在任何时候都达到外汇平衡；对于利用先进技术开发新产品的企业，采取以市场换技术的办法，也不能要求企业立即实现外汇平衡；能生产"替代进口"产品或原材料的企业，更不能笼统要求企业外汇收支平衡。由此可见，某些合营企业不能实现外汇平衡也是有一定客观原因的。

由上可见，解决外汇平衡的办法，固然在于对引进项目加强宏观管理，抓住技术先进和创汇两条标准，严格把好筛选关，对引进项目进行外汇平衡可行性的分析，要做到原材料国产化，提高企业的国际竞争能力，鼓励企业产品尽量外销，增加外汇收入等。但对于某些合营企业在一定时期确实无法靠自身力量实现外汇平衡的现实，也不宜一味强求。因此，我国在坚持合营企业应通过出口产品自行解决外汇平衡的前提下。根据具体情况，采取了灵活多样的措施帮助合营企业解决外汇平衡问题，这些措施概括起来主要有以下几条：

1. 纳入国家用汇计划

这一办法是由国家将合营企业所需外汇或国内其他企业购买合营企业产品所需外汇，纳入国家计划，由国家统一供给解决，它主要适用于以下情况：

（1）合营企业产品以内销为主的。《中外合资经营企业法实施条例》规定："合营企业的外汇收支一般应保持平衡。根据批准的合营企业的可行性研究报告、合同，产品以内销为主而外汇不能平衡的，由有关省、自治区、直辖市人民政府或国务院主管部门在留成外汇中调剂解决，不能解决的，由对外经济贸易部会同中华人民共和国国家计划委员会审批后纳入计划解决。"（2）合营企业生产的国内急需先进产品经批准内销的。1986年1月15日国务院发布的《关于中外合资经营企业外汇收支平衡问题的规定》（以下简称《规定》）第四条："对于外国合营者提供先进技术生产的尖端产品，在国际上有竞争能力的优质产品，如国内急需，经主管部门鉴定合格，按国家规定的审批权限和审批程序，经过批准，可在内销比例和内销期限上给予优惠。此项内销，应由产需双方签订合同加以明确。前款合营企业的外汇平衡方案，由批准兴办该合营企业的主管机关制订。批准机关制定的外汇平衡方案。应分别按行政序列，送对外经济贸易部或地方经贸部门审查提出意见，报国家计划委员会或地方计划委员会批准后纳入长期或年度用汇计划，予以解决。"（3）合营企业产品经批准实行进口替代的。进口替代又称以产顶送，是指合营企业生产的产品能够替代我国需要进口的产品时，国内用货单位应优先选用合营企业的产品，并支付全部或部分外汇，国内用货单位无外汇或外汇不足

第九章 三资企业的财务、外汇与信贷管理

的，经批准纳入国家用汇计划解决。《规定》第五条规定：合营企业生产国内需要长期进口或急需要进口的产品，可根据对该项产品的质量、规格要求和进口情况，经国务院主管部门或地方主管部门批准，实行进口替代。此项替代，应在双方签订的中外合资经营企业合同或产需合同中加以明确。经贸部门应积极支持国内用货单位同前款中外合资经营企业按国际价格订立购销合同；其用汇方案由批准开办该合营企业的机关制订，并分别按行政序列，送对外经济贸易部或地方经贸部门审查提出意见，报国家计划委员会或地方计划委员会批准后纳入长期或年度用汇计划，予以解决。而在1987年10月19日国家计划委员会公布的《关于中外合资、合作经营企业产品以产顶进的办法》对此又作了更加具体的规定。

2. 企业间相互调剂

合营企业有的外汇有余而人民币短缺，有的人民币有余而外汇短缺，据此，国家允许在合营企业间相互调剂外汇余缺，从而解决本企业的外汇平衡问题。具体做法有：

（1）由企业成立的批准机关负责主持调剂。《规定》第三条规定：依法批准兴办的中外合资企业，其外汇收支需要调剂的，应按照审批权限，分级管理解决：①经国家主管机关批准兴办的合营企业，由国家主管机关负责在全国范围内的合营企业的外汇收入中调剂解决，也可由国家主管机关同地方人民政府按商定的比例调剂解决；②经由国务院授权的或国家主管机关委托的地方人民政府或国务院有关部门批准兴办的合营企业，由各该地方人民政府或部门负责在所批准办的合营企业的外汇收入中调剂解决。（2）经国家外汇管理部门批准，同一外商所办的各个合营企业可相互调剂外汇余缺。《规定》第九条：同一外国合营者在中国境内（包括不同地方、不同部门）兴办两处或两个以上的中外合资经营企业，其合法所得的外汇份额有的有余、有的不足时，经国家外汇管理部门批准，可在其所办的各个企业之间调剂解决。前款调剂，应取得合营各方同意。（3）在

外汇管理部门监督下，合营企业与其他外商投资企业之间可相互调剂解决余缺（参见《关于鼓励外商投资的规定》第十四条之规定），实践中，一般在地方外汇管理部门监督下设立外汇调剂中心，外商投资企业可在调剂中心按商定的兑换率相互买卖外汇。

3. 综合补偿

综合补偿是指合营企业经申请批准，可以用人民币购买国内产品出口，赚取外汇，以弥补本企业的外汇缺额。《规定》第六条对此作了原则性规定，而1987年1月20日对外经济贸易部发布的《关于外商投资企业购买国内产品出口解决外汇收支平衡的办法》（简称《经贸部办法》）对此进一步作了专门、具体的规定。

4. 扩大外汇结算范围

合营企业在我国境内以外汇结算是有一定限制的。为帮助合营企业解决外汇收支平衡问题，有关法律规定扩大了合营企业外汇结算的范围，如《规定》第八条以及《外汇管理施行细则》第十二条等。

5. 人民币再投资

根据《规定》第十条，经对外经济贸易部门和外汇管理部门批准，外汇收支不能平衡的合营企业的外国合营者，可将其从合营企业分得的人民币利润，按照《中外合资经营企业法》有关规定，再投资于国内能够新创外汇或新增加外汇收入的企业，除依法享受退还已缴纳的部分所得税的优惠外，并可从接受该项投资的企业新增加的外汇收入中获得外汇，以汇出其合法利润。并且外商以人民币再投资的，允许享受与外汇投资相同的待遇；接受外商以该人民币投资的企业，外商股权达到25%以上的，视同合营企业，享受合营企业的待遇。

第三节　合作企业的利润分配、投资回收、风险和亏损承担

一、合作企业的利润分配

《中外合作经营企业法》第二十一条规定：中外合作者依照合作企业合同的约定，分配收益或者产品，承担风险和亏损。合作企业可以根据实际情况，自由选择双方认为较为适宜的利润分配形式，而不像合营企业那样必须"按注册资本比例分享利润和分担风险及亏损"。合作企业利润分配方式是多种多样的。但在实践中主要有下述几种。

（一）按利润分成

其中有的是按税后的纯利润进行分配，有的是按税前的毛利润进行分成。分配的比例可以是固定的，也可以是滑动的，通常的情况是，我们在合作期实行动态的利润分成比例，且采取了在时间上优惠于外商的原则。一般在前期提高外商的分成比例，中期对半分，后期又倒过来，或者逐年变化。就是说将外商在合作企业中应分得的利润，让其在合作经营的前期和中期就基本上分得或大部分分得。如中外合作经营某旅社，合作期为15年，双方在合同中约定合作前5年所赚取的利润，中方与外方按2∶8分成，中方得二成，外方得八成；中间5年，按5∶5分成；最后5年，按8∶2分成。这样做的目的在于吸引外商投资，因为外商能提前获取利润，就可以将这些资金迅速地投入另外的经营项目中去，从而加速资金的周转，提高资本的有效利用率，进而获取更多的利润。

（二）按产品分成

是指将合作企业生产的实物按约定的比例分给中外合作者，然后自行

销售、从中得利的分配方式。也可以将分得的产品不出售而自己使用。如合作双方建造一幢住宅楼，由中方提供土地使用权、劳务，外方提供资金和建筑机械。住宅建成后，双方按约定的比例将房屋分配后各自出售，从中获取利益，也可以自己使用或分配给本单位的职工使用。在实践中，还会出现使用的一方将自己分得的产品委托给另一方销售，另一方收取手续费的做法。

（三）按双方协议的其他形式分配

如营业收入分配，即按合同规定分配出售产品或提供服务所得的营业收入。还有的按经营包干时间分享利润。如中外双方合作建成一座宾馆后，双方协议第一个5年由外国合作者经营，收回投资和分享利润，第二个5年双方共同经营，共同分享利益，期满后交由中方经营。

合作企业的利润分配形式非常灵活，它可以适用于各种不同的情况，易于为外方所接受。但也往往由于我们运用不当而造成分配不公，或损害我方利益，或损害外方利益。

因此，不管采用何种分配形式，都必须进行周密的经济核算和经济效益预测，权衡利弊，挑选一种能为双方接受、为我国法律所允许的公平合理的分配方式。

二、合作企业的投资回收

《中外合作经营企业法》规定，中外合作者在合作企业合同中约定合作期满时合作企业的全部固定资产归中国合作者所有的，可以在合作企业合同中约定外国合作者在合作期限内先行回收投资。允许外国合作者在合作企业结业前提前回收资本，这是合作企业的一大特色，它使外商增强了在中国进行投资的安全感。外商一般在合作经营前期或中期就能优先回收其全部投资，这使外商可以把提前回收的资金投向其他经营项目，从而扩大营业，提高资金的利用率。同时，如外方提前回收投资，合作期满后，

第九章 三资企业的财务、外汇与信贷管理

合作企业的整个固定资产就归中方所有。特别是外方提供的先进的机器设备、工艺流程为中方所有,可以迅速改善我国生产基础设施落后、效率低下的现状,符合我国兴办外商投资企业的宗旨。

可见,合作企业的投资回收无论对中方还是外方都是一件有利可图的事。

合作企业的投资回收并不是一项硬性规定,法律只是赋予中外合作者以充分的自由,让合作双方视具体情况约定是否实行投资回收。

实践中外国合作者先行回收投资的方法主要有下述几种。

(一) 通过固定资产折旧的方法回收

以折旧按约定数额偿还外国合作者当年应回收的投资本金,并列入成本摊还。摊提折旧费又有两种方法;一种是按合作期均摊折旧费,即直线折旧法;另一种是短于合作期摊提折旧费,又叫加速折旧法。合作企业固定资产的折旧一般应采取直线折旧法,如因特殊原因需要加速折旧的,应提出申请,经当地税务机关审核后,逐级上报财政部批准。

这种投资回收方式的长处在于外商能及时如数地收回投资本金,同时也不影响中方的利润分成。其缺点在于如果处理不好,会给企业带来重大影响,因为合作企业的注册资本,是企业享受权利、承担义务的物质基础,若通过固定资产折旧的方法偿还外商投资,就意味着注册资本逐渐被抽回,造成企业经济活动能力的缺陷,一旦生产设备需要更新时,企业将会因此而陷入危机。当合作企业资不抵债时,最终受损失的是中方合作者和国内与之发生经济关系的经济组织,所以采用时应慎重考虑。

(二) 在投资回收期内外方以大比例获利的方式回收

确定一个外商投资回收期,在此期限内,外商以大于中方的比例获得利润或产品,超过这个期限即外商的投资基本回收后,再按中方大于外商的比例分配利润或产品。这种方法既能使外商较早地收回投资,又能使中方一开始就获得利润。有的规定在约定的投资回收期内,中方不分配利

润，所得利润全部归外商，用以偿还其投资，期满后，再按一定的比例分配利润。这实际上相当于按经营包干时间分享利润的分配形式。

（三）以固定数额或比例偿还外方投资本金的方式回收

在合作企业所实现的利润中规定一个固定的数额或比例用以偿还外方投资本金，其余的由双方按一定的比例分成。这种方法的缺陷在于中方的利润分配没有保障，如果企业实现的利润小于或等于固定的还本数额，中方就无法获得利润。因此还是规定用利润的一定比例偿还外商投资本金为好。

凡合作企业合同约定外国合作者在缴纳所得税前回收投资的，必须向财政税务机关提出申请，由财政税务机关依照国家有关税收的规定审查批准。

需要说明的是，外国合作者在合作期限内先行回收投资的，期满时合作企业的固定资产全部归中国合作者所有，这并不是中国合作者无偿取得财产。因为在合作经营期间，为了使外商能提前收回投资，中方不仅通过提取固定资产折旧费的办法归还外商的投资，而且在利润分配中还采取了提高外商分成比例的办法，让外商多拿早拿利润，将其投资归还给外商。中方这种在一定期限内少分盈利的过程，实质上就是用应分得的那部分利润来购买外商投资在企业内部资产的过程，当外商投资回收完毕，其资产也就转移结束，所以根本不存在中方无偿取得外商投资的问题，恰恰相反，外商可以通过投资回收加速资金周转，从中获取更大的利益，这正是中方对外商的优惠所在。

三、合作企业的亏损和风险承担

中外合作者可以依照合作企业法的有关规定，在合同中约定亏损和风险的承担。法人式合作企业以企业的所有财产对外承担有限责任，中外合作各方以自己的投资或提供的合作条件对外承担责任，互不负连带责任；

如属非法人式合作企业，则以合作各方各自所有的或经营管理的财产对外承担责任，各方应负连带责任，不论是法人式合作企业还是非法人式合作企业，如果在合同中约定由外国合作者先行回收资本的，要注意约定外国合作者对企业的债务承担责任的措施，主要是约定由外国合作者提供担保，使双方共同承担亏损和风险责任。

第四节 三资企业的信贷管理

向银行及其他金融机构借款，是合营企业筹措资金的重要途径之一。1987年4月24日中国银行公布了《中国银行对外商投资企业贷款办法》（本节以下简称《贷款办法》），根据其第二十七条和《中外合资经营企业法实施条例》的规定，合营企业根据经营业务的需要可以依法向中国银行申请外汇贷款和人民币贷款。合营企业也可以从国外或港澳地区的银行借外汇资金，但必须向国家外汇管理局或其分局备案。

一、境内借款

依照《贷款办法》第四条规定，中国银行向合营企业办理贷款，必须与借款企业签订借款合同，并加强信贷管理。

（一）贷款的种类和方式

《贷款办法》第五条规定，中国银行对合营企业办理下列贷款：

1. 固定资产贷款

用于基本建设项目和技术改造项目的工程建设费、技术、设备购置费及安装费。贷款方式有四种：（1）中短期贷款；（2）买方信贷；（3）银团贷款；（4）项目贷款。

2. 流动资金贷款

用于企业在商品生产、商品流通及正常经营活动过程中所需的资金。贷款方式有三种：（1）生产储备及营运贷款；（2）临时贷款；（3）活存透支。

3. 现汇抵押贷款

按1986年12月12日中国银行发布的《关于外商投资企业外汇抵押人民币贷款的暂行办法》的规定办理。所谓外汇抵押人民币贷款，是指企业以其自有的外汇或从境外借入的外汇作抵押，向中国银行申请办理的人民币贷款。贷款未到期，合营企业不能提前归还贷款；贷款到期后，合营企业应归还原数额人民币贷款，受托银行退还原数额抵押外汇，并不受汇率变动的影响。到期不能归还人民币贷款的，抵押外汇归银行所有。银行对合营企业发放的人民币贷款，最高不得超过抵押外汇按抵押日国家外汇管理局公布的人民币汇价（买入价）所计算的数额。银行发放的人民币贷款与合营企业抵押的外汇，相互不计利息。

4. 备用贷款

即根据企业申请的特殊用途，经中国银行审查同意安排待使用的贷款。

上述贷款分为人民币贷款和外汇贷款两类，而外币包括美元、英镑、日元、港元、联邦德国马克以及中国银行同意的其他可兑换货币。

（二）贷款的条件和担保

根据《贷款办法》第七条的规定，合营企业申请贷款应当具备以下条件：

（1）企业取得中国工商行政管理机关发给的营业执照，并在中国银行开立账户；（2）企业注册资本按期如数缴纳，并经依法验资；（3）企业董事会作出借款的决议和出具授权书；（4）企业固定资产投资项目，正由计划部门批准；（5）企业有偿还贷款能力，并提供可靠的还款、付息保证。

合营企业向中国银行申请贷款，中国银行如认为需要担保的，必须提供经中国银行认可的担保。依照《贷款办法》第十条规定，合营企业可以提供以下担保：

1. 信用担保

企业向中国银行提供由资信可靠、有偿付债务能力的金融机构、企业及其他单位出具的保证偿还贷款本息的不可撤销的保函。

2. 抵押担保

由企业将其财产和权益抵押给银行，作为偿付中国银行贷款本息的保证。可以抵押的财产和权益有以下五类：

（1）房产、机器设备；（2）库存的适销商品；（3）外币存款或者存单；（4）可变现的有价证券及票据；（5）股权及其他可转让的权益。

合营企业办理抵押担保贷款，必须与中国银行签署抵押文件。抵押文件必须经中国公证机关公证。抵押物须向中国人民保险公司投足额保险，在中国银行认为必要时，企业应当提供信用加抵押担保。

（三）贷款的期限、利息及程序

依照《贷款办法》的规定，合营企业贷款期限的计算，自借款合同生效之日起，至合同规定的还清全部本息和费用之日止。其中固定资产贷款期限，不超过七年，个别特殊项目经中国银行同意，可适当延长，但不能超过企业营业执照规定的经营期结束前一年；流动资金贷款期限，不超过十二个月；抵押贷款的期限因种类不同而有区别规定，短期抵押贷款的期限分为三个月、六个月、一年，中长期抵押贷款期限为一年以上，但最长不得超过五年。

中国银行对合营企业的人民币贷款利率按中国人民银行规定的国有企

业贷款利率执行。外币贷款利率按中国银行总行规定的综合利率执行,也可以由借贷双方根据国际市场利率协商解决。使用国外买方信贷和其他信贷的利率,以其协议为基础加一定利差确定利率。

关于贷款程序,根据《贷款办法》第十三条规定,应分为两个步骤:第一,合营企业向中国银行提出借款申请书,并根据所需借款的具体情况提供相应的证明和资料,一般应包括合营企业的项目建议书、可行性研究报告、合同、章程、营业执照,有关财务计划、产供销合同及书面担保凭证等。申请基础建设贷款的,还应提供基建项目建议书及基建计划设计任务书等;第二,中国银行对合营企业的借款申请书及提供的证明和资料进行审查评估,经审核同意后,借贷双方协商签订借款合同。其中信用担保贷款,借款合同应附具中国银行认可的担保企业出具的还款保证书,抵押担保借款,借款合同应附具借款企业出具的经中国银行认可的抵押文件,至于外汇抵押人民币贷款,参照《关于外商投资企业外汇抵押人民币贷款的暂行办法》中有关规定办理。

(四) 贷款的违约补救

根据《贷款办法》第十八条和第二十条规定,合营企业必须按照借款合同的规定按期如数偿还贷款,支付利息和费用。对不遵守借款合同规定的合营企业,中国银行有权根据借款合同,视违约情节,采取以下补救措施:(1) 限期纠正违约事件;(2) 停止发放贷款;(3) 提前收回贷款;(4) 通知担保人履行担保责任。企业逾期未还贷款,中国银行从逾期之日起,加收20%~50%的罚息。

二、境外借款

依照我国法律规定,合营企业可以向外国银行或国际金融机构借款,以弥补其资金不足,但向境外借款时,必须注意外汇担保的妥善解决。

所谓外汇担保,是指担保人以自有的外汇资金向债权人承诺,当债务

第九章 三资企业的财务、外汇与信贷管理

人不能如期偿还借款时,由担保人履行偿还义务。根据 1987 年 2 月 20 日中国人民银行发布的《境内机构提供外汇担保的暂行管理办法》第四条的规定,境内可以为合营企业提供外汇担保的机构仅限于:(1)法定经营外汇担保业务的金融机构,如中国银行和经国家外汇管理局批准经营外汇担保业务的国际信托投资公司。(2)有外汇收入来源的非金融性质的企业法人。金融机构提供的外汇担保总额和其对外债务总额累计不超过自有外汇资金的 20 倍;非金融机构提供外汇担保的总额不得超过其自有的外汇资金。

担保人提供担保前,应对担保项目做好可行性研究,掌握债务人的资信情况,落实必要的反担保措施。担保人提供担保,应与债权人和债务人分别订立书面合同,明确各方的权利和义务。必须注意的是,担保人不得为合营企业任何一方用作出资的境外借款提供担保,以避免注册资本借款人无力偿还借款而虚化。境内机构出具外汇担保后,须在 10 天内将担保合同等有关资料报当地外汇管理部门备案。

第四编

三资企业的税收制度

第十章

三资企业流转税法

第一节 三资企业的税收管理

一、三资企业的税收管辖权

(一) 税收管辖权概述

税收是国家为了实现其职能,凭借政治权力,按照法律规定的标准,对纳税义务人无偿地强制征收一定金额作为财政收入的一种分配关系,它具有强制性、无偿性和固定性。税收法律关系属于行政法律关系,由国家税法加以规定和调整。各国对三资企业进行征税时,首先面临的是税收管辖权的确立问题。所谓税收管辖权,是指国家在税收领域中的主权,是一国政府或其下属的有关行政当局在征税方面所行使和管理的权力。税收管辖权具有独立性和排他性,它意味着一个国家在税收方面行使权力的完全自主性,在处理本国税收事务时不受任何外来干涉和控制,各国可以根据各自的经济、政治和社会状况的需要,要求属其管辖的一切居民或在其境内有经济活动的一切组织，无条件地向国家缴纳税收。

税收管辖权是国家主权的重要内容，各国都平等地享有自主的税收管辖权，但各国独立自主的税收管辖权并不是绝对的、无限制的。国际法上虽然至今并无税收管辖权的统一原则。但在国际税收实践中，各国都对那些与本国地域具有某种联系的人或对象征税，从而形成了确立税收管辖权的某些原则，具体针对所得税制而言，主要有以下两个原则，即属人主义原则和属地主义原则。据此而确立的税收管辖权也相应地分为以下两种：

1. 居民税收管辖权

即凡属于本国的居民，对其所得不论来源于本国还是其他国家都要征税，而对非居民则不予征税。从税法角度讲，所谓居民，是指在行使居民管辖权的国家中，根据国家税法的规定，具有纳税义务的一切人员，包括自然人、法人及其他社会团体。至于居民判断标准。由各国确定。一般而言，在一国境内居住一定期限（如一年）的个人，就为该国的个人居民，凡具有一国国籍的法人，就为该国的法人居民。

2. 收入来源税收管辖权

即凡来源于本国的所得，不论所得者是否为本国居民，对该所得都要征税，而对本国居民来源于国外的所得则不予征税。

当今世界上绝大多数国家都并列实行上述两种税收管辖权。一方面，作为居住国要求本国的居民纳税人就世界范围内的所得承担无限的纳税义务；另一方面，作为来源国要求那些从境内获取各种收入的非居民纳税人承担有限的纳税责任。

（二）我国三资企业的税收管辖权

《中华人民共和国企业所得税法》第一条规定，在中华人民共和国境内，企业和其他取得收入的组织（以下统称企业）为企业所得税的纳税人，依照本法的规定缴纳企业所得税。而依照《中华人民共和国个人所得税法》第一条的规定，在中国境内居住满一年的个人，从中国境内和境外取得的所得，必须依法缴纳个人所得税；不在中国境内居住或者居住不满一年的个人，从中国境内取得的所得，依照本法规定缴纳个人所得税。

由此可见，我国对三资企业的税收，实行属人主义原则和属地主义原则相结合，同时采用居民税收管辖权和收入来源税收管辖权，即三资资企业属于中国法人的，我国政府可以对其行使居民税收管辖权；对于三资企业中的外国投资者和其他不属于中国法人或个人居民而在中国有收入来源的外国企业或个人，我国政府可对其行使收入来源税收管辖权。

二、三资企业税收的特点

税收法律关系的主体包括征税人（国家）和纳税人（自然人或法人）。而税收在实质上就是纳税人与国家之间的利益分配关系，由此税收问题就和纳税人及征税人的利益紧密相连。如果单就纳税人来说，税收，尤其是所得税，恰恰是与利润相对立的，税轻则利厚，税重则利薄。因此仅就国内税制而言，税收政策的优惠对鼓励投资无疑起着重要的作用，但是三资企业税收属于涉外税收，由于国际投资关系的具体情况，三资企业的税收也具有其自身的特点，具体体现如下方面：

（1）三资企业的税收直接影响到外国投资者的利益，是调整一国投资环境、吸引外资、引导外资投向的一个重要因素。一切国际私人投资，不论投向何国，也不论投向何部门，其目的都是为了牟取利润。税率的高低，优惠的多少，关系到投资利益的高低，因此，税收对外国投资既可以构成障碍，也可以成为刺激和鼓励因素。现今许多发展中国家对外商投资企业采取的多种税收优惠政策，就是为了使外国投资者"避重就轻"到本国来投资，同时通过区分优惠程度而引导外资投向某些重点或优先发展项目。（2）三资企业的税收是否优惠合理，不仅取决于本国税收政策，而且还与有关国家的税收政策紧密相连。由于涉外税收涉及两国（或多国）征税权，因此从本质上讲，涉外税收就不单纯是东道国与外国投资者之间的收益分配问题，而且关系到国家之间的权益划分问题。故而除了依靠本国税收政策外，还要通过国际协定协调相关国家的税收政策，以避免双重征税及漏税问题的发生，东道国一方单方面的减税让利是不易收到实效的。(3) 三资企业的税收优惠对吸引外资的作用是次要的，而努力改善投资环境才是主要的、决定性的。税收是否优惠只是关系到外国投资者赚取利润的多少，而投资环境的适宜与否关系到外国投资者能否赚取利润。只有在是否盈利确定以后，外国投资者才会进一步考虑税收的优惠，获利的多少。从国际投资实践看，只有在投资环境中的其他条件大体相同的情况下，税收优惠才能起到真正的刺激作用，而忽视改善投资环境，片面强调税收优惠是一种本末倒置的做法。

三、三资企业的征税管理

三资企业的征税管理，是指国家有关机关对三资企业的纳税活动进行管理。主要包括税务登记、申报纳税、纳税检查、罚则及争议的解决等内容。下面结合《中华人民共和国企业所得税法》的有关规定，仅对外商投资企业年利税的征税管理的具体内容介绍如下。

（一）税务登记

税务登记是税务机关为了征税目的，对纳税义务人的生产经营活动等情况进行登记管理的一项制度。依照我国法律规定，三资企业的设立、迁移、合并、分立、终止以及变更登记主要事项，应当向工商行政管理机关办理登记或者变更、注销登记，并持有关证件向当地税务机关办理税务登记或者变更、注销登记。

（二）申报纳税

在我国，征收企业所得税实行自行申报，由税务机关加以审查的制度。三资企业作为缴纳企业所得税和地方所得税，按年计算、分季预缴，季度终了后十五日内预缴；年度终了后五个月内汇算清缴，多退少补。

三资企业应当在每次预缴所得税的期限内，向当地税务机关申报预缴所得税申报表。应当按照规定附送财务会计报告和其他有关资料。

（三）纳税检查

税务机关有权对三资企业的财务、会计和纳税情况进行检查，被检查的单位必须据实报告，并提供相关资料，不得拒绝或者隐瞒。依照法律规定，税务机关派出人员进行检查时，应当出示证件，并负责保密。

（四）罚则

对三资企业的违法行为，根据2015年最后修订的《中华人民共和国税收征收管理法》，税务机关有权区别情况给予如下制裁措施，当行为严重甚至可能涉嫌刑事犯罪。

（1）纳税人不进行纳税申报，不缴或者少缴应纳税款的，由税务机关追缴其不缴或者少缴的税款、滞纳金，并处不缴或者少缴的税款百分之五十以上五倍以下的罚款。

（2）纳税人欠缴应纳税款，采取转移或者隐匿财产的手段，妨碍税务机关追缴欠缴的税款的，由税务机关追缴欠缴的税款、滞纳金，并处欠缴税款百分之五十以上五倍以下的罚款；构成犯罪的，依法追究刑事责任。

（3）以假报出口或者其他欺骗手段，骗取国家出口退税款的，由税务机关追缴其骗取的退税款，并处骗取税款一倍以上五倍以下的罚款；构成犯罪的，依法追究刑事责任。

（4）对骗取国家出口退税款的，税务机关可以在规定期间内停止为其办理出口退税。

（5）纳税人、扣缴义务人在规定期限内不缴或者少缴应纳或者应解缴的税款，经税务机关责令限期缴纳，逾期仍未缴纳的，税务机关除依照本法第四十条的规定采取强制执行措施追缴其不缴或者少缴的税款外，可以处不缴或者少缴的税款百分之五十以上五倍以下的罚款。

（6）纳税人未按照规定的期限办理纳税申报和报送纳税资料的，或者扣缴义务人未按照规定的期限向税务机关报送代扣代缴、代收代缴税款报告表和有关资料的，由税务机关责令限期改正，可以处二千元以下的罚款；情节严重的，可以处二千元以上一万元以下的罚款。

（7）纳税人有下列行为之一的，由税务机关责令限期改正，可以处二千元以下的罚款；情节严重的，处二千元以上一万元以下的罚款：

①未按照规定的期限申报办理税务登记、变更或者注销登记的；

②未按照规定设置、保管账簿或者保管记账凭证和有关资料的；

③未按照规定将财务、会计制度或者财务、会计处理办法和会计核算软件报送税务机关备查的；

④未按照规定将其全部银行账号向税务机关报告的；

⑤未按照规定安装、使用税控装置，或者损毁或者擅自改动税控装置的。

（8）纳税人不办理税务登记的，由税务机关责令限期改正；逾期不改正的，经税务机关提请，由工商行政管理机关吊销其营业执照。

（五）争议的解决

三资企业同税务机关在纳税上发生争议时，必须先依照规定纳税，然后可在收到税务机关填发的纳税凭证之日起六十日内向上一级税务机关申请复议。上一级税务机关应当自收到复议申请之日起六十日内作出复议决定。对复议决定不服的，可在接到复议决定之日起十五日内向人民法院起诉。当事人对税务机关的处罚决定不服的，可以在接到处罚通知之日起十五日内，向作出处罚决定的机关的上一级机关申请复议；对复议决定不服的，可以在接到复议决定之日起十五日内，向人民法院起诉。当事人也可以在接到处罚通知之日起十五日内，直接向人民法院起诉。当事人逾期不申请复议或者不向人民法院起诉、又不履行处罚决定的，作出处罚决定的机关可以申请人民法院强制执行。

四、三资企业税收适用的法律及特点

(一) 适用的国内法律及特点

1. 适用的国内法律

我国三资企业的税收立法经历了一个从依照投资类型分别立法到统一、由特殊到一般的过程,在这一过程中逐渐体现给予外商以国民待遇的过程。在我国改革开放之初,我国先后颁布了1980年的《中华人民共和国合资经营企业所得税法》及施行细则和1981年的《中华人民共和国外国企业所得税法》及其施行细则,体现了按投资类别分别立法的情况。但随着我国改革开放的深入,在总结经验的基础上,我国改变了分别立法的情况,于1991年4月9日颁布《中华人民共和国外商投资企业和外国企业所得税法》,并于同年6月30日国务院发布了《中华人民共和国外商投资企业和外国企业所得税法实施细则》,从而结束了十多年来三资企业所得税法的分立局面。但在2007年,中国最终将所有的纳税主体统一到一起,出台了《中华人民共和国企业所得税法》,规制所有的中国境内企业和其他取得收入的组织的企业所得税缴纳。

随着我国税收体制的重大改革,我国税收的种类也发生了巨大的变化,给予三资企业更多的国民待遇,促使三资企业与国有、集体、私人企业的平等竞争,改善了我国的投资环境。1993年12月29日第八届全国人民代表大会常务委员会第五次会议通过了《外商投资企业和外国企业适用增值税、消费税、营业税等税收暂行条例的决定》的第一条明确规定:"在有关税收法律制定以前,外商投资企业和外国企业自1994年1月1日起适用国务院发布的增值税暂行条例、消费税暂行条例和营业税暂行条例。"1958年9月11日全国人民代表大会常务委员会第一百零一次会议原则通过,1958年9月13日国务院公布试行的《中华人民共和国工商税条例（草案）》同时废止。国务院为了进一步明确三资企业所适用的税法，于1994年2月22日，发布《关于外商投资企业和外国企业适用增值税、消费税、营业税等税收暂行条例有关问题的通知》明确了三资企业适用国内的税制行政法规。

外商投资企业和外国企业除适用《中华人民共和国增值税暂行条例》《中华人民共和国消费税暂行条例》《中华人民共和国营业税暂行条例》《中华人民共和国企业所得税法》外，还应适用以下暂行条例：

（1）国务院《中华人民共和国土地增值税暂行条例》；（2）国务院《中华人民共和国资源税暂行条例》；（3）国务院《中华人民共和国印花税暂行条例》；（4）《中华人民共和国房产税暂行条例》；（5）《中华人民共和国车船税暂行条例》。

鉴于中国税制在2007年后已经统一，外商投资企业和外国企业应依照有关条例规定执行。

这样，我国明确规定了三资企业所适用的税收法律，再加之我国中央和地方政府给予三资企业的税收优惠，就形成较完善的三资企业税收法律制度。

2. 适用国内法律的特点

统观我国关于外商投资企业税收的立法内容，主要有以下几个特点：

（1）对外商投资企业的税收管理从专门立法走向普遍适用。如前所述，三资企业的税收问题，涉及国家间权益的划分，而我国关于国有企业的财会、税收制度与世界各国的做法有很大差别，企业所得税率又偏高，因此适用于国有企业的一套税收立法和吸引外资、引进先进技术等要求是不相适应的。为达到利用外资的目的，我国借鉴国际上普遍采用和接受的一些税收准则和惯例，针对三资企业的税收进行了一系列的立法。但是进入21世纪后，随着外商投资与国内企业规模的发展变化，分别立法不再适应新形势，取而代之的是依照企业经营分类的区别吸引高科技和新兴产业的投资，予以产业扶持的优惠，不再明确区分资金来源。（2）在维护国家主权和经济利益的前提下,贯彻了"税负从轻,优惠从宽、手续从简"的原则。同其他国家相比,也是适中偏低,税额计算方法、征纳方式和手续等从简从便。(3)三资企业税法属于行政性法规,并且立法权统归国家行使。各地方人民政府,包括经济特区和沿海开放城市及经济技术开发区的人民政府,除有权减免地方税外,一般均无权制定涉外税法,更无权擅自修改国家税法,减免国家税法规定的税率。

(二) 适用的国际协定及其特点

从1981年以来,我国已先后同日本、美国、法国、英国等三十多个国家签订了避免双重征税和防止偷漏税的协定,其中的有关规定适用于外商投资企业和外国投资者的税收,这些双边税收协定具有以下特点:

(1)在适用主体范围上,双边税收协定只适用于属于缔约国一方或同时为双方的居民(包括自然人和法人)。因此,不属于缔约对方国家居民的外国投资者在我国投资时,我国与该缔约国的双边税收协定对其不适用。但按双边税收协定,我国的三资企业属于中国的居民,故而凡我国参与缔结的双边税收协定对其均可适用。(2)在内容上,双边税收协定主要是为了解决避免双重征税和防止偷漏税的问题,而不是全面规定各缔约国关于涉外税收的所有具体事项。(3)在效力上,双边税收协定优先于缔约国的国内税法。《中华人民共和国企业所得税法》第五十八条规定,中华人民共和国政府同外国政府订立的有关税收的协定与本法有不同规定的,依照协定的规定办理。

第二节 三资企业的增值税

三资企业与普通企业一样依法缴纳增值税,受到2017年7月《关于简并增值税税率有关政策的通知》、2017年11月19日《国务院关于废止〈中华人民共和国营业税暂行条例〉和修改〈中华人民共和国增值税暂行条例〉的决定》、营改增和 2018 年国务院再次调整增值税率的影响，变动较大。

一、应纳增值税的范围

增值税是以商品销售额和应税劳务营业额为计税依据，运用税收抵扣原则征收的一种流转税。1993 年国务院发布，经 2016 年、2017 年两次修订的《中华人民共和国增值税暂行条例》第一条规定："在中华人民共和国境内销售货物或者加工、修理修配劳务（以下简称劳务），销售服务、无形资产、不动产以及进口货物的单位和个人，为增值税的纳税人，应当依照本条例缴纳增值税。"因此，三资企业从事以下经营活动应依增值税暂行条例纳税。

（1）纳税人销售货物、劳务、服务、无形资产、不动产（以下统称应税销售行为），包括销售电力、热力、气体在内。这里所说的"销售货物"是指有偿转让货物的所有权，但三资企业从事下列行为视同销售货物：①将货物交付他人代销；②销售代销货物；③设有两个以上机构，并实行统一核算的纳税人，将货物从一个机构移送其他机构用于销售，但相关机构设在同一县（市）的除外；④将自产或委托加工的货物用于非应税项目；⑤将自产、委托加工或购买的货物为投资，提供给其他单位或个体经营者；⑥将自产、委托加工的货物分配给投资者；⑦将自产、委托加工的货物用于集体福利或个人消费；⑧将自产、委托加工或购买的货物无偿赠送他人。

（2）从事委托加工货物，即委托方提供原料及主要材料，受托方按照委托方的要求制造货物并收取加工费的业务。

（3）从事修理修配，是指受托对损伤和丧失功能的货物进行修复，使其恢复原状和功能的业务。但三资企业聘用的员工为本单位或雇主提供加工、修理修配劳务的不包括在内。

除上述三种行为外，我国增值税暂行条例对一项销售行为既涉及货物又涉及非应税劳务的称为混合销售行为。凡从事货物的生产、批发或零售的企业，企业性质单位及个体经营者的混合销售行为，视为销售货物，应当征收增值税。其他单位和个人的混合销售行为，视为销售非应税劳务，不征收增值税，后者的情况由国家税务总局所属征收机关确定。

如三资企业兼营非应税劳务的，应分别核算货物或应税劳务和非应税劳务的销售额。不分别核算或者不能准确核算的，其非应税劳务应与货物或应税劳务一并征收增值税。但具体情况，应由国家税务总局所属征税机关确定。

二、增值税的税率

我国增值税实行的是等级比例税率，并把纳税人分为小规模纳税人和一般纳税人，一般纳税人曾经实行过税率百分之十七、百分之十三、百分之十一、零税率。小规模纳税人收取百分之三的税率。

现在，为了减轻企业税负，内外资同等受益，税率有了进一步的改革。根据 2018 年 3 月 28 日国务院常务会议决定，财政部税务总局 2018 年 4 月 4 日发布了《关于调整增值税税率的通知》，2018 年 5 月 1 日生效，将增值税的税率做了如下调整：

（1）纳税人发生增值税应税销售行为或者进口货物，原适用 17% 和 11% 税率的，税率分别调整为 16%、10%。

纳税人销售货物、劳务、有形动产租赁服务或者进口货物，除另有规定，税率为 16%。

纳税人销售或者进口下列货物，税率为 10%：

农产品（含粮食）、自来水、暖气、石油液化气、天然气、食用植物油、冷气、热水、煤气、居民用煤炭制品、食用盐、农机、饲料、农药、农用薄膜、化肥、沼气、二甲醚、图书、报纸、杂志、音像制品、电子出版物。

（2）纳税人购进农产品，原适用11%扣除率的，扣除率调整为10%。

（3）纳税人购进用于生产销售或委托加工16%税率货物的农产品，按照12%的扣除率计算进项税额。

（4）原适用17%税率且出口退税率为17%的出口货物，出口退税率调整至16%。原适用11%税率且出口退税率为11%的出口货物、跨境应税行为，出口退税率调整至10%。

（5）境内单位和个人跨境销售国务院规定范围内的服务、无形资产，税率为零。即实行彻底的出口退税，有利于产品的无税出口，更好地参与国际竞争。但国务院规定的下列货物不予退还或免征增值税、消费税：①原油；②国家禁止出口的货物，包括天然牛黄、麝香、铜及铜基合金、白金等；③援外出口货物；④糖。

（6）纳税人出口货物，税率为零；我国为了鼓励某些行业的生产，发展农业、科学技术等特规定如下项目免征增值税：①农业生产者销售的自产农业产品；②避孕药品和用具；③古旧图书；④直接用于科学研究、科学试验和教学的进口仪器、设备；⑤外国政府、国际组织无偿援助的进口物资和设备；⑥来料加工、来件装配和补偿贸易所需进口的设备；⑦由残疾人组织直接进口供残疾人专用的物品；⑧销售自己使用过的物品。三资企业兼营免税、减税项目的，应当单独核算免税、减税项目的销售额；未单独核算销售额的，不得免税，减税。

三、计税依据和计税方法

增值税以三资企业销售货物或提供应税劳务的销售额为计税依据。

销售额是三资企业销售货物或应税劳务向购买方收取的全部价款和价外费用。价款一般是指根据成本和利润而核定的货物价格。价外费用是指价外向购买方收取的手续费、补贴、基金、集资费、返还利润、奖励费、违约金、包装费、包装物租金、储备费、优质费、运输装卸费、代收款项、代垫款项及其他各种性质的价外收费。

增值税的计算方法分为以下三步。

(一) 销项税额的计算

销项税额是指三资企业销售货物或者应税劳务，按照销售额和规定的税率计算并向购买方收取的增值税额。销项税额的计算公式为：

$$销项税额 = 销售额 \times 税率$$

(二) 进项税额的计算

进项税额同销项税额是相对而言的，销售是销售方与购买方相互买卖的过程。纳税人购进货物、劳务、服务、无形资产、不动产支付或者负担的增值税额，为进项税额。即同一个增值税额，对销售方来说是销项税额，对购买方来说则是进项税额。纳税人销售货物或应税劳务，其进项税额，只有在扣税凭证上注明的才能抵扣，未注明，注明不符合规定的或者没有扣税凭证的，均不得抵扣增值税专用发票和海关的完税凭证，是扣税的唯一法定凭证。

1. 准允许抵扣的进项税额

(1) 三资企业购进货物或者应税劳务，从销售方取得的增值税专用发票上注明的增值税额；(2) 三资企业进出口货物，从海关取得的完税凭证上注明的增值税额；(3) 购进免税农业产品的进项税额，按买价依照10%的扣除率计算。

进项税额计算公式为：

$$进项税额 = (买价 \div 扣除率) \times 税率$$

2. 不得抵扣的进项税额

除上述三类准允抵扣的进项税额外，增值税暂行条例中还规定了四类不得抵扣的进项税额：

(1) 用于简易计税方法计税项目、免征增值税项目、集体福利或者个人消费的购进货物、劳务、服务、无形资产和不动产;(2)非正常损失的购进货物,以及相关的劳务和交通运输服务;(3)非正常损失的在产品、产成品所耗用的购进货物(不包括固定资产)、劳务和交通运输服务;(4)国务院规定的其他项目。

(三) 应纳税额的计算

1. 以销项税额与进项税额之差计算

销售货物或应税劳务的应纳税额是以纳税人当期销售额的增值税额中扣除纳税人购进货物或应税劳务支付的增值税额后的余额,计算公式为:

$$应纳税额 = 当期销项税额 - 当期进项税额$$

根据前面销项税额的计算公式可将应纳税额的计算公式写为:

$$应纳税额 = (当期销售额 \times 税率) - 进项税额$$

因为增值税是分期计算缴纳的,所以在计算公式中要加上"当期"。如果当时销项税额小于当期进项税额,对于没有能够抵扣完的进项税额可以结转到下一个纳税期继续抵扣。

2. 以组成计税税价格与税率乘积计算

三资企业进口货物,按照组成计税价格和规定的税率计算应纳税额,不抵扣任何税款,计算公式为:

$$应纳税额 = 组成计税价格 \times 税率$$

$$组成计税价格 = 关税完税价格 + 关税 + 消费税$$

进口货物要先征收关税、对于应征收消费税的消费品,还应先征收一道消费税,然后将关税完税价格、关税和消费税相加得到组成计税价格作为税基,再运用相应的税率计算出进口货物纳税人的应纳税额。

四、增值税纳税时间、地点和纳税期限

（一）纳税时间

纳税时间即纳税义务发生时间，它是计算增值税纳税期限的起点。

销售货物或者应税劳务的纳税义务发生时间，按销售结算方式的不同，具体为：（1）采取直接收款方式销售货物，不论货物是否发出，均为收到销售或取得索取销售额的凭据，并将提货单交给买方的当天；（2）采取托收承付和委托银行收款方式销售货物，为发出货物并办妥手续的当天；（3）采取赊销和分期收款方式销售货物，为合同约定的收款日期的当天；（4）采取预收货款方式销售货物，为货物发出的当天；（5）委托其他纳税人代销货物，为收到代销单位销售的代销清单的当天；（6）销售应税劳务，为提供劳务同时收讫销售额或取得索取销售额的凭据的当天；（7）纳税人发生除委托代销，代销以外的视同销售货物的行为，为送货物移送的当天；纳税人进口货物的纳税义务发生时间为报关进口的当天。

（二）纳税地点

《增值税暂行条例》中关于纳税地点的规定，明确了纳税主体向哪些主管税务机关申报纳税。概括来讲，增值税的纳税地点可分作三种情况：

（1）销售货物的固定三资企业以向其机构所在地主管税务机关申报纳税为原则。三资企业的总机构和分机构不在同一县（市）的应当分别向各自所在地主管税务机关申报纳税。也可以经国家税务总局或其授权的税务机关批准，由总机构汇总向总机构所在地主管税务机关申报纳税。销售货物的固定三资企业到外县（市）销售货物的，应当向其机构所在地主管税务机关申请开具外出经营活动税收管理证明，向其机构所在地主管税务机关申报纳税。未持有其机构所在地主管税务核发的外出经营活动税

收管理证明,到外县(市)销售货物的,销售地主管税务机关一律按6%的征收率征税。其在销售地发生的销售额,回机构所在地后,仍应按规定申报纳税,在销售地缴纳的税款不得从当期应纳税额中扣减。销售货物的非固定三资企业应当向销售地主管税务机关申报纳税。未向销售地主管税务机关申报纳税的,由其机构所在地或者居住地主管税务机关补征税款。

(2) 提供应税劳务的固定三资企业和非固定三资企业都以向销售地主管税务机关申报纳税为原则。然而,固定三资企业到外县(市)提供劳务,而没有向销售地主管税务机关申报纳税的,应当由其机构所在地税务机关补征。

(3) 进口货物,应当由进口人或其代理人向报关地海关申报纳税。

(三) 纳税期限

增值税的纳税期限分别为1日、3日、5日、10日、15日、1个月或者1个季度。企业的具体纳税期限,由主管税务机关根据三资企业应纳税额的大小分别核定。对于不能按照固定期限纳税的,可以按次纳税。三资企业以一个月或者1个季度为期纳税,自期满之日起15日内申报纳税;以1日、3日、5日、10日或者15日为一期纳税的,自期满之日起5日内预缴税款,于次月1日起15日内申报纳税并结清上月应纳税款。三资企业进口货物的,应当自海关填发海关进口增值税专用缴款书之日起15日内缴纳税款,这与海关法的规定相衔接。

五、增值税专用发票制度的规定

增值税推行凭发票注明税款抵扣制,是国际上通常的做法,是整个增值税制的基础和核心。我国税制改革也采用了增值税专用发票制度,纳税人销售货物或提供应税劳务,应向购买者开具增值税专用发票,并在专用发票上注明销售额和销项税额,专用发票不仅是纳税人经济活动中的重要商事凭证,而且是兼记销贷方纳税义务和购贷方进项税额的唯一合法凭证。增值税专用发票仅限于销售时使用，而且仅限于一般纳税人使用，小规模纳税人不得开具专用发票。

自1994年1月1日起，一般纳税人销售货物和应税劳务必须按规定开具专用发票。对应开而未开，仍使用普通发票的，购货方不得抵扣进项税额。凡违反专用发票使用规定的，应按照《中华人民共和国发票管理办法》及《中华人民共和国税收征收管理法》有关处罚规定办理。

（一）关于增值税专用发票领购使用的规定

增值税专用发票（以下简称专用发票）只限于增值税的一般纳税人领购使用，增值税的小规模纳税人和非增值税纳税人不得领购使用。

一般纳税人有下列情形之一者，不得领购使用专用发票：（1）会计核算不健全，即不能按会计制度和税务机关的要求准确核算增值税的销项税额、进项税额和应纳税额者。（2）不能向税务机关准确提供增值税销项税额、进项税额、应纳税额数据及其他有关增值税税务资料者。上述其他有关增值税税务资料的内容，由国家税务总局直属分局确定。（3）有以下行为，经税务机关责令限期改正而仍未改正者：①私自印制专用发票；②向个人或税务机关以外的单位买取专用发票；③借用他人专用发票；④向他人提供专用发票；⑤未按规定的要求开具专用发票；⑥未按规定保管专用发票；⑦未按规定按月在《增值税纳税申报表》附列资料栏目中如实填列购用（包括作废）情况；⑧未按规定接受税务机关检查。（4）销售的货物全部属于免税项目者。有上述情况的一般纳税人如已领购使用专用发票，税务机关应收缴其结存的专用发票。

（二）关于开具、不开具专用发票的规定

除按规定下列情形外，一般三资企业销售货物（包括视同销售货物行为在内）、应税劳务、根据增值税细则规定应当征收增值税的非应税劳务（以下简称销售应项项目），必须向购买方开具专用发票。

不得开具专用发票的情形：（1）向消费者销售应税项目；（2）销售

免税项目；（3）销售报送出口货物、在境外销售应税劳务；（4）将货物用于非应税项目；（5）将货物用于集体福利或个人消费；（6）将货物无偿赠送他人；（7）提供非应税劳务（应当征收增值税的除外）、转让无形资产或销售不动产。向小规模纳税人销售应税项目，可以不开具专用发票。

（三）关于开具专用发货票的具体要求和专用发票各联次的用途

专用发票必须按下列要求开具：（1）字迹清楚；（2）不得涂改。如填写有误，应另行开具专用发票，并在误填的专用发票上注明"误填"和"作废"四个字。如专用发票开具后因购货方不索取而成为废票的，也应按填写有误办理；（3）项目填写齐全；（4）票、物相符，票面金额与实际收取的金额相符；（5）各项目内容正确无误；（6）全部联次一次填开，上、下联的内容和金额一致；（7）发票联和抵扣联加盖财务专用章或发票专用章；（8）按照规定的时限开具专用发票；（9）不得开具伪造的专用发票；（10）不得拆本使用专用发票；（11）不得开具票样与国家税务总局统一制定的票样不相符合的专用发票。开具的专用发票有不符合上列要求者，不得作为扣税凭证，购买方有权拒收。

专用发票开具时限规定如下：（1）采用预收贷款、托收承付、委托银行收款结算方式的，为货物发出的当天；（2）采用交款提货结算方式的，为收到贷款的当天；（3）采用赊销、分期付款结算方式的，为合同约定的收款日期的当天；（4）将货物交付他人代销，为收到受托人送交的代销清单的当天；（5）设有两个以上机构并实行统一核算的纳税人，将货物从一个机构移送其他机构用于销售，按规定应当征收增值税的，为货物移送的当天；（6）将货物作为投资提供给其他单位或个人经营者，为货物移送的当天；（7）将货物分配给股东，为货物移送的当天。一般纳税人必须按规定时限开具专用发票，不得提前或滞后。

专用发票的基本联次统一规定为四联，各联次必须按以下规定用途使用：（1）第一联为存联，由销货方留存备查；（2）第二联为发票联，购货方作付款的记账凭证；（3）第三联为税款抵扣联，购货方作扣税凭证；（4）第四联为记账联，销货方作销售的记账凭证。

（四）关于专用发票未达到要求不得抵扣的规定

除购进免税农业产品和自营进口货物外，购进应税项目，或者属于未按规定取得专用发票的，未按规定保管专用发票的，或者销售方开具的专用发票不符合规定开具要求的，不得抵扣进项税额。

有下列情形之一者，称之为未按规定取得专用发票：（1）未从销售方取得专用发票；（2）只取得记账联或只取得抵扣联。

有下列情形之一者，称之为未按规定保管专用发票：（1）未按照税务机关的要求建立专用发票管理制度；（2）未按照税务机关的要求设专人保管专用发票；（3）未按照税务机关的要求设置专门存放专用发票的场所；（4）税款抵扣联未按税务机关的要求装订成册；（5）未经税务机关检查擅自销毁专用发票的基本联次；（6）丢失专用发票；（7）损（撕）毁专用发票；（8）未执行国家税务总局或其直属分局提出的其他有关保管专用发票的要求。

未按规定取得专用发票，未按规定保管专用发票，不符合开具要求的专用发票不得抵扣进项税额，如其购进应税项目的进项税额已经抵扣，应从税务机关发现其有上述情形的当期进项税额中扣减。

（五）关于使用计算机开具专用发票的规定

使用电子计算机开具专用发票必须报经主管税务机关批准并使用由税务机关监制的机外发票。

符合下列条件的三资企业，可以向主管税务机关申请使用电子计算机开具专用发票：（1）有专业电子计算机技术人员、操作人员；（2）具备通过电子计算机开具专用发票和按日列印进货、销货及库存清单的能力；（3）国家税务总局直属分局规定的其他条件。

申请使用电子计算机，必须向主管税务机关提供申请报告及以下资料：(1) 按专用发票（机外发票）格式用电子计算机制作的模拟样张；(2) 根据会计操作程序用电子计算机制作有最近月份的进货、销货及库存清单；(3) 电子计算机设备的配置情况；(4) 有关专用电子计算机技术人员、操作人员的情况；(5) 国家税务总局直属分局要求提供的其他资料。

使用专用发票必须按月在《增值税纳税申报表》附列资料栏目中如实填列购、用（包括作废）、存情况。专用发票的票样与进货退出或索取折让证明单的样式，由国务院税务总局统一制定，其他单位和纳税人不得擅自改变。

第三节 三资企业的消费税

一、消费税的征收范围

消费税是国家以某些消费品消费行为作为课征对象而征收的一种间接税。1993年12月13日，国务院颁布了《中华人民共和国消费税暂行条例》随后财政部发布了该条例的实施细则，具体确立了我国消费税的征收范围。新《中华人民共和国消费税暂行条例》于2008年国务院修改通过后2009年开始施行。

我国消费税规定了14种产品，这些产品既需要征增值税，又要征收消费税，并可分为5种类型：

(1) 过度消费会对人类健康、社会秩序、生态环境造成危害的特殊消费品，如烟、酒、鞭炮、焰火、木制一次性筷子、实木地板等；(2) 奢侈品、非生活必需品，如贵重首饰、珠宝玉石、化妆品、高尔夫球具、高档手表、游艇；(3) 高能耗及高档消费品，如小汽车、摩托车；(4) 不可再生的资源类消费品，如成品油的汽油、柴油等；(5) 具有一定财政意义的产品,如汽车轮胎。

二、消费税的税率

由于各国财政收入、经济结构、征税传统等方面的差异,消费税的负担水平有所不同,但绝大多数国家对烟、酒等嗜好品及高档消费品实行重税负,我国一方面借鉴了国际经验,另一方面结合了我国国情,具体地设计了适当的税率,如:家用电器作为耐用消费品,国际上普遍征收消费税,而在我国也是购销的热点,市场仍有较大的潜力,但因国内产品的质量水准不高等原因,尚未对此类产品开征消费税。

我国消费税设计了 14 个税目的产品,13 个子目、14 档税率,从价定率的产品有 10 档税率,最高的税率 45%,如甲级卷烟(含进口卷烟)。最低的税率为 1%,如气缸容量在 1.0 升以下的乘用车,详见表 10 - 1。

表 10 - 1   消费税税目税率(税额)

税目	税率
一、烟	
1. 卷烟	
(1)甲类卷烟	45% 加 0.003 元/支
(2)乙类卷烟	30% 加 0.003 元/支
2. 雪茄烟	25%
3. 烟丝	30%
二、酒及酒精	
1. 白酒	20% 加 0.5 元/500 克(或者 500 毫升)
2. 黄酒	240 元/吨
3. 啤酒	
(1)甲类啤酒	250 元/吨
(2)乙类啤酒	220 元/吨
4. 其他酒	10%
5. 酒精	5%
三、化妆品	30%

续表

税目	税率
四、贵重首饰及珠宝玉石	
1. 金银首饰、铂金首饰和钻石及钻石饰品	5%
2. 其他贵重首饰和珠宝玉石	10%
五、鞭炮、焰火	15%
六、成品油	
1. 汽油	
（1）含铅汽油	0.28元/升
（2）无铅汽油	0.20元/升
2. 柴油	0.10元/升
3. 航空煤油	0.10元/升
4. 石脑油	0.20元/升
5. 溶剂油	0.20元/升
6. 润滑油	0.20元/升
7. 燃料油	0.10元/升
七、汽车轮胎	3%
八、摩托车	
1. 气缸容量（排气量，下同）在250毫升（含250毫升）以下的	3%
2. 气缸容量在250毫升以上的	10%
九、小汽车	
1. 乘用车	
（1）气缸容量（排气量，下同）在1.0升（含1.0升）以下的	1%
（2）气缸容量在1.0升以上至1.5升（含1.5升）的	3%
（3）气缸容量在1.5升以上至2.0升（含2.0升）的	5%
（4）气缸容量在2.0升以上至2.5升（含2.5升）的	9%
（5）气缸容量在2.5升以上至3.0升（含3.0升）的	12%
（6）气缸容量在3.0升以上至4.0升（含4.0升）的	25%
（7）气缸容量在4.0升以上的	40%
2. 中轻型商用客车	5%
十、高尔夫球及球具	10%
十一、高档手表	20%
十二、游艇	10%
十三、木制一次性筷子	5%
十四、实木地板	5%

三、计税依据和计税方法

实行从价定率征收消费税产品，其计税依据是含消费税而且含增值税的销售额。如果三资企业应税消费品的销售额中未扣除增值税税款或者因不得开具增值税专用发票而发生价款和增值税税款合并收取的情况，在计算消费税时，应当换算为不含增值税税款的销售额。其换算公式为：

应税消费品的销售题 = 含增值税的销售额 ÷ (1 + 增值税率或征收率)

应税消费品的销售额为纳税人销售应税消费品向购买方收取的全部价款和价外费用。这里的价外费用指价外收取的基金、集资费、返还利润、补贴、违约金（延期付款利息）和手续费、包装费、储备费、留置费、运输装卸费、代收款项、代垫款项以及其他各种性质的价外费用，但下列款项不包括在内：（1）承运部门的运费发票开具给购货方的；（2）纳税人将该项发票转交给购货方的。

三资企业自产自用的应税消费品，按照三资企业生产的同类消费品的销售价格计算纳税；没有同类消费品销售价格的，按组成计税价格计算纳税。组成计税价格的计算公式为：

组成计税价格 = (成本 + 利润) ÷ (1 - 消费税税率)

上述所指的同类消费品的销售价格的含义是指纳税人或代收代缴义务人当月销售的同类消费品的销售价格，如果当月同类消费品各期销售价格高低不同，应按销售数量加权平均计算，但销售的应税消费品有下列情况之一的，不得列入加权平均计算。

（1）销售价格明显偏低又无正当理由；（2）无销售价格；（3）如果当月无销售或当月未完结，应按同类消费品上月或最近月份的销售价格计算纳税。

委托加工的应税消费品按照受委托方的同类消费品的销售价格计算纳税，没有同类消费品价格的，按照组成计税价格计算纳税：

计税价格 = (材料成本 + 加工费) ÷ (1 - 消费税税率)

公式中的"材料成本"指委托方所提供加工材料的实际成本。"加工费"是指受托方加工应税消费品向委托方所收取的全部费用（包括代垫辅助材料的实际成本）。

进口应税消费品，实行以价定率办法计算应纳税额，计算公式为：

组成计税价格＝（关税完税价格＋关税）÷（1－消费税税率）

连同包装销售的，无论包装是否单独计价，也不论在会计上如何核算，均应并入应税消费品的销售额中征收消费税。如果包装物不作价随同产品销售，而是收取押金，此项押金则不应并入应税消费品的销售额中征税。但对因逾期未收回的包装物不再退还和已收取一年以上押金的，应并入应税消费品的销售额，按照应税消费品的适用税率征收消费税。

对既作价随同应税消费品销售，又另外收取押金的包装物的押金，凡纳税人在规定的期限内不予退还的，均应列入应税消费品的销售额，按照应税消费品的适用税率征收消费税。

下列应税消费品可以销售额扣除外购已税消费品买价后的余额作为计税价格计征消费税：（1）外购已税化妆品生产的化妆品；（2）外购已税护肤护发产品生产的护肤护发产品；外购已税消费品的买价是购货发票上注明的销售额。

下列就税消费品准予从应纳消费税税额中扣除原料已纳消费税税款：（1）以委托加工收回的已税酒和酒精为原料生产的酒；（2）以委托加工收回的已税护肤护发产品为原料生产的护肤护发产品；（3）以委托加工收回的已税化妆品为原料生产的化妆品。

三资企业通过自设非独立核算门市部销售的自产应税消费品，应当按照门市部对外销售数量征收消费税。

三资企业用于换取生产资料和消费资料，投资入股和抵偿债务等方面的应税消费品，应当以三资企业同类应税消费品的最高销售价格作为计税依据计算消费税。

实行从量定额征收的产品，消费税的计税依据是应税消费品的销售数量。销售应税消费品的，为应税消费品的销售数量；委托加工应税消费品，为海关核定的应税消费品的数量。

消费税实行从价定率或从量定额的办法计算应纳税额。

实行从价定率办法计算的应纳税额＝销售额×税率。纳税人销售的应税消费品，以外汇结算销售额的，其销售额的人民币折合率可以选择结算的当天或者当月1日的国家外汇牌价（原则上为中间价）。纳税人应在事先确定采取何种折合率，确定后一年内不得变更。

实行从量定额的办法计算的应纳税额＝销售数量×单位税额。采用该办法计算纳税额的应税消费品，计算单位的换算标准如下：

（1）啤酒：1吨＝988升；（2）黄酒：1吨＝962升；（3）汽油：1吨＝1388升；（4）柴油：1吨＝1176升。

四、消费税的纳税环节

（一）纳税环节的规定

为了保障国家财政税收，保证国家税款及时收缴入库，消费税的纳税环节不在零售环节，而是前移到生产环节。具体规定如下：

（1）境内生产的应税消费品于销售时纳税，三资企业自产自用的应税消费品和用于连续生产的应税消费品不纳税，用于生产非应税消费品和在建工程、管理部门、非生产机构、提供劳务及用于馈赠、赞助、集资、广告、样品、职工福利、奖励等方面的应税消费品于移送使用时纳税。（2）委托加工的应税消费品，由受托方在向委托方交货时代收代缴税款。委托加工的应税消费品，委托用于连续生产应税消费品的，所纳税款允许按规定抵扣。（3）进口的应税消费品于报关进口时纳税。

（二）减免退税

消费税是以特殊消费品为征税对象的，不能要求国家通过减免税来满足不合理的消费要求。而出口的消费品，由于在境内未实现消费，国际通行做法是给予免税。消费税条例规定，除出口的应税消费品及国务院另有规定的可免征消费税者外,任何单位和个人一律不得减免消费税。

(1) 三资企业销售的应税消费品,如因质量等原因由购买者退回时,经所在地主管税务机关审核批准后,可退回已征收的消费税税款;(2) 出口的应税消费品办理退税后,发生退关或国外退货,进口时予以免税的,报关出口者必须及时向所在地主管出口退税业务的税务机关申报补交已退的消费税税款;(3) 三资企业直接出口的应税消费品办理免税后,发生退关或国外退货,进口时予以免税的,经所在地主管税务机关批准,可暂不办理补税,待其转为国内销售时,再向其主管税务机关申报补交消费税。

第四节 三资企业的印花税

一、印花税的纳税义务人和征税范围的规定

依据《中华人民共和国印花税暂行条例》规定,在中华人民共和国境内书立、领受本条例所列举凭证的单位和个人,都是印花税的纳税义务人,应当按照规定缴纳印花税。从《印花税暂行条例》对纳税义务人的规定可以看出印花税是以凭证为征税对象的一种流转税。

印花税的征税范围是:(1) 购销、加工承揽、建设工程承包、财产租赁、货物运输、仓储保管、借款、财产保险、技术合同或者具有合同性质的凭证;(2) 产权转移书据。这里所说的产权转移书据,是指单位和个人产权的买卖、继承、赠与、交换、分割等所立的书据;(3) 营业账簿。它是指单位或个人记载生产经营活动的财务会计核算账簿;(4) 权利、许可证照;(5) 经财政部确定征税的其他凭证。

二、印花税税率的规定

根据《印花税暂行条例》第 3 条的规定,纳税人根据应纳税凭证的性质,分别按比例税率或按件定额计算应纳税额。具体税率、税额的确定,依照本条例所附《印花税税目税率》执行。应纳税额不足一角的,免征印花税。应纳税额在一角以上的,其税额尾数不满五分的不缴纳,满五分的,按一角计算缴纳。

表 10 - 2 《印花税税目税率》中所指的记载资金的账簿,是指载有固定资产原值和自有流动资金的总分类账簿,或者专门设置的记载固定资产原值和自有流动资金的账簿。其他账簿,是指除上述账簿以外的账簿,包括日账簿和各明细分类账簿。记载资金的账簿按固定资产原值和自有流动资金总额贴花后,以后年度资金总额比已贴花资金总额增加的,增加部分应按规定贴花。自有流动资金的确定,按有关财务会计制度的规定执行。印花税只对税目税率表中列举的凭证和经财政部确定征税的其他凭证征税。

表 10 - 2　　　　　　　　印花税税目税率

序号	税目	范围	税率	纳税义务人	说明
1	购销合同	包括供应、预购、采购、购销结合及协作、调剂、补偿、易货等合同	按购销金额万分之三贴花	立合同人	
2	加工承揽合同	包括加工、定做、修缮、修理、印刷、广告、测绘、测试等合同	按加工或承揽收入万分之五贴花	立合同人	
3	建设工程勘察设计合同	包括勘察、设计合同	按收取费用万分之五贴花	立合同人	
4	建筑安装工程承包合同	包括建筑、安装工程包合同	按承包金额万分之三贴花	立合同人	

续表

序号	税目	范围	税率	纳税义务人	说明
5	财产租赁合同	包括租赁房屋、船舶、飞机、机动车辆、机械、器具、设备等合同	按租赁金额千分之一贴花。税额不足1元的按1元贴花	立合同人	
6	货物运输合同	包括民用航空、铁路运输、海上运输、内河运输、公路运输和联运合同	按运输费用万分之五贴花	立合同人	单据作为合同使用的，按合同贴花
7	仓储保管合同	包括仓储、保管合同	按仓储保管费用千分之一贴花	立合同人	仓单或栈单作为合同使用的，按合同贴花
8	借款合同	银行及其他金融组织和借款人（不包括银行同业拆借）所签订的借款合同	按借款金额万分之零点五贴花	立合同人	单据作为合同使用的，按合同贴花
9	财产保险合同	包括财产、责任、保证、信用等保险合同	按投保金额万分之零点三贴花	立合同人	单据作为合同使用的，按合同贴花
10	技术合同	包括技术开发、转让、咨询、服务等合同	按所载金额万分之三贴花	立合同人	
11	产权转移书据	包括财产所有权和版权、商标专用权、专利权、专有技术使用权等转移书据	按所载金额万分之五贴花	立据人	
12	营业账簿	生产经营用账册	记载资金的账簿，按固定资产原值与自有流动资金总额万分之五贴花。其他账簿按件贴花5元	立账簿人	
13	权利、许可证照	包括政府部门发给的房屋产权证、工商营业执照、商标注册证、专利证、土地使用证	按件贴花5元	领受人	

三、印花税减免的规定

依据《印花税暂行条例》规定,下列凭证免纳印花税:(1)已缴纳印花税的凭证的副本或者抄本。(2)财产所有人将财产赠给政府、社会福利单位、学校所立的书据。这里所说的社会福利单位,是指扶养孤老伤残的社会福利单位。(3)经财政部批准免税的其他凭证。具体指:①国家指定的收购部门与村民委员会、农民个人书立的农副产品收购合同;②无息、贴息贷款合同;③外国政府或者国际金融组织向我国政府及国家金融机构提供优惠贷款所书立的合同。

四、印花税的缴纳办法

印花税实行由纳税人根据规定自行计算应纳税额,购买并一次贴足印花税票(以下简称贴花)的缴纳办法。为简化贴花手续,应纳税额较大或贴花次数频繁的,纳税人可向税务机关提出申请,采取以缴款书代替贴花或按期汇总缴纳的办法。印花税标应当黏贴在应纳税凭证上并由纳税人在每枚税票的骑缝处盖戳注销或者画销。已贴用的印花税票不得重用。应纳税凭证应当于书立或者领受时贴花。同一凭证,由两方或者两方以上当事人签订并各执一份的,应当由各方所执的一份各自金额贴花,已贴花的凭证,修改后所载金额增加的,其增加的部分应当补贴印花税票。

第十一章

三资企业所得税法

第一节 三资企业所得税法

一、征收范围

企业所得税是对企业的毛利润征收的一种税。《中华人民共和国企业所得税法》第一条规定:"在中华人民共和国境内,企业和其他取得收入的组织(以下统称企业)为企业所得税的纳税人,依照本法的规定缴纳企业所得税。"由此可见,三资企业所得税的征收范围包括下述两个方面的内容。

(一) 税主体

即纳税义务人,是指设在中国境内的外商投资企业。根据《中华人民共和国企业所得税法》第二条的规定,企业分为居民企业和非居民企业。

非居民企业,是指依照外国(地区)法律成立且实际管理机构不在中国境内,但在中国境内设立机构、场所的,或者在中国境内未设立机构、

第十一章 三资企业所得税法

场所,但有来源于中国境内所得的企业。

根据法律,非居民企业的所得,以机构、场所所在地为纳税地点。如果在中国境内设立两个或者两个以上机构、场所的,经税务机关审核批准,可以选择由其主要机构、场所汇总缴纳企业所得税。

(二) 税客体

非居民企业在中国境内设立机构、场所的,应当就其所设机构、场所取得的来源于中国境内的所得,以及发生在中国境外但与其所设机构、场所有实际联系的所得,缴纳企业所得税。三资企业所得税的征税客体是企业的生产、经营所得和其他所得。

所谓生产、经营所得,是指三资企业从事工矿企业、交通、农、林、牧、渔、商业、旅游、饮食服务等行业的生产、经营活动而获取的收入,而其他所得,主要包括三资企业获取的股息、利息、租金、特许权使用费等其他非生产经营性收入。

二、应纳税所得额的计算

所谓应纳税所得额,根据法律规定,是指三资企业每一纳税年度的收入总额,减除成本、费用及损失后的余额,也就是企业纳税之前的毛利润。用公式表示,即为:应纳税所得额=总收入-(成本+费用+损失)。而具体运算有所区别:

(一) 在制造业方面

(1) 应纳税所得额=产品销售利润+其他业务利润+营业外收入-营业外支出;(2) 产品销售利润=产品销售净额-产品销售成本-产品销售税金-(销售费用+管理费用+财务费用);(3) 产品销售净额=产品销售总额-(销货退回+销货折让);(4) 产品销售成本=本期产品成本+期初产品盘存-期末产品盘存;(5) 本期生产成本=本期生产耗用

的直接材料+直接工资+制造费用。

(二) 在商业方面

(1) 应纳税所得额=销货利润+其他业务利润+营业外收入-营业外支出；(2) 销货利润=销货净额-销货成本-销货税金-(销货费用+管理费用+财务费用)；(3) 销货净额=销货总额-(销货退回+销货折让)；(4) 销货成本=期初商品盘存+［本期进货-(进货退出+进货折让)+进货费用］-期末商品盘存。

(三) 在服务业方面：

(1) 应纳税所得额=业务收入净额+营业外收入-营业外支出；

(2) 业务收入净额=业务收入总额-(业务收入税金+业务支出+管理费用+财物费用)。

其他行业参照上述公式计算。

企业应纳税所得额的计算，以权责发生制为原则。企业的部分经营业务的收入可分期确定，并据以计算应纳税所得额。以分期收款方式销售产品或商品的，可以按交付产品或商品开出发票的日期确定销售收入的实现，也可以按合同约定的购买人应纳价款的日期确定销售收入的实现，还可以按合同约定的购买人应纳价款的日期确定销售收入的实现。建筑安装、装配工程和提供劳务，持续时间超过一年的，可以按完工进度或完成的工作量确定收入的实现。为其他企业加工、制造大型机械设备、船舶等，持续时间超过一年的，可以按完工进度或完成的工作量确定收入的实现。

要正确确定三资企业的应纳税所得额，必须注意解决好以下问题：首先，三资企业必须严格遵循会计基本原则和会计制度。不论是三资企业财会机构的设置，企业会计记账方法、记账文字、记账本位币，还是企业会计报表的制作、报送及审计等，必须依照法律规定为之；其次，必须严格成本、费用及损失的开支范围和标准。最后，应防止关联企业之间转移利润避税。关联企业之间用转让定价的方法转移利润进行避税在国际上司空见惯，在中国也有越来越严重的趋势。有些外商投资者采用抬高进料价格、压低产品外销价格或者调整收费标准等办法避税赚钱，使企业长期处于亏损状态，甚至因此而倒闭。由于过去没有明确的法律规定对此加以规范，税务机关很难依法作出处理。在借鉴外国经验的基础上，《中华人民共和国企业所得税法》第四十一条作了原则规定："企业与其关联方之间的业务往来，不符合独立交易原则而减少企业或者其关联方应纳税收入或者所得额的，税务机关有权按照合理方法调整。企业与其关联方共同开发、受让无形资产，或者共同提供、接受劳务发生的成本，在计算应纳税所得额时应当按照独立交易原则进行分摊。"

三、外商投资企业所得税的税率

根据《中华人民共和国企业所得税法》第四条的规定，企业所得税的税率为25%；非居民企业取得本法第三条第三款规定的所得，适用税率为20%。因此三资企业的企业所得税，按应纳税的所得额计算，税率为25%。

三资企业所得税采用比例税率，其优点在于简洁明了，透明度高，便于投资者进行可行性分析，预测投资的经济效益，并可以避免因价格和外汇比价的变动引起适用税率档次的提高或降低；同时，规定的税率一方面保持了过去合营企业所得税税率，另一方面又降低了合作企业和外资企业的最高税率，实现了对三资企业的三种形态的"一视同仁"，有利于吸收外商来华投资。

四、三资企业所得税的税收抵免

由于我国按照居民税收管辖对三资企业进行征税，即对企业的境内、境外所得合并征收所得税，这就很容易发生对一笔所得的双重征税问题。

为此,《中华人民共和国企业所得税法》第二十三条规定:

企业取得的下列所得已在境外缴纳的所得税税额,可以从其当期应纳税额中抵免,抵免限额为该项所得依照本法规定计算的应纳税额;超过抵免限额的部分,可以在以后五个年度内,用每年度抵免限额抵免当年应抵税额后的余额进行抵补:(1)居民企业来源于中国境外的应税所得;(2)非居民企业在中国境内设立机构、场所,取得发生在中国境外但与该机构、场所有实际联系的应税所得。

第二节 三资企业个人所得税

一、纳税主体

个人所得税是指国家对个人所得按规定所征收的一种收益税,是世界各国普遍征收的税种。1980年9月10日,第五届全国人大第3次会议通过并实施了《个人所得税法》,它适用于中国居民和在我国的外国居民(包括港、澳、台居民),但随着我国改革开放的深入,为了实行公平税负,简化税制,实行统一的个人所得税制度,全国人大常委会于1993年、1999年、2005年、2007年(两次)、2011年进行了六次修正,该法明确规定了个人所得税的纳税主体。

(1)在中国境内有住所,或者无住所而在境内居住满一年的个人,从中国境内和境外取得的所得,依照本法规定缴纳个人所得税。

(2)在中国境内无住所又不居住或者无住所而在境内居住不满一年的个人,从中国境内取得的所得,依照本法规定缴纳个人所得税。

二、个人所得税的征税范围

修正后的《个人所得税法》规定的应税项目由原个人所得税法中规定

第十一章 三资企业所得税法

的六个应税项目增至十一个项目。

（1）工资、薪金所得。工资、薪金所得是指个人因任职或受雇而取得的工资、薪金、奖金、年终加薪、劳动分红、津贴补贴以及其他与任职、受雇的有关所得。

（2）个体工商户的生产、经营所得。这部分所得是指经工商行政管理机关核发营业执照的个体工商户或未核发营业执照的中外籍个人从事商业、工业、手工业、建筑业、交通运输业、饮食业、服务业、修理业及其他行业取得的所得。个人经政府有关部门批准从事的办学、医疗、咨询以及其他营利行业取得的所得，也比照个体工商户的生产、经营所得征税。

（3）对企事业单位的承包经营、承租经营的所得。这部分所得是指个人对整个企业、事业单位进行承包、承租经营取得的所得，以及转包、转租取得的所得。上述所得包括纳税人按月或按次领取的工资薪金性质的所得。

（4）劳务报酬所得。劳务报酬所得是指个人从事设计、装潢、安装、制图、化验、测试、医疗、法律、会计、咨询、讲学、新闻、广播、翻译、审稿、书画、雕刻、影视、录音、录像、各种表演、广告、展览、技术服务、介绍服务、经纪服务、代办服务以及其他劳务取得的所得。

（5）稿酬所得。稿酬所得是指个人的作品以图书、报刊方式出版、发表而取得的所得。

（6）特许权使用费所得。这是指个人提供专利权、著作权、商标权、专有技术以及其他特许专利使用取得的所得。

（7）利息、股息、红利所得。这是指个人拥有债权、股权而取得的利息、股息、红利所得。

（8）财产转让租赁所得。财产租赁所得是指个人出租房屋、机器设备、车船及其他财产取得的所得。

（9）财产转让所得。财产转让所得是指转让有价证券、股权、房屋、机器、设备、车船以及其他财产取得的所得。

（10）偶然所得。偶然所得是指个人得奖、中奖、中彩以及其他偶然性质的所得。

（11）经国务院财政部门确定征税的其他所得。这是指上述各项所得以外，经国务院财政部门确定征税的所得。

三、个人所得税的税率

2011年修正后的《个人所得税法》采用分类所得税制的模式，分类所得税制，是对纳税人不同项目的收入，实行分项扣除费用、分项确定适用税率、分项计算征收的方法。个人所得税的税率分超额累进税率和比例税率两种。个人所得税税率详见表11-1，个体工商户的生产、经营所得和由纳税人负担税款的对企事业单位的承包经营、承租经营所得税税率详见表11-2。

表11-1　　　　　　　　　个人所得税税率

级数	全月应纳税所得额		税率（%）	速算扣除数
	含税级距	不含税级距		
1	不超过1500元的部分	不超过1455元的部分	3	0
2	超过1500元至4500元的部分	超过1455元至4155元的部分	10	105
3	超过4500元至9000元的部分	超过4155元至7755元的部分	20	555
4	超过9000元至35000元的部分	超过7755元至27255元的部分	25	1005
5	超过35000元至55000元的部分	超过27255元至41255元的部分	30	2755
6	超过55000元至80000元的部分	超过41255元至57505元的部分	35	5505
7	超过80000元的部分	超过57505元的部分	45	13505

表11-2　　个体工商户的生产、经营所得和由纳税人负担税款的
对企事业单位的承包经营、承租经营所得税税率

级数	全月应纳税所得额		税率（%）	速算扣除数
	含税级距	不含税级距		
1	不超过5000元的部分	不超过4750元的部分	5	0

续表

级数	全月应纳税所得额		税率（%）	速算扣除数
	含税级距	不含税级距		
2	超过5000元到10000元的部分	超过4750元至9250元的部分	10	250
3	超过10000元至30000元的部分	超过9250元至25250元的部分	20	1250
4	超过30000元至50000元的部分	超过25250元至39250元的部分	30	4250
5	超过50000元的部分	超过39250元的部分	35	6750

注：表中内容不含税级距适用于由他人（单位）代付税款的对企事业单位的承包经营、承租经营所得。

适用超额累进税率的有三项税目：一是工资、薪金所得；二是个体工商户的生产、经营所得；三是对企事业单位的承包经营、承租经营所得。

适用比例税率的有八项税目：一是稿酬所得，适用20%的比例税率，并按应纳税额减征30%；二是劳务报酬所得，税率为20%。对劳务报酬所得一次收入较高的，可以实行加成征收、具体办法是，个人取得劳务报酬收入一次超过2万元至5万元的，按税法规定计算出应纳税额后，加征五成，超过5万元的，按应纳税款加征十成；三是特许权使用费所得；四是利息、股息、红利所得；五是财产租赁所得；六是财产转让所得；七是偶然所得；八是经国务院财政部门确定征税的其他所得。税率均为20%。

四、计税依据和计税办法

个人所得税的计税依据就是应纳税所得额。由于修正后的《个人所得税法》仍袭用分类所得税制，所以对不同来源和类型的所得，应纳税所得额的计算方法也不相同。

1. 个人工资薪金应纳税所得额的计算

工资薪金所得，以每月收入额减除费用3500元后的余额，为应纳税所得额。具体计算公式如下：

$$应纳税所得额 = 工薪收入 - 3500$$

$$应纳个人所得税额 = 应纳税所得额 \times 适用税率 - 速算扣除数$$

速算扣除数见工资、薪金所得适用税率表。

修正后的《个人所得税法实施条例》中规定有下列两种情形，准予在每月扣除3500元的基础上，另附加减除费用1300元：一是在中国境内无住所而在中国境内取得工资、薪金所得的纳税义务人。二是在中国境内有住所而在中国境外取得工资、薪金所得的纳税义务人。

2. 个体工商户生产、经营应纳税所得额的计算

个体工商户的生产、经营所得。该税目的纳税义务人每年生产、经营收入，减除其生产、经营商品和提供劳务过程中发生的各项直接支出、间接费用、销售费用、管理费用、财务费用和各项营业外支出后的余额。具体计算公式如下：

$$应纳税所得额 = 生产经营收入总额 - (成本 + 费用 + 损失)$$

$$应纳个人所得税额 = 应纳税所得额 \times 适用税率 - 速算扣除数$$

为了简化计算征收手续，也可以按照分月换算表直接计算征收，其公式如下：

$$\text{所属月份应纳个人所得税} = \text{所属月份应纳税所得额} \times \text{适用税率} - \text{所属月份适用速算扣除数}$$

3. 企事业单位经营应纳税所得额的计算

对企事业单位的承包经营、承租经营所得，以每一纳税年度的收入总额减除（每月3500元×12个月=19200元）的费用后的余额为应纳税所得额。适用与个体工商户的生产、经营所得相同的税率。

4. 特殊报酬、费用应纳税所得额的计算

劳动报酬所得、稿酬所得、特许权使用费用所得、财产租赁所得，以

每次收入减除 3500 元，或减除每次收入的 20%（每次收入 4000 元以上）后的余额为应纳税所得额。

5. 财产转让应纳税所得额的计算

财产转让所得，以转让财产的收入额减除财产原值和合理费用（指在卖出财产过程中按规定支付的有关费用）后的余额为应纳税所得额。财产原值是指：（1）有价证券为买入价和买进过程中按规定交纳的有关税费；（2）房屋为建造费或购进价格以及其他有关费用；（3）机器设备、车船为购进价格、运输费、安装费和其他有关费用；（4）其他财产的原值参照以上方法确定。对不能提供财产原值正确凭证的，由主管税务机关估定其财产原值。

6. 利息、偶然所得等应纳税所得额的计算

利息、股息、红利所得、偶然所得和经国务院财政部门确定征税的其他所得，以每次收入额为应纳税所得额，不减除任何费用。

五、个人所得税的减税、免税规定

我国个人所得税的减免项目同西方国家的减、免税项目相比要多，而且修正后的《个人所得税法》比原《个人所得税法》中的减、免税项目的规定也增多了，由原来的八项增至十项。

1. 个人所得税的免征规定

根据《中华人民共和国个人所得税法》规定，下列各项个人所得，免纳个人所得税：

（1）省级人民政府、国务院部委和中国人民解放军军以上单位，以及外国组织、国际组织颁布的科学、教育、技术、文化、卫生、体育、环境保护等方面的奖金；（2）国债和国家发行的金融债券利息；（3）按照

国家统一规定发给的补贴、津贴；（4）福利费、抚恤金、救济金；（5）保险赔款；（6）军人的转业费、复员费；（7）按照国家统一规定发给职工的安家费、退职费、退休工资、离休工资、离休生活补助费；（8）依照我国有关法律规定应予免税的各国驻华使馆、领事馆的外交代表、领事官员和其他人员的所得。这里的有关法律规定是指《中华人民共和国外交特权与豁免条例》和《中华人民共和国领事特权与豁免条例》规定的所得；（9）中国政府参加的国际公约、签订的协议中规定免税的所得；（10）经国务院财政部门批准免税的所得。

2. 个人所得税的减征规定

《个人所得税法》第五条规定，有下列情形之一的，经批准可以减征个人所得税：

（1）残疾、孤老人员和烈属的所得；（2）因严重自然灾害造成重大损失的；（3）其他经国务院财政部门批准减免的。

由于这类减税项目在全国各地差别很大，为了做到税收制度因地制宜，体现地方特色，《个人所得税法实施条例》规定上述减征个人所得税的减征幅度和期限由省、自治区、直辖市人民政府规定。

3. 捐赠部分可从应纳税所得中扣除的规定

为了支持鼓励个人将其所得向教育事业和其他公益事业捐赠，税法规定捐赠的部分按照国务院有关规定从应纳税所得中扣除。但准予扣除的捐赠部分必须符合下列条件：

（1）捐赠的范围必须是向在中国境内的教育、其他社会公益事业和受自然灾害地区、贫困地区的捐赠；（2）捐赠方式，必须通过中国境内非营利的社会团体、国家机关等组织进行，不得向企业和个人直接捐赠；（3）捐赠金额不超过应纳税所得额的30%。符合上述三个条件的捐赠可以从其应纳税所得中扣除。

对在我国境外取得的所得，为消除重复纳税，我国根据国际惯例实和单边抵免办法。修正后的《个人所得税法》第 7 条规定："纳税义务人从中国境外取的所得,准予其在应税额中扣除已在境外缴纳的个人所得税额。但扣除额不得超过该纳税义务人境外所得依照本法规定计算的应纳税额。"实施细则还规定纳税义务申请和扣除已在境外缴纳的个人所得税税额时,应当提供境外税务机关填发的完税凭证原件。

六、所得税的纳税办法和申请期限

个人所得税的征收,实行由支付单位或个人源泉扣缴和纳税义务人自行申报纳税两种方法。扣缴义务人每月所扣的税款,自行申报纳税人每月应纳的税款,都应当在次月十五日内缴入国库,并向税务机关报送纳税申报表。

工资、薪金所得应纳的税款,按月计征,由扣缴义务人或者纳税义务人在次月十五日内缴入国库,并向税务机关报送纳税申报表。

个体工商户在生产、经营所得应纳的税款,按年计算,分月预缴,由纳税义务人在次月十五日内预缴,年度终了后三个月内汇算清缴,多退少补。

对企事业单位的承包经营、承租经营所得应纳的税款,按年计算,由纳税义务人在年度终了后三十日内缴入国库,并向税务机关报送纳税申报表。纳税义务人在一年内分次取得承包经营、承租经营所得的,应当在取得每次所得后的十五日内预缴,年度终了后三个月内汇算清缴,多退少补。

从中国境外取得所得的纳税义务人,应当在年度终了后三十日内,将应纳的税款缴入国库,并向税务机关报送纳税申报表。

第十二章

三资企业的辅助税法

第一节 关 税 法

关税是由海关依法对进出国境（关境）货物、物品征收的一种税。早在1951年，我国政府便公布了《中华人民共和国暂行海关法》和《中华人民共和国海关进出口税则》以及《中华人民共和国海关进出口税则暂行实施条例》。党的十一届三中全会以后，为适应经济开放发展形势的需要，2003年11月23日国务院发布，2013年最后修订了《中华人民共和国进出口关税条例》。与1987年1月22日通过，2017年11月4日第四次修订的《中华人民共和国海关法》共同构成现行关税法律的主要内容。

一、纳税主体、对象和税率

《进出口关税条例》第五条规定，进口货物的收货人、出口货物的发货人、进境物品的所有人，是关税的纳税义务人。

关税的征税对象主要是属于贸易性的进出口货物和入境旅客的行李物品、个人邮递物品、馈赠物品等。在实践中，海关主要是对进口货物征税。对物品的征税也仅限于进口物品。税率：关税的税率采用比例税率，分为出口税率和进口税率。进口税率又分为普通税率和最低税率，对产自与我国没有订立关税互惠条款的贸易条约或者协定的国家的进口货物，按普通税率征收关税；对产自与我国订立关税互惠条款的贸易条约或者协定的国家的进口货物，按最低税率征税。最低税率为3%~15%，普通税率为最低税率的基础上提高1~2级或提高50%~60%。

由于我国征收出口税的货物品种不多，因此出口货物的税率不分普通和最低税率。对出口物品也不征税，因此对进口物品只征一次进口税，不分普通税率和最低税率。根据既要服从于奖励出口的政策，又要做到能够控制一些商品的盲目出口的原则，《进出口税则》规定只对海蜇、鳗鱼苗等34种货品征收出口税。除煤炭从量征税，即每吨征收人民币40元外，其余实行从价征税办法，共分六级，最低税率为10%，最高税率为60%。

二、完税价格

（一）进口货物的完税价格

进口货物的完税价格一般是以该货物运抵我国海关审定的正常成交价格为基础的到岸价格。"到岸价格"，是指由卖方负责租船订舱，将货物装上船支付至目标港口的包装费、运费、保险费和负责办理出口手续、负担出口风险以及货物装上船前的一切费用和风险的价格。到岸价格经海关审查确定。如果到岸价格无法确定，则由海关参照国内同类产品的市场价格加以审定，其基本计算公式是：

$$完税价格 = \frac{国内市场价格}{1 + 进口税率 + 20\%}$$

如果国内同类产品的市场价格仍未能确定，或者有其他特殊情况时，货物的完税价格由海关估定。

（二）出口货物的完税价格

以货物售与境外的离岸价格扣除出口税后的价格。"离岸价格"，是指以向我国购买货物一方负责租船订舱支付至目的港的运费、保险费，办理进口手续，负担进口税，并承担货物上船后的一切费用和风险的价格。如果离岸价格不能确定时，由海关估定完税价格。出口货物的完税价格计算公式是：

$$完税价格 = \frac{售与国外的离岸价格}{1+出口税率}$$

（三）一些特殊情形下的完税价格

运往国外修理的机械器具、运输工具或者其他货物，出口时已向海关报明并在海关规定期限内复运出口的，应当以海关审查确定的正常修理费和工料费，作为完税价格。运往国外加工的货物，出口时已向海关报明并在海关规定期限内复运出口的，应当以加工货物进口时的到岸价格与原出口货物在进口时的到岸价格之间的差额，作为完税价格。租赁（包括租借）方式进口的货物，作为完税价格。

在确定进出口货物的完税价格后，将完税价格与相应税率相乘，即为该货物的应纳关税额。

三、优惠待遇

国家为了利用外资、引进技术而实施的关税优惠措施，主要包括下列几方面：

（1）对于关税税额在人民币10元以下的；无商业价值的广告品及货样；国际组织、外国政府无偿赠送的物品；因故退回的出口国货物等，经海关审查确认后，可予以免税。（2）对于在国外运输途中或在起卸时，遭受损坏或者损失的；起卸后海关放行前，因不可抗力而遭受损坏或腐烂，经证明不是因仓库管理人或者货物关系人保管不慎所造成的进口货物，可酌情予以免税。（3）经海关核准暂时进口（或者暂时出口）并保证在6个月（可由海关根据具体情况酌情予以延长）复运出口（或者复运进口）的货样、展览品、施工机械、工程车辆、供安装用的仪器和工具、电视或者电影摄制器械、盛装货物的容器以及剧团服装道具，免征进（出）口税。（4）为国外厂商加工、装配成品和为制造外销产品而进口的原材料、辅料、零部件、配套件和包装物料，按加工出口的实际数量免征进口税。（5）对中外合资经营企业进口的和外国合营者按照合同规定作为投资进口的机器设备和其他必需的物件，为开办合营企业以注册资金在国外购买进口的机器设备和其他必需的物料，用追加投资进口国内不能保证供应的机器设备，以及合营企业专为生产外销产品而进口的原材料、零部件等，给予免征进口关税。合营企业生产除国家限制出口的商品，免征出口关税。（6）对中外合作企业属于能源开发、铁路、港口的基本建设，工业、农业、林业、养殖业、深海渔业捕捞、科学研究、教育以及医疗卫生方面的项目，按照批准的合同，作为外商投资或追加投资进口的先进的、国内不能供应的机器设备，以及建厂（场）所安装、加固机器设备所需材料，免征进口关税。合作生产经营企业生产、经营除国家限制出口的商品，免征出口关税。（7）外资企业所进口的设备、材料以及外资企业的出口产品（国家限制出口的产品除外）免征商品出口关税。（8）中外合作开采海洋石油、合作经营能源开发、港口、铁路与公路建设、工业、农业、林业以及教育与科学研究所进口的机器设备、零部件、原材料等，免征进口关税。

此外，我国法律还对经济特区、沿海港口城市和经济技术开发区，以及我国缔结或参加的国际条约规定减、免关税的货物，物品实行关税优惠。

第二节 房 地 产 税

城市房地产税是以城市和工矿基地的房产以及土地为征税对象而开设

的向房地产所有人和使用人征收的一种税。城市房地产税分为房产税的地产税。房产税的征收依据是《中华人民共和国房产税暂行条例》，至于三资企业使用的土地，所有权属于国家，由各有关部门按规定征收土地使用费，不再征收地产税。

一、纳税主体

城市房地产税的纳税主体，是拥有房地产的中外合资、合作企业、外资企业，其他在华拥有房产的外国企业、外籍人员以及拥有房产的华侨，香港、澳门、台湾同胞等。1973年试行工商税以后，对国有企业和集体企业不单独征收房地产税只限于在规定开征的城市，对房产管理部分以及有房地产的个人和外侨征收。在中国境内有房产的外籍人员和在内地拥有房产所有权已转让国内亲友或有关企、事业单位，则应按《中华人民共和国房产税暂行条例》的规定缴纳房产税。房产税的纳税人，是拥有房产权的所有人或承典人。产权所有人或承典人不在本地的，由代管人或使用人代为报交。

二、税率

房产税的税率分为从价计征和从租计征两种。根据有关法律的规定，房产税依标准房价按年计征，税率为1.2%；依标准房租按年计价，税率为18%。应纳税额的计算办法，是按房产的余值乘以税率计算出每年应缴纳的房产税额。

三、税收减免

对归国华侨或侨眷所建房屋或者是购买房屋，以及港澳同胞汇款兴建的房屋，从发给产权证之日起，可免纳房产税五年。免税期满后，按实际价格计算征收,由于其土地所有权归国家所有,不再征地产税,沿海个别省份,对涉外企业的新建房、购买房,也可免征房产税五年。

第三节 车 船 税

车船使用税是对行使在我国公路上的车辆,航行于我国河流、湖泊或领海口岸的船舶,根据其种类、大小,实行定额征收的一种税。

对外籍人员、中外合营企业、中外合作企业及其他外商投资企业使用的机动和非机动车船,一律按照 2006 年 12 月 27 日国务院常务会议通过,2007 年 1 月 1 日起施行的《中华人民共和国车船税暂行条例》的有关规定征税。

一、纳税主体和征税对象

1986 年 9 月 15 日国务院公布《中华人民共和国车船使用税暂行条例》,并从同年 10 月 1 日起开始施行。该条例适用于中华人民共和国境内,车辆、船舶的所有人或者管理人为车船税的纳税人。1951 年 9 月 13 日中央人民政府政务院发布的《车船使用牌照税暂行条例》自 2007 年 1 月 1 日起废止。

二、税率

车船的适用税额,依照《中华人民共和国车船税暂行条例》所附的《车船税税目税额表》执行。

国务院财政部门、税务主管部门可以根据实际情况,在《车船税税目税额表》规定的税目范围和税额幅度内,划分子税目,并明确车辆的子税目税额幅度和船舶的具体适用税额。车辆的具体适用税额由省、自治区、直辖市人民政府在规定的子税目税额幅度内确定。

三、免税规定

《中华人民共和国车船税暂行条例》第三条规定，下列车船免征车船税：(1) 非机动车船（不包括非机动驳船）；(2) 拖拉机；(3) 捕捞、养殖渔船；(4) 军队、武警专用的车船；(5) 警用车船；(6) 按照有关规定已经缴纳船舶吨税的船舶；(7) 依照我国有关法律和我国缔结或者参加的国际条约的规定应当予以免税的外国驻华使馆、领事馆和国际组织驻华机构及其有关人员的车船。

第四节 资 源 税

一、资源税的征税范围

资源税是对因资源差别而形成的级差收入所进行征税的一个新税种。1993年12月25日，国务院颁布了《中华人民共和国资源税暂行条例》，并由财政部发布了该条例的实行细则，2011年国务院最后修改，从而确立了资源税的具体征税范围。

(1) 原油，指开采的天然原油，不包括人造石油；(2) 天然气，指专门开采或与原油同时开采的天然气，暂不包括煤矿生产的天然气；(3) 煤炭，指光煤，不包括洗煤、选煤和其他煤炭制品；(4) 其他非金属矿原矿，指上述产品和非矿盐以外的非金属矿原矿；(5) 黑色金属矿原矿；(6) 有色金属矿原矿；(7) 盐，包括固体盐和液体盐。

二、资源税的税率、计税依据和计税方法

1984年资源税条例规定,采用超率累进税率,即以企业的销售利润率为依据,按销售利润率分档定率。销售利润率不超过12%的,不征收资源税;销售利润率超过12%~20%的部分,销售利润率每增加1%,税率累进增加0.5%;销售利润率超过20%~25%的部分,销售利润率每增加1%,税率累进增加0.6%;销售利润率超过25%以上的部分,销售利润率每增1%,税率累进增加0.7%。

但随着价格调整,工资制度改革和固定资产折旧率的提高等原因,使产品销售利润经常处于变动之中,采用超率累进税率征税,影响了财政收入的稳定。自1986年后,财政部先后发布了《关于对原油、天然气实行从量定额征收资源税和调整原油产品税税率的通知》以及《关于对煤炭实行从量定额征收资源税的通知》等一系列文件,改革了资源税的税率,以调动企业多创利润的积极性,并保证财政收入和简化征税手续。

此次改革,不仅沿用了1986年的从量定额征税的办法,并且根据客观经济条件的发展变化对税额标准进行了重新核定,应税品种之间和主要开采者之间税额体现差别,资源条件好的,税额相对高些,资源条件差的,税额相对低些,并实行按应税产品划分税额幅度的办法,依据开采资源的等级,在规定的税额幅度内,由财政部确定各个企业的具体税额,以体现资源税的调节资源级差的作用。条例对税额幅度规定如下:纳税人开采或者生产不同税目的应税产品,应分别核算不同的税目应税产品的课税数量;未分别核算或者不能准确提供不同税目应税产品的课税数量的,从高适用税额。

1984年发布资源税条例时,资源税以应税产品的销售收入额为计税依据。纳税人自来自用的应税产品,视同销售,按照产品的销售价格计算交纳资源税。自1986年起,根据国家有关规定,对有条件的矿产品实行从量、定额征收资源税的精神,财政部颁发通知,对符合条件的原油、天

然气、原煤等，都由按应税产品销售利润超率累进计算征收资源税的办法，改为按实际产量、销售定额征税，且自1992年1月1日起开征的铁矿石资源税，也以实际销量为计税依据。资源税税目税额幅度详见表12-1。

表12-1　　　　　　　　资源税税目税额幅度

税目		税率
一、原油		销售额的5%~10%
二、天然气		销售额的5%~10%
三、煤炭	焦煤	每吨8~20元
	其他煤炭	每吨0.3~5元
四、其他非金属矿原矿	普通非金属矿原矿	每吨或者每立方米0.5~20元
	贵重非金属矿原矿	每千克或者每克拉0.5~20元
五、黑色金属矿原矿		每吨2~30元
六、有色金属矿原矿	稀土矿	每吨0.4~60元
	其他有色金属矿原矿	每吨0.4~30元
七、盐	固体盐	每吨10~60元
	液体盐	每吨2~10元

此次改革，吸收了1986年的做法，以课税数量为计税依据，具体规定如下：

（1）纳税人开采或者生产应税产品销售的，以销售数量为计税依据；（2）纳税人生产或者开采应税产品销售的，以销售数量为计税依据；（3）纳税人不能准确提供应税产品销售数量或移送使用数量的，以应税产品的产量或主管税务机关确定的折算比换算成的数量为课税依据；（4）原油中的稠油、高凝油与稀油划分不清或不易划分的，一律以原油的课税数量为计税依据。

《资源税暂行条例》规定："资源税的应纳税额，按照应税产品的课税数量和规定的单位税额计算。"应纳税计算公式：

第十二章 三资企业的辅助税法

应纳税额 = 课税数量 × 单位税额

三、资源税的减免

为了照顾原油开采企业生产中必不可少的自用油以及意外事故与自然灾害损失而具体规定了减免税的几种情况:

(1) 开采原油过程中用于加热、修井的原油免税;(2) 纳税人在开采或者生产应税产品的过程中,因意外事故或者自然灾害等原因遭受重大损失的,由省、自治区、直辖市人民政府酌情决定减免或者免税;(3) 国务院规定的其他减税、免税项目。

纳税人的减税、免税项目,应当单独核算课税数量;未单独核算或者不能准确提供课税数量的,不宜减税或者免税。

第五节 土地增值税

一、土地增值税的纳税范围

土地增值税是指按照纳税人转让房地产所取得的增值额和规定的税率计算征收的税种,1993年12月13日,国务院发布了《中华人民共和国土地增值税暂行条例》(以下简称《土地增值税暂行条例》)的第二条明确规定:"转让国有土地使用权、地上的建筑物及其附着物(以下简称转让房地产)并取得收入的单位和个人,为土地增值税的纳税义务人(以下简称纳税人),应当依照本条例缴纳土地增值税。"

二、土地增值税的税率、计税依据以及计税方法的规定

《土地增值税暂行条例》第七条规定:"土地增值税实行四级超率累

进税率：增值额未超过扣除项目金额50%的部分，税率为30%。增值额超过扣除项目金额50%、未超过扣除项目金额100%的部分，税率为40%。增值额超过扣除项目金额100%、未超过扣除项目金额200%的部分，税率为50%。增值额超过扣除项目金额200%的部分，税率为60%。"

土地增值税的计税依据是纳税人转让房地产所取得的增值额。

《土地增值税暂行条例》第四条对增值额作了具体的规定："纳税人转让房地产所取得的收入减除本条例第六条规定扣除项目金额后的余额，为增值额。"即土地增值税是对纳税人转让房地产所取得的增值额进行课税，也是对纳税人转让房地产取得的收入，扣除规定的成本、费用等项金额后的实际增值部分进行征税。其中，纳税人转让房地产所取得的"收入"包括货币收入、实物收和其他收入。《土地增值税暂行条例》第六条规定了计算增值额允许扣除的具体项目：（一）取得土地使用权所支付的金额；（二）开发土地的成本、费用；（三）新建房及配套设施的成本、费用，或者旧房及建筑物的评估价格；（四）与转让房地产有关的税金；（五）财政部规定的其他扣除项目。其中（二）（三）项中的"成本、费用"，是指纳税人在开发土地，建造房屋及配套设施过程中实际发生的成本及费用的支出，包括土地征用及拆迁安置补偿费、前期工程费、建筑工程费、基础设施建设费、公共配套设施费、开发间接费用和建筑房屋及配套设施发生的有关规定的贷款利息支出等；（一）是指纳税人受让土地使用权，向出让土地的有关土地机关支付的土地使用权出让金；（三）中的"旧房及建筑物的评估价格"，是指"已经使用的房屋及建筑物在转让时，由政府指定的房地产评估部门评定后重置价乘以房屋或新折旧率后的价值"；（四）包括："按出售房地产的销售额、已经缴纳的营业税和城市维护建设税、教育费附加也可以视为转让房地产有关的税金，准予扣除"；（五）是一项授权性的规定，目的是为了便于财政部根据实践中发展和变化了的情况，适时作出新的补充规定。

《土地增值税暂行条例》第三条规定："土地增值税按照纳税人转让房地产所取得的增值额和本条例第7条规定的税率计算征收。"土地增值税的计税方法，采用的是超率累进税率。超率累进税率是指按具体征税对象的相对比例划分征税级距，就纳税人具体征税对象全部数额中符合不同级距的数额，分别按与之相适应的各级距税率计征的一种累进税率。也就是说，将征税对象的相对比例从低到高划分为不同的征税级距，并分别制定从低到高不同的等级税率，但进行实际征税时，仍然以征税对象作为计征依据。当纳税人的征税对象的相对比例由一个等级上升到另一个较高的征税等级时，只与超过部分的征税对象相对比例相对应的绝对数额，按照上升后的征税级距适用税率计算征税，详见表12-2。土地增值税应纳税额的具体计算如果采用一般的计算方法，计算起来相当复杂，故通过近一步的推导，可采取简易公式计算应纳税额，即：

（1）土地增值额未超过扣除项目金额50%的，应纳税额为：应纳税额＝土地增值额×30%。

（2）土地增值额超过扣除项目金额50%，未超过100%的，应纳税额为：应纳税额＝土地增值额×40%－扣除项目金额×0.05。

（3）土地增值额超过扣除项目金额100%，未超过200%的，应纳税额为：应纳税额＝土地增值额×50%－扣除项目金额×0.15。

（4）土地增值额超过扣除项目金额200%的，应纳税额为：应纳税额＝土地增值额×扣除项目金额×0.35。

表12-2　　　　　　　　四级超过率累进税率

级数	超过率累进级距	税率（%）
1	土地增值额未超过扣除项目金额50%的	30
2	土地增值额超过扣除项目金额50%，不超过100%的	40
3	土地增值额超过扣除项目金额10%，不超过200%的	50
4	土地增值额超过扣除项目金额200%的	60

计算公式：

应纳税额＝土地增值额×适用税率－速算扣除数

三、房地产评估价格计算征税规定

房地产评估价格是确定房地产价格的一种重要方式。由于长期以来我国房地产的市场程度相对较低,房地产价格呈现多层次、多元化的状态。由于各地区的出让、转让价格差异较大,故在多层次、多元化的房产价格状态下确定一种"标准价格"是非常必要的,所谓房地产评估价格即是采用科学、公正的测算标准和方法,按统一的测算口径,从诸多价格形态中确定的"标准价格"。具体而言,是指由政府指定的房地产管理部门或者房地产中介机构,根据相同的地段,同类房地产进行综合评定并经当地税务机关确定的价格。由于土地增值税是按转让房地产取得收入减除规定的扣除项目金额后的增值额计算征税,因此,对一些收入和扣除项目金额申报不实在或者由于客观原因无法提供准确资料的,计算征税就比较困难。因此,在一些特殊情况下,就需要按照房地产的评估价格征税。

《土地增值税暂行条例》第九条规定了应当按照房地产评估价格计算征收的三种情形:(1)隐瞒、虚报房地产成交价格的;(2)提供扣除项目金额不实的;(3)转让房地产的成交价格低于房地产评估价格,又无正当理由的。

以上三种情况,结果都可能导致国家税收流失,为了防止偷漏税情况发生,故应按评估价格计算应纳税额。

四、国家对土地增值税征收管理的具体规定

土地增值税的征收管理适用税收征管法及其实施细则的有关规定,但同时也适用土地增值税中具体的、补充的、特殊的规定。(1)纳税人应当自转让房地产合同签订之日起7日内向房地产所在地主管税务机关办理纳税申报,并在税务机关依法征收的期限内缴纳土地增值税;(2)土地

增值税由税务机关征收。土地管理部门、房地产管理部门应当向税务机关提供有关资料,并协助税务机关依法征收土地增值税;(3)纳税人来按照《土地增值税暂行条例》缴纳土地增值税的,土地管理部门、房产管理部门不得办理有关的权属变更手续。

第十三章

三资企业的双重征税与避税预防

第一节 三资企业中的双重征税及预防

一、双重征税的概念、产生原因及影响

(一) 双重征税的概念

双重征税,即国际双重征税。是指两个或两个以上的国家,各自按照本国的税法,对同一纳税人的同一征税对象在同一时期内进行的征税。例如甲国某公司到东道国乙国投资建立一个企业,它在乙国投资所得的利润收入要按照其国籍所属国甲国的税法纳税,又因它在乙国投资进行生产经营活动,故其所获得的利润收入又要按照东道国乙国的税法纳税。这就是所谓的双重征税。

(二) 双重征税产生的原因

之所以会出现双重征税的现象,是由于各国行使税收管辖权的原则不

同。税收管辖权有属人原则和属地原则，各国都有权自由决定按照何种原则行使税收管辖权。或采用属人原则，或采用属地原则，也有的两种原则同时采用。一个跨国公司就同一笔收入，如在它的本国按属人法原则纳税，而在东道国按属地法原则纳税。这样就产生了双重征税的问题。例如某一跨国公司的总部设在美国，该公司的分支机构设在菲律宾。根据属地原则及菲律宾有关税法，菲律宾政府按其所得税税率35%对该分支机构征税；这个分支机构的总部设在美国，是在美国登记注册的法人，美国政府按照属人原则及美国税法，也要对这个分支机构征收46%的所得税。照这样计算，该分支机构所得收入的81%被两国政府征税，其纯利润所剩无几。显然，如果世界各国一致地行使同一种税收管辖权，或者一律按属人原则征税，或者一律按属地原则征税，是不会发生双重征税的。但实际上，世界上绝大多数国家都出自本国利益需要，同时实行两种税收管辖权。因此，双重征税在世界各国普遍存在。

（三）双重征税的影响

双重征税是国际投资中的一个不利因素，对海外投资者、资本输入国和资本输出国都会带来不利的影响。

首先，双重征税加重了海外投资者的纳税负担，损害了其应有的利益，因而会挫伤海外投资者向国外投资的积极性。海外投资者作为跨国收入纳税人，其同一笔收入需要同时在两个或更多的国家纳税，因而无辜地多承担一份或更多份的税负，这就势必导致海外投资者税后利润大为减少，甚至化为乌有。而投资者到海外投资做生意，其目的无非是想获取比本国更高的利润。如果其在海外的投资由于双重征税使其所得利润所剩无几，他就没有必要到海外投资去了。即使比在国内所得高一些，由于海外投资风险大，对他也没有太大的吸引力，因此，双重征税不利于国际的经济交流与合作。

其次，双重征税抵消了资本输入国税收优惠政策刺激外商投资的作用。发展中国家为了吸引发达国家的私人投资，普遍实行低于发达国家的所得税率，并采取多种税收优惠政策，对外商投资者减税免税。但由于双重征税，发展中国家税率即使再低，优惠再多，外国投资者也不可能获得比在本国投资更多的利益。所以，双重征税是发展中国家吸引外资和引进技术的一大障碍，使其鼓励外商投资的税收措施难以奏效。

最后，由于双重征税使海外投资无利可图，必然影响发达国家的资本输出，从而导致过剩资本不能获得较好的投资场所，闲置的资本不能增值，这对资本持有者来说是不能忍受的。

二、双重征税的避免

由于双重征税存在上述不利影响，避免双重征税已为世界各国及海外投资者所关注。世界各国都尽力通过各种方法来消除或缓和双重征税的问题。从国际及我国实践来看，避免双重征税通常有两种做法：一是通过国内立法避免双重征税，二是通过缔结国际协定避免双重征税。

（一）通过国内立法避免双重征税

1. 免税制

免税制，是指纳税人本国政府对纳税人来自国外的收入免于征税。免税制实际上承认收入来源国享有独占的征税权。根据免税制，收入来源国对某一外商投资者所征的税，就是该投资者唯一的税负，其本国不再征税，由此避免了双重征税。虽然免税制有利于跨国投资者，但其本国却付出了很大代价，故目前只有法国荷兰等少数国家采用免税制。

2. 扣除制

扣除制是指纳税人本国将纳税人来源于国外的收入扣除掉纳税人已在收入来源国缴纳的税款，再对余额按本国税率征税。例如，纳税人本国税率为50%，收入来源国税率为30%，纳税人在收入来源国获得的利润为

100万元，按照扣除制，纳税人应向本国缴纳税款为（100万元－100万元×30%）×50% = 35万元。

可以看出，扣除制实际上仍然对纳税人进行了两次征税，只不过程度较双重征税略轻一些。如上例中纳税人共纳税为35万元＋30万元＝65万元，但仍大于其本国缴纳的税款100万元×50% = 50万元。因此这种方法也不利于提高纳税人向国外投资的积极性。

3. 税收抵免制

税收抵免制是指纳税人的本国政府保持对纳税人在国外的收入行使征税的权利，同时用纳税人在收入来源国缴纳的税款来抵免应在本国缴纳的税款。具体地说，由纳税人投资所在国——东道国首先行使征税的权利，而纳税人国籍国只对纳税人的东道国与国籍国所征税额的差额征税，也叫税额补差。例如美国是实行税收抵免制的国家。如果一美国公司从其在中国开办的合作企业中一年分得利润100万元，按美国所得税税率46%计算，应向美国缴纳46万元，但该公司按中国有关税法规定的33%的税率已向中国缴纳所得税33万元，那么按照税收抵免制，该公司只向美国缴纳46－33＝13万元的所得税。这样，纳税人在东道国和本国所缴纳的税额，只相当于其中一个国家的税额，双重征税问题因此而解决。

抵免制能较好地协调发达国家属人税收管辖权与发展中国家属地税收管辖权的关系，兼顾两国的利益。因为发达国家的税率一般都高于发展中国家的税率，实行抵免制，两国对同一笔跨国投资都能征到一定的税款，同时又不增加纳税人的负担。抵免制的不足之处，是它并不能使资本输入国的低税率和减免税收的优惠政策直接对外国投资发挥吸引作用，因为，外国投资者虽在资本输入国缴纳的税收少，但在其本国仍要补足其差额，外国投资者因而不能从资本输出国的低税率或减免税中得到实惠。如此说来，投资东道国对外商投资者制订的税收优惠政策不就失去应有的意义了吗？因为东道国的税率只要不高于投资者本国的税率，那么对投资者来说，东道国的税收优惠政策是没有意义的。但仔细分析，东道国的低税率和减免税收的优惠政策还是有一定的作用的。间接地看,低税率可以鼓励投资者本国实行开放政策,不限制或少限制本国资本外流。因为东道国税率低,投资者本国可以从中抽取较多的差额税金,如果东道国税率定高了,投资者所得税款全部归东道国,投资者本国就要限制资本外流。另外,低税率可以鼓励外国投资者将其所分得的利润进行再投资。我国法律规定,外国投资者把从合营企业或外资企业分得的利润用于中国境内再投资,期限不少于5年的,可退还再投资部分已纳所得税税率的40%。其他国家也有类似规定,有的可对再投资部分实行全部免税,再投资的资产仍然归投资者所有。在这种情况下,低税率所带来的好处仍属于投资者。总之,低税制对投资者仍然是具有吸引力的,由此发展中国家采取税收优惠措施还是很重要的。

目前,国际上许多国家采取税收抵免制,如英国、美国、加拿大、日本都对其居民在外国纳税后的收入,允许在本国应纳税款中抵免。我国对我国居民的国外收入也实行税收抵免。如《关于对所得避免双重征税和防止偷漏税的协定》第二十三条规定,企业取得的下列所得已在境外缴纳的所得税税额,可以从其当期应纳税额中抵免,抵免限额为该项所得依照本协定计算的应纳税额;超过抵免限额的部分,可以在以后五个年度内,用每年度抵免限额抵免当年应抵税额后的余额进行抵补:

(1) 居民企业来源于中国境外的应税所得;

(2) 非居民企业在中国境内设立机构、场所,取得发生在中国境外但与该机构、场所有实际联系的应税所得。

《关于对所得避免双重征税和防止偷漏税的协定》第二十四条规定,居民企业从其直接或者间接控制的外国企业分得的来源于中国境外的股息、红利等权益性投资收益,外国企业在境外实际缴纳的所得税税额中属于该项所得负担的部分,可以作为该居民企业的可抵免境外所得税税额,在本法第二十三条规定的抵免限额内抵免。

(二) 通过缔结国际协定避免双重征税

避免双重征税,除通过国内立法实行税收抵免制等措施外,还可以由有关国家通过缔结避免双重征税的双边或多边国际协定，相互限定税收管辖权，在各缔约国之间相互避免双重征税。这是当前国际上避免双重征税更加通行和有效的一条途径。目前，已有许多国家缔结了避免双重征税的双边协定。从1983年9月6日中、日两国政府正式签订《关于对所得避免双重征税和防止偷漏税的协定》以来，我国已同日本、美国、英国、法国、比利时、加拿大、挪威、丹麦、瑞典、新加坡、马来西亚、芬兰、意大利等三十多个国家签订了避免双重征税和防止偷漏税协定。随着我国对外开放政策的深入贯彻，向我国提出签订避免双重征税和防止偷漏税协定的国家，正在日益增多。

在国际上，避免双重征税协定的主要内容包括：（1）协定的适用范围：说明避免双重征税协定适用于哪些纳税人和所缴纳的税种及其意义；（2）协定的基本用语和定义：包括对于国际上通用语言的采用，如居民的确定、常设机构、空运和海运、联属企业、股息、利息、特许权使用费、技术费、财产转让、情报交换、劳务报酬等；（3）对各种所得税权限的划定，对资本征税的规定；（4）非歧视性条款：保证外国投资者在税收上享受国民待遇，有的国家则给予最惠国待遇；（5）避免双重征税的方法。主要是确认实行税收抵免制，还是实行税收饶让制。所谓税收饶让制，是指要求纳税人的本国政府，对纳税人因东道国采取税收鼓励措施而给予减免的税额也予以抵免。

实行税收饶让制，实际上是投资者本国只征收本国应征税额减去东道国应征而不是实征税额的差额，即承认东道国有权减免税收，东道国对应征税款免征，减征的部分归投资者所有，其本国不再补征。无疑，税收饶让制比起税收抵免又前进了一步。如果说实行税收抵免只能使投资者的跨国收入摆脱额外税负而并不能从东道国的优惠政策中得到实惠的话，实行税收饶让则能使投资者因东道国减免税收而直接增加其税后利润，从而真正起到鼓励、刺激外商投资的作用。因此，对发展中国家而言，在实行对外税收优惠时，不应只满足于资本输出国同意实行税收抵免，而应力争在双边税收协定中订立税收饶让条款。

目前，世界上已有130多个双边税收协定规定了税收饶让办法，在我国已签订的双边绕收协定中，争取到了除美国以外的其他发达国家缔约国对我国实行税收饶让。因此，这些国家的投资者能够从我国减免税收的优惠中得到实惠。

总之，税收抵免和税收饶让同税收鼓励问题密切联系着。不解决税收抵免和税收饶让，税收鼓励措施就不完善，低税率也会被双重征税所冲淡。只有实行低税率并且解决双重征税问题，才能使投资东道国的鼓励外商投资的税收优惠政策真正发挥作用，同时避免国际逃税事件发生，有利于保障两国共同利益，推动国际相互投资活动的发展。

第二节 三资企业的避税及其预防

一、避税的概念、产生原因、方式及影响

（一）避税的概念

避税，即国际避税，是指跨国纳税人利用各国税法规定的差别和立法上的漏洞，采取变更其经营地点或经营方式等多种公开的合法的手段，以谋求最大限度地减轻或消除税负的行为。

避税是双重征税的对立面。双重征税表示税收负担超限，避税表示税收负担不足。二者都不符合公平负担的原则，同样是税收关系不正常的表现。

避税和逃税都是减轻或消除税负的行为，区别在于前者采用合法的手段，而后者是非法的。但避税和逃税往往相伴出现，如影随形，难于分辨，二者都会导致国家税收的流失，危害都是一样的，故有些学者认为它们并无本质区别而将其相提并论。

我国的三资企业也可能采取各种方法避税，避税人是作为企业所得税纳税人的合营企业、外资企业以及合作企业中的外国合作者，但实质上都是外国投资者。

（二）避税产生的原因

避税产生的主要原因是各国之间存在的税收差别。由于各国税法的规定不同，使跨国纳税人避税企图的实现成为可能。

1. 各国税收管辖权的差别

各国税收管辖权的差别，不仅可能造成双重征税，也会给国际避税可乘之机。如甲国采用属人原则的税收管辖权，乙国采用属地原则的税收管辖权。如果某乙国公民在甲国投资，那么他的投资收入就可以在两国都免于纳税。

2. 各国税法规定的税率、税种和征税范围存在着较大差别

有的国家的公民就有可能尽量在低税率国家投资或进行经营活动，以减轻税负。有的税种在一些国家根本不存在，有的所得在一些国家不属于纳税范围，这些都对避税有着重要的意义。

3. 各国税收减免的措施和避免双重征税的方法存在差异

此外，各国征税的计算方法以及税法有效实践的程度也不相同，这些都为避税行为提供了条件。

（三）避税的方式及其影响

跨国纳税人的避税方法多种多样，千奇百怪，且带有很强的隐蔽性。主要方式有下述两种。

1. 转移定价

所谓转移定价，就是跨国公司人为地提高或压低交易价格，通过其所

参股的关联企业，把利润从高税国转移到低税国或免税港（即免税地区），以达到少纳税或不纳税的目的。其办法是，由低税国子公司向高税国子公司高价出售货物，或由高税国子公司向低税国子公司低价出售货物，从而使低税率地区的子公司出现高利润，而高税率地区的子公司出现低利润或亏损，从而达到避税的目的。

2. 避免成为高税国法人

法人国籍的确定标准通常有二：一是按机构登记所在地，二是按实际管理机构所在地。纳税公司可以对症下药，通过不停地变更登记地的权宜措施和转移管理机构所在地的方法，轻而易举地摆脱成为高税率国籍的法人，以减轻税负。

我国的三资企业都是由外国投资者包括跨国公司参股的企业，因此，我国三资企业也完全有可能在外国投资者的控制或操纵之下，采取转移定价等方法避税。实际上，这种情况已有所发生。如某港商控制的合营企业利用高价进口低价出售的手段，在不到一年的时间里造成合营企业亏损100多万港元，导致中方合营者无利可分，中国政府无税可征，而港商却通过关联公司大获利润。实践中，一些三资企业年年无利润而又不断地扩大生产，其缘由正在于此。

三资企业的避税，对我国的危害是多方面的。它造成了我国税收的大量流失，损害了中国合营者的利益，破坏了我国平等纳税的原则，妨害我国引进利用外资工作的正常进行。

二、三资企业避税的预防

由于三资企业的避税行为减少了我国的财政收入，损害了我国的正当权益，因此，我们必须采取对策，预防并制止三资企业的避税行为。

在长期的实践中，一些国际组织和国家已逐渐形成了一套值得借鉴的反避税措施。许多国家重点放在建立并完善有关的税法条款上，同时，建

第十三章 三资企业的双重征税与避税预防

立健全税收征管制度,常见的措施有:

(1) 在一般条款中,注意准确使用文字,设法堵塞漏洞,对一些税源大或容易避税的项目,再采用专门列举的方法,做到在法律的解释上不给纳税人留下模棱两可的空子。(2) 设立反避税专门条款。一种是对容易避税,而且用一般条款难以控制的项目,采用在一般条款外另设一条附加准则的办法。另一种就是针对一种避税习惯做法设立的专门条款。典型的例子是关于跨国公司间定价的规定。如《美国国内收入法典》第482节,该节授权给财政主管部门,在其认为有必要的情况下,在一个有联属关系的纳税人内部,重新确定毛所得额、扣除额、抵免或减免额。(3) 规定某些与交易有关的活动必须获得政府同意。与前两种方法相比,这是最为严厉也最为简单的一种方法。如英国1970年所得税和公司税法第482节规定,一家公司若得不到财政部的批准,是不能迁移出境的。

此外,许多国家还通过建立和完善税务申报制度、会计审计制度、所得评估制度以及通过政府间的合作等多种措施来消除避税行为。

我国在预防和制止三资企业避税方面已做了积极的努力。如《中华人民共和国企业所得税法》中的第六章特别纳税调整就有助于我国预防外国企业的避税行为。目前仍需进一步完善我国的涉外税收制度,特别是价格和所得评估制度,形成一套周密的监督体系,同时要注意提高税收入员的业务素质。

第五编
三资企业的法律保护

第十四章

三资企业的法律保护

第一节 我国保护三资企业的立法概况

利用外资、开办三资企业，是我国对外经济关系的重要组成部分。中华人民共和国成立以来，我国以"自力更生为主，争取外援为辅"为指导思想，一方面通过自己的力量大力发展民族工业，另一方面也积极利用外资来弥补国内建设资金的不足和技术的落后。但是，从总体上讲，我国利用外资，并以法律形式保护和管理外商投资却经历了一个复杂、曲折的过程。

20世纪50年代和60年代，我国在对利用外资的认识上，以及在使用外资的规模、领域和方法上，都有很大的局限性，特别是60年代后期，利用外资几乎成为禁区。这种状况的持续发展，严重地束缚了我国同世界各国的经济交往，并且成为影响我国经济发展的重要原因之一。

党的十一届三中全会以后，我国确定了对内搞活、对外开放的政策，利用外资方面取得了很大成绩。这一时期，我国政府采取了一系列措施加强涉外经济立法工作，其中，对外商投资提供法律上的保护已成为涉外经济立法工作的重要组成部分。1979年7月，我国颁布了第一个保护三资

三资企业法通论

企业的法律规范《中外合资经营企业法》，此后，有关保护外商投资的立法工作逐步开展起来。1982年，我国宪法第18条明确规定："中华人民共和国允许外国的企业和其他经济组织或者个人依照中华人民共和国法律的规定在中国投资，同中国的企业或者其他经济组织进行各种形式的经济合作。"国家以根本大法的形式把对外开放、利用外资明确加以确认，其意义重大。这不仅表明，宪法颁布前我国制定的对外开放，引进外资兴建三资企业，试办经济特区等方面的法律、法规等均已被国家根本大法予以肯定。而且更重要的是，它为我们今后在对外经济工作中的立法提供了最高的法律依据。

为保障宪法规定的内容得以贯彻实施，国家立法机关根据宪法的原则精神，及时地制定了大量的法律、法规，为保护和管理外商投资提供了可靠的法律依据和保障。

从我国的立法实践来看，我国保护外商投资的法律，均由各种专项立法及相关的单行法律、法规相互联系而组成一个法律体系。这个法律体系是以调整三资企业法律关系为核心，包括纵向层次和横向层次的各种专项立法和相关法律、法规所形成的一个有机结构和系统的法律体系。保护三资企业法律体系的层次结构可以分为：

1. 宪法规范

这是第一层次的立法。宪法序言中肯定了我国开展国际经济交往与合作，以及利用外资的基本方针和原则。在"总则"第18条又进一步明确规定了利用外资开办企业的形式，以及外国投资和外国投资者的合法权益受到中国法律的保护。这些构成了我国三资企业法律保护体系的核心层次，它们成为一切有关外商投资法律保护的最高法律依据。

2. 国家单行法律、法规

这是第二层次立法，是中央一级立法，即全国人民代表大会及其常务委员会制定的法律，以及经全国人大授权国务院及其所属部委根据宪法和法律制定的暂行规定或条例、决定、命令等等。

3. 地方性法规

这是第三层次立法。我国宪法规定：省、自治区、直辖市人民代表大会及其常务委员会在不同宪法、法律、行政法规相抵触的前提下，可以制定地方性法规，报全国人民代表大会常务委员会备案或批准生效。1979年以来，广东、福建、天津、浙江等省、市制定了大量的鼓励保护外商投资的地方性法规以及经济特区立法等，有效地贯彻了我国外资立法的精神和政策。

上述这些法律、法规、条例内容涉及中外合资经营企业、合作经营企业、外商独资企业、涉外税收、涉外经济合同、技术引进、外汇管理、劳动管理、涉外工商行政管理、海关、商检、银行信贷、商标、专利、经济特区以及涉外仲裁、诉讼等诸多方面的内容。其中1979年7月8日公布的《中外合资经营企业法》，1983年9月20日公布的《中外合作经营企业法》，1986年4月12日公布的《外资企业法》，1986年10月11日公布的《国务院关于鼓励外商投资的规定》等在保护和管理外商投资的实践中起了巨大的积极作用，并且奠定了我国保护三资企业法律制度的基础。

建立、健全保护三资企业法律制度是一项复杂、细致的工作，而且是一个长期的历史过程，它应当体现我国利用外资的方针和政策。由于我国缺乏实践经验，随着改革、开放逐步深入，有些法律、法规的规定已经明显地不适应我国吸引、利用外资的实践需要，在保持法律的稳定性的基础上，只有及时地修改、完善我国三资企业法，才能建立具有中国特色完备的三资企业法律制度，有效合理地保护外商投资者的合法权益，才能适应我国涉外经济工作的实际需要。我国的立法机关正是在这一思想指导下对一些已经明显不适应我国改革开放深入进行的法律、法规进行了不断的补充和修订，或者以制定颁布新的法律、法规的方式废止原来的法律、法规。这具体表现在以下几个方面：(1) 1990年4月、2001年3月、2016年9月3日，我国三次修订了《中外合资经营企业法》，并且明确规定，对合营企业不实行国有化，双方合营者均可以担任董事长，合营期限可以按照不同行业，根据不同情况作不同的规定；2000年、2016年先后2次对《中外合作经营企业法》进行了修订；2000年、2016年对《中华人民共和国外资企业法》进行了修订，进一步完善了三资企业的核心法律。(2) 1990年5月国务院发布了《城镇国有土地使用权出让或转让暂行条例》和《外商投资开发经营成片土地暂行管理法》以鼓励吸收外商投资开发成片土地，开办先进技术企业和产品出口企业，从而有力地促进我国外向型经济的发展。(3) 1991年4月全国人民代表大会通过了《外商投资企业和外国企业所得税法》，规定按统一的比例税率来征收所得税，并且还明确规定，对三资企业不增加税赋，也不减少税收优惠，这使得我国的投资环境得到了进一步的改善。2007年统一税法，颁布了《中华人民共和国企业所得税法》，统一实行国民待遇。(4) 从1991年6月开始，《中华人民共和国著作权法》在我国施行，1991年10月1日《计算机软件保护条例》开始在我国施行，这使我国知识产权领域的法律、法规的制定工作日趋完善，同时也使外商投资者的知识产权在我国能够得到充分、有效的法律保护。

据不完全统计，我国中央一级颁布的涉外经济贸易法律、法规已有200多部，国务院各部门以及地方政府公布的法规有1000多部。经历了一个复杂、曲折的历史过程，目前我国已经基本上形成了一整套比较完备、具有中国特色的三资企业法律、法规体系。这是一项基础性工作，只有具备了有法可依的良好局面，才可能进行法律保护。因此，健全我国外商投资法制体系工作是对外商投资提供法律保护的前提和基础。

第二节　我国对外国投资者的待遇制度

外国投资者的待遇问题实质上是外国投资者在东道国的法律地位问题。一国对外国投资者的待遇制度是其国内立法和有关国际条约所确立的一系列关于外国投资者的权利、义务的原则、规范、各项具体措施及其实施方式所共同构成的一个有机整体。关于这一问题，国际上至今仍没有统一的法律规定，所以，一国给予外国投资者何种待遇，这是一国的主权，别国无权进行干涉。但是，在确立外国投资者待遇制度时应该着重考虑以下两个问题：

（1）确立外国投资者待遇制度的国内立法不能与国家应当承担的各项国际义务相违背，否则将会违反国际义务而引起国家责任。

（2）一国在制定有关国内法时，还必须考虑到当时的国际关系和国际实践，以及有关的国际法基本原则和国际惯例。

对外国投资者的待遇如何，是投资者、资本输出国、资本输入国所共同关心的一个重要问题。从国际实践来看，外国投资者的待遇问题，不仅东道国以国内立法的形式加以原则性的规定，而且在普遍适用于商业、投资领域的通商友好条约、航海条约，以及当前专门适用于国际投资领域的投资保护条约中也都有专门的具体规定。在国际实践中，曾做过多次努力，试图用统一法的形式来确定对外国投资的待遇，但是，由于各国的状况和立场不一，难以就此问题达成一致的协议，所以至今在世界范围内还没有形成统一的立法。

在国际投资领域的理论和实践中，长期以来所主张和使用的待遇主要包括：公平合理待遇、不歧视待遇、国民待遇、最惠国待遇，以及一些西方国家所主张的所谓"国际标准"待遇等等，其中使用得最多、最广泛的是国民待遇和最惠国待遇。

在我国确定对外国投资者的待遇制度，必须要从我国的国情出发。目前，我国的社会生产力和商品经济还不发达。一方面由于国内资金短缺，生产技术落后，靠自己的力量不足以在较短时期内改变这种落后的不平衡的发展状况，迫切需要吸收外国资金；另一方面，外国投资并非必然有利于我国经济的发展，只有在符合我国经济发展目标，接受我国管理和调节的条件下，才能保证我国利益的实现。因此，在确立外国投资者待遇制度时，我们就必须根据这种实际需要和我国国情，使对外国投资者的待遇制度不仅能有利于吸引外国资金，而且还应该建立在能够正确地引导外商投资的具体投向的基础之上。

我国已经和许多国家签订了双边投资保护协定，在这些协定中，对外国投资者的待遇问题是一个特别重要的内容。在这些协定中规定的待遇主要有最惠国待遇、公平合理待遇，有的协定中还规定了不歧视待遇。但是，我国并没有广泛地采用国民待遇这一标准，但应尽量采取这一标准。在实践中，外国投资者不仅在许多方面已经在事实上享受了国民待遇，而且我国为了改善投资环境，照顾外国投资的特点，对外国投资者还规定了许多优于本国投资者的待遇。同时，我国没有把管理国内其他企业的办法适用于三资企业，而是完全从三资企业本身的特点出发，重视其能够开展富有成效的经营管理活动。并取得应享受的利益，采取实事求是、现实灵活的方法，这不仅符合促进不同社会制度国家间发展经济技术合作的客观要求。而且在实践中也取得了显著的成效，所以，我国在双边投资协定中，一般规定"公正和公平的待遇和保护"或"公正合理的待遇"，而不是泛泛地规定国民待遇，这不仅有利于保护外国投资者的合法权益，而且也可以避免在条约的解释和适用上产生不必要的争议。从我国和外国缔结的诸多双边投资协定和我国的国内立法的规定来看，我国对外国投资者的待遇主要有以下几种：

一、最惠国待遇

我国和外国缔结的双边投资协定，一般都规定有最惠国待遇条款，以保障外国投资者的合法权益。我国缔结的投资协定中关于最惠国待遇的规定，与国际实践是一致的，概括起来有以下三个方面的内容。

（一）利益均沾的原则

在投资协定中明确规定，把给予有同类协定的第三国投资者及其投资活动所享有的待遇，同样地赋予对方投资者。

例如，我国同瑞典缔结的双边投资协定第二条第二款规定："缔约任何一方的投资者在缔约另一方境内的投资所享受的待遇不应低于第三国投资者的投资所享受的待遇。"为了强调某些方面的平等保护原则，一些协定中还就这些特殊事项进行了专门规定。例如，某些协定中规定，一方国民或公司在缔约另一方领土内的投资，因缔约另一方领土内发生战争或其他武装冲突、国家紧急状态、暴乱、起义而受到损失，缔约另一方如果给予恢复、赔偿、补救或其他处理方面的待遇，不应低于其给予任何第三国国民或公司所享受的待遇。

（二）最惠国待遇的适用条件

我国与其他国家签订的双边投资协定中规定的最惠国待遇，一般都以互惠为条件。也就是说最惠国待遇是以相互赋予为基础。例如：我国与美国缔结的《中美贸易关系协定》第二条第一款规定："为了使两国贸易关系建立在非歧视性基础之上，缔约双方对来自或输出至对方的产品应相互给予最惠国待遇，即对上述产品相互给予对来自或输出至任何其他国家或地区的同类产品在下列方面给予的各种利益、优惠、特权或豁免……"。

（三）最惠国待遇适用的例外

我国与外国签订的双边协定一般也采用了国际上通行的例外做法。具体的例外情形包括因关税同盟、自由贸易区、经济共同体或地区性合作安排而给予第三国投资者的优惠，以及根据双边税收协定而给予第三国投资者的优惠。例如：我国同罗马尼亚签订的投资保护协定中规定，最惠国待遇在有下列情况下，不予适用："（1）缔约任何一方由于参加关税同盟、自由贸易区或地区性经济组织而给予第三国投资者的优惠；（2）缔约任何一方根据关于避免双重征税协定或其他有关税收问题的国际协议给予第三国投资者的优惠。（3）缔约各方为方便边境贸易给予邻国的优惠。"除此以外，在与某些国家缔结的投资保护协定中还规定了一些特殊条例，例如，我国与瑞典缔结的投资协定中规定：在本协定签字前，同他国缔结的双边协定给予他国投资者的更优惠的待遇，也属于例外范围。

二、不歧视待遇

我国和外国缔结的双边投资协定中有的规定了不歧视待遇，以防止和避免外国投资者与第三国投资者及其投资活动相比，处于不利的受歧视地位。例如，我国与原德意志联邦共和国缔结的投资协定第三条第四款规定：缔约任何一方保证，在不损害其他有关外国人参股的合资经营企业和外资企业法律的情况下，对缔约另一方投资者的投资不采取歧视措施。同时在两国签订的有关议定书中对歧视措施作了具体规定，"歧视措施"是指：限制获得原材料、辅料、能源和燃料，生产设备与操作工具及其他具有类似效果的措施。但是，缔约国一方因其国民经济在某些时期安排上的优先安排顺序而采取的措施，如果不是专门针对缔约另一方投资者或有缔约另一方投资者参股的合资经营企业的，不应视为"歧视措施"。在其他一些投资协定中还规定，因公共安全和秩序、国民健康或道德而采取的措施，不应视为歧视待遇。

三、公平合理待遇

我国和外国缔结的投资协定中，一般都含有公平合理待遇的有关规定。

公平合理待遇作为一项原则，同平等原则一样，应用范围相当广泛。在我国对外贸易实践中，适用公平合理待遇原则已经极为普遍。公平合理待遇的主要任务是综合各种情形、判断某事例中的行为是否公平合理。因此这项待遇制度比其他待遇制度更具有原则性。也正因为如此，适用公平合理待遇时，也就容易发生分歧和争议。所以，正确地解释这一待遇制度，并阐明这一待遇制度的具体含义以及衡量标准是极其重要的。

对于公平合理待遇，应该有正确的理解。首先，公平合理待遇与最惠国待遇及不歧视待遇不同。从我国与外国签订的双边投资协定中可以看出,公平合理待遇往往是单独地规定一条或者与最惠国待遇一起加以规定,如果两者在内容上完全一致,就没有必要作这种重复性规定。其次,公平合理待遇与国民待遇不同,国民待遇是一种具体的待遇标准,我国目前并没有广泛地运用这一待遇,普遍适用的是反映整个待遇制度整体精神的公平合理待遇。公平合理待遇作为一项待遇原则,主要是用来防止对外国投资者的专断性歧视措施,其意义体现在整个待遇制度中,并包括了国内立法的各项具体规定及其执行,它所反映的是整个待遇制度的整体性原则。尽管公平待遇是一项整体上的待遇原则,但是它并不是没有实际内容的空洞的原则。我国与法国缔结的投资保护协定中规定了公平合理待遇,并且在其附件中对公平合理待遇的内容作了进一步的规定:

(1)有关生产经营活动的正常进行不受任何阻碍;(2)投资者为进行专业活动而得到适当的物质方便;(3)对出入境居留和旅行积极提供相应的便利。由此可见,公平合理待遇与我国的国内立法密切相关,并且只有与我国国内立法的有关规定相互结合,才能得到贯彻执行。

关于公平合理待遇的解释标准,在我国与外国缔结的投资协定中也有所规定。例如,我国和挪威签订的双边协定第三条规定:"缔约一方应鼓励缔约另一方的国民或公司在其领土内进行投资,并且依照其法律和法规接受此种投资,给予公平合理的待遇和保护。"我国与科威特签订的双边投资协定第二条第二款规定:"缔约各国在任何时候都应给予缔约另一国投资者的投资和利益以公正的待遇,缔约各国应根据法律和法规保证缔约另一国投资者对在其领土和海域内投资的管理、维持、使用、享有或处分不受任何不合理或歧视性措施的约束或损害。"

从以上有关国际投资协定的规定中可以看出,公平合理待遇的衡量标准,应该以投资接受国的国内法律和法规为准,而不能以国际法标准或其他任何标准来衡量。

四、一定范围内的国民待遇

我国虽然没有广泛地使用国民待遇制度,但是实践中在一定范围内还是适用了国民待遇原则。

《中华人民共和国民法通则》第四十一条第二款的规定："在中华人民共和国领域内设立的中外合资经营企业、中外合作经营企业和外资企业，具备法人条件的，依法经工商行政管理机关核准登记，取得中国法人资格。"《中外合资经营企业法实施条例》第二条规定："依照《中外合资经营企业法》批准在中国境内设立的中外合资经营企业（以下简称合营企业）是中国的法人，受中国法律的管辖和保护。"这就为外国投资者在我国适用国民待遇提供了一定的可能性。从我国法律、法规的有关规定来看，一定范围内的国民待遇包括以下三个方面内容。

（一）外国投资者所享有的实体权利方面的国民待遇

外国投资者在我国境内，在实体权利方面享受一定范围内的国民待遇。这主要包括一般民事权利和投资活动方面的权利两方面内容。

1. 一般民事权利方面

外国投资者在我国进行投资，首先遇到的是诸多的一般民事关系，如取得出入境权、居留权、财产所有权等等。这些民事权利是外国投资者从事其他各种活动包括投资活动的基础。在实践中，除了法律有特殊规定的之外，一般都承认外国人在民事权利方面大体上与本国人享有同等的待遇。我国对外国人在民事权利上的待遇还没有确定一个统一的标准，但根据我国有关法律、法规和国际条约的规定和实践做法，以及依据外国人进入我国境内就要接受我国法律管辖、保护的原则，在法律没有特殊规定的情况下，外国人与中国人享有同等的民事权利，即我国给予外国人以国民待遇。

2. 在投资活动方面享有国民待遇

我国虽然没有在有关投资协定中广泛地运用国民待遇，但是在某些对我国没有重大利害关系或不至于产生不利效果的领域里，我国均给予外国人以国民待遇。例如，国务院《关于鼓励外商投资的规定》第五条规定："对产品出口企业和先进技术企业优先提供生产经营所需的水、电、运输条件和通信设施，按照当地国营企业收费标准计收费用。"有些地方性法规中也有许多国民待遇的规定。

在实践中，还有许多其他方面的国民待遇。如，允许合资经营企业与国内企业一样参加国内举办的各种出口商品交易会，并享有广泛的成交权，在配额方面，享有与国有企业同等的待遇；其他如专利权、商标权、著作权，根据有关的国际条约，如1979年的《中美贸易关系协定》和国内立法，如《专利法》《商标法》《著作权法》的规定，也适用国民待遇原则。

因此，总的说来，我国对外国投资者在实体权利方面，从法律上和事实上给予的国民待遇是比较广泛的。

（二）外国投资者所承担的法律义务方面的国民待遇

根据国际法的国家主权原则，国家对在其境内的外国人享有属地管辖权。外国投资者在我国境内的活动受我国法律、法规的管辖和保护。外国投资者在一定范围内享有与我国公民和法人同等的权利的同时，也要在一定范围内承担同等的义务。原则上，外国投资者及其投资的企业，必须与中国公民和法人一样遵守中国法律，不得损害中国的社会公共利益。三资企业要接受税务、工商、审计等机关的监督和管理，要履行为取得具体权利而规定相应的义务，企业的生产经营同样要遵守国家环境保护法的规定等等。

（三）外国投资者在权利保护方面享有的国民待遇

根据国际法的一般原则，外国人进入一国境内，就要服从所在国的地域管辖，同时，一国允许外国人入境，就有义务对其生命和财产给予保护，并且要求在生命和财产等权利方面的保护与本国人享有同等的待遇。我国尊重这一国际法原则，在民事权利保护方面给予外国投资者以国民待遇，并在外资立法和实践中着重强调对外国投资者及其投资活动的平等保护措施。例如，我国《民事诉讼法》第五条第一款规定："外国人、无国籍人、外国企业和组织在人民法院起诉、应诉，同中华人民共和国公民、法人和其他组织有同等的诉讼权利、义务。"再如，针对向三资企业乱摊派的现象，国务院发布的《关于鼓励外商投资的规定》第十六条规定："各地区、各部门必须执行《国务院关于坚决制止向企业乱摊派的通知》，由省级人民政府制定具体办法，加强监督管理。外商投资企业遇有不合理收费的情况，可以拒交；也可以向当地经济委员会直到国家经济委员会申诉。"根据这些规定，使得三资企业、外国人和其他组织在合法权利的保护方面，取得了与国内其他企业、组织、个人同等的待遇，即享有了国民待遇。

第三节　保护外商投资的法律措施

我国对外商投资的法律保护，包括我国国内法上的保护和我国与外国签订及参加的国际条约所提供的国际法上的保护两个方面。本节主要从我国国内法上的有关规定来探讨保护外商投资的法律措施问题。我国有关三资企业的国内立法，特别是《中外合资经营企业法》《中外合资经营企业法实施条例》《中外合作经营企业法》《外资企业法》《合同法》等法律、法规，对保护外商投资者利益作了一系列的具体明确规定，主要表现在以下几个方面：

一、保护外国投资者的财产所有权和处置权

我国《民法通则》第七十一条规定："财产所有权是指所有人依法对自己的财产享有占有、使用、收益和处分的权利。"财产所有权具有绝对性和排他性，是一种最充分的权利。依法保护外商投资者的财产所有权是

保护外商投资者法律制度的基础。我国对外商投资者财产所有权的保护问题非常重视。如，《中外合资经营企业法》第二条第一款规定："中国政府依法保护外国合营者按照中国政府批准的协议、合同、章程在合营企业的投资、应分得的利润和其他合法权益。"《外资企业法》第四条规定："外国投资者在中国境内的投资，获得的利润和其他合法权益受中国法律保护。"根据这些规定，只要外商投资者遵守我国的法律和规定，不损害中国的社会公共利益，他们的合法财产就可以得到我国法律的有效保护，不受任何国家机关、企事业单位和个人的侵犯。

《中外合资经营企业法实施条例》第二十条规定：合营一方如向第三者转让其全都或部分出资额，须经合营他方同意，并经审批机构批准。合营一方转让其全部或部分出资额时，合营他方有优先购买权。此外，对台湾同胞在祖国大陆投资问题，我国法律也作了特别的规定，其中《国务院关于鼓励台湾同胞投资的规定》第七条规定："台湾投资者在大陆的投资、购置的资产，工业产权投资所得利润和其他合法权益，受国家法律保护，并可依法转让和继承。"根据这些规定可见，我国法律保护外商投资者以及台湾投资者在法律允许的范围内，享有自由处置他们的投资财产的权利。关于外商投资者应当取得合法收益，并有权自由处置其合法收益，我国法律也作了明确、具体的规定。外商来我国进行投资的目的是为了获取利润，并且能够将其所得利润及时地汇出境外或者做其他处置。为了保护外商在这方面的权利，我国《中外合资经营企业法》第八条第三款规定："外国合营者将分得的净利润用于在中国境内再投资时，可申请退还已缴纳的部分所得税。"该法第十一条还规定："外国合营者在履行法律和协议、合同规定的义务后分得的净利润，在合营企业期满或者中止时所分得的资金以及其他资金，可按合营企业合同规定的货币，按外汇管理条例汇往国外。"同时该法实施条例还规定："合营企业的外籍职工的工资收入和其他正当收入，依法缴税后减去在中国境内使用的花费，其剩余部分可以向中国银行申请全部汇出。"《中外合作经营企业法》和《外资企业法》中也都有类似的规定。为了使外商投资者能够将所得收益等顺利及时地汇往国外，我国在外汇汇兑方面也提供了各种便利。此外，在我国与德意志联邦共和国、法国、科威特、瑞士等许多国家签订的相互鼓励和保护投资的协定中，也明确规定要在投资者各种收益汇出或转移出境时，给予"自由转移权"。

可见，外国投资者取得和处置其合法收益，完全能够得到中国法律的有效保护。

二、保护外国投资者的无形财产权

我国引进外资，不仅是吸收国外资金，更重要的是引进国外的先进技术，这就涉及保护外国投资者的无形财产权问题。无形财产权的法律保护问题，是外商投资者最为关心的重要问题之一。从我国立法和实践来看，我国关于外商投资的法律保护，不仅仅是保护外商投资者的有形财产权的投资，而且更着重地对外商投资者的无形财产权，特别是对工业产权和专有技术给予了切实充分的法律保护。

根据《中外合资经营企业法实施条例》的规定：工业产权是指根据法律对发明专利、实用新型、外观设计和商标所取得的所有权，并依法得到保护；专有技术，又称技术诀窍或者技术秘密，是一种可以转让和传授的公众所不知道的、并且不取得专利权的技术知识。专有技术不像专利所有权那样具有有效期的限制，它是靠保密手段来进行垄断的。

目前，我国已经先后制定了一套保护工业产权和专有技术的法律体系。例如，《中外合资经营企业法实施条例》第六章对技术引进作了专门的规定，《民法通则》第五章第三节对知识产权作了专门的规定。我国还分别制定了《商标法》及其实施细则，《专利法》及其实施细则，《技术合同法》《著作权法》及其实施条例，以及《计算机软件保护条例》等许多专项法律，为外商投资者在我国境内享有无形财产权提供了充分的法律保护。不仅如此，在我国同其他许多国家签订的投资保护协定中，也都规定了对无形财产权的法律保护问题。而且，1980年6月2日我国批准了

《成立世界知识产权组织公约》，并加入了这个组织。成为该组织的成员国，1984年12月我国又参加了《保护工业产权巴黎公约》等等。

上述这些法律、法规和条约，从所有权和侵权赔偿责任的债权两个方面对外商投资的无形财产权提供了双重保护。

三、保护外国投资者享有投资选择的权利

我国法律规定了一系列的措施，以充分地保护外商投资者享有投资选择的权利。从我国各种法律、法规、决定等一系列规定中可以看出，我国法律保护外商投资者享有投资选择的权利，主要体现在以下几个方面。

（一）保护外商投资者在投资领域上享有充分的选择权利

世界上大多数国家的外商投资法都规定了禁止、限制、允许或鼓励外商投资的领域，以维护国家的经济主权和利益，并使外商投资与本国的经济发展目标保持一致。我国的外商投资立法并没有具体规定禁止或限制设立外国投资企业的领域，而只对允许或鼓励设立外商投资企业的领域作了某些规定。例如：《中外合资经营企业法实施条例》第三条规定："在中国境内设立的合营企业，应能促进中国经济发展和科学技术的提高，有利于社会主义现代化建设。

允许设立合营企业的主要行业是：（1）能源开发、建筑材料工业、化学工业、冶金工业；（2）机械制造工业、仪器仪表工业、海上石油开采的制造业；（3）电子工业、计算机工业、通信设备的制造业；（4）轻工业、纺织业、食品工业、医疗和医药器械工业、包装工业；（5）农业、牧业、养殖业；（6）旅游和服务业。"

至于鼓励、保护中外合作经营企业和外资企业的投资领域，法律未作具体规定。但是，我国"七五"规划指明利用外资的重点主要有以下两个方面：（1）能源、交通、通信和原材料，特别是电力、港口、石油等方面的建设，以及机械、电子等行业的技术改造；（2）扩大出口创汇

和进口替代企业的建设。在这些法律、法规明确规定的行业、领域中，我国法律均保障外商投资者享有充分的投资选择的权利。

但是，《中外合资经营企业法实施条例》第四条还规定："申请设立合营企业有下列情况之一的，不予批准：（1）有损中国主权的；（2）违反中国法律的；（3）不符合中国国民经济发展要求的；（4）造成环境污染的；（5）签订的协议、合同、章程显属不公平，损害合营一方权益的。"在这一规定中，除了最后一条规定对外资企业不适用之外，其余对中外合作经营企业和外资企业均予以适用。

（二）保护外商投资者在投资生产方式上有充分的投资选择权

根据我国外商投资企业法律的有关规定，外商投资者可以采取经营、独资经营、补偿贸易、来件加工、来件装配、来样订货，以及租赁贸易等多种不同的投资生产方式。

（三）保护外商投资者在出资方式和出资限额上有充分的投资选择权

1. 出资方式

所谓出资方式，是指投资者各以什么形式出资，根据我国《中外合资经营企业法》及其实施条例以及《中外合作经营企业法》的有关规定，外商投资者可以选择下列出资方式：

（1）现金投资：外方合营者的现金一般是外币资金。这种外币资金可以是投资者从国外转移投入国内的外国货币，也可以是可自由兑换的有价证券，还可以是投资者可以汇出国外的投资利润。（2）实物投资：实物投资一般是以机器设备、原材料、零部件、建筑物、厂房等作为投资。实践中外商投资者是以机器设备和其他物料投资。《中外合资企业法实施条例》第二十四条规定："作为外国合营者出资的机器设备或其他物料必须符合下列各项条件：①为合营企业生产所必不可少的；②中国不能生产或虽能生产，但价格过高或在技术、性能和供应时间上不能保证需要的；

③作价不得高于同类机器设备或其他物料当时国际市场价格。"（3）以工业产权和专有技术投资：以工业产权和专有技术作为投资的，其作价由合营各方按照公平合理的原则协商确定，或聘请合营各方同意的第三方评定，外商合营者作为出资的工业产权或专有技术，应经中国合营者的企业主管部门审查同意，并报审批机构批准。《中外合资经营企业法实施条例》第二十五条规定："作为外国合营者出资的工业产权或专有技术，必须符合下列条件之一：①能生产中国急需的新产品或出口适销产品的；②能显著改进现有产品的性能、质量、提高生产效率的；③能显著节约原材料、燃料、动力的。"（4）其他财产权利：《中外合作经营企业法》第八条规定："中外合作者的投资或者提供的合作条件可以是现金、实物、土地使用权、工业产权、非专利技术和其他财产权利。"至于"其他财产权利"包括哪些，该法未作规定的，可以参照我国与外国政府签订的双边投资协定中关于投资的定义和我国《民法通则》的有关规定加以确定。

2. 出资比例

所谓出资比例，是指合资经营各方认缴的出资额在注册资本中所占份额的比例。

《中外合资经营企业法》第四条第二款规定："在合营企业的注册资本中，外国合营者的投资比例一般不低于百分之二十五。"至于合作企业，对外商合作者出资未作任何限制性规定，各方所占出资比例，依合作双方签订的合同确定。此外，如果外国投资有利于中国国民经济的发展，并且采用先进技术和设备，产品全部出口或大部分出口，则允许设立全部资本由外国投资者投资的外商独资企业。

上述这些灵活多样的规定，符合我国利用外资的目标，有利于吸收、利用外资。

（四）保护外商投资者在投资期限上有充分的投资选择权

根据《中外合资经营企业法》的规定；合资企业的投资期限可按不同

行业由合资各方商定，一般项目的合资期限为 10~30 年。但投资大、建设周期长、利润率低的项目合资期限可至 50 年，经国务院批准的，合资期限可在 50 年以上。

这些规定，为外商投资者在投资期限上的选择权提供了充分的法律保护。

四、对三资企业合同的法律适用提供特殊的法律保障

三资企业合同，是指调整中外双方权利和义务的法律文件，也是保护外商合法权益的重要依据。

一般来说，国家制定颁布的新法律或者修改的法律，该国的所有自然人、法人都应无条件地遵守。但是，为了保护外商投资者的正当权益，我国《合同法》第一百二十六条规定，涉外合同的当事人可以选择处理合同争议所适用的法律，但法律另有规定的除外。涉外合同的当事人没有选择的，适用与合同有最密切联系的国家的法律。在中华人民共和国境内履行的中外合资经营企业合同、中外合作经营企业合同、中外合作勘探开发自然资源合同，适用中华人民共和国法律。

这项原则性的规定表明，中外各方当事人可以在上述三资企业合同中对当时没有法律根据的有关问题进行协商，订立具体书面条款，一经国家批准，该合同即对各方当事人产生法律效力。如果此后颁布的新法律的有关规定同已经获得批准的合同中的某些条款发生冲突，合同当事人可以自由选择依照原合同执行或者选择依照新法律规定执行。至于中国法律未作规定的，可以适用国际惯例。中国缔结或者参加的与合同有关的国际条约同中国法律有不同规定的，除中国政府声明有保留的之外，适用该国际条约的有关规定。显然，这些规定是对外商投资进行有效保护的特殊法律措施。

五、保护外国投资者对三资企业享有经营管理自主权

保护外商投资者对企业的经营管理自主权，是改善我国国际投资环境

的关键措施之一。《中外合资经营企业法实施条例》第五条规定:"在中国法律、法规和合营企业协议、合同、章程规定的范围内,合营企业有权自主地进行经营管理。各有关部门应当给予支持和帮助"。同时,该条例中还规定,合营企业有权自行制订生产计划,有权自行购买物资,有权自行销售其产品,有权自行制定有关产品的价格,有权自行决定利润工资的分配,有权自行进行劳动管理等多方面的具体权利。《中外合作经营企业法》第十一条规定:"合作企业依照经批准的合作企业合同、章程进行经营管理活动。合作企业的经营管理自主权不受干涉。"《外资企业法》第十一条规定:"外资企业依照经批准的章程进行经营管理活动,不受干涉。"此外,我国还制定了一些具体的法规,详细地规定了三资企业在内部经营管理方面享有的自主权。

从以上的法律、法规的规定来看,我国法律充分地保障了三资企业的经营管理自主权,并且大力支持三资企业按照国际上先进的科学方法管理企业。这具体地表现在:三资企业在经批准的合同规定的范围内:(1) 享有自行制定生产经营计划的权利;(2) 享有自行筹措、运用资金的权利;(3) 享有自行采购生产资料的权利;(4) 享有自行销售其产品的权利;(5) 享有自行确定工资标准、工资形式和奖励、津贴制度的权利。除此以外,三资企业还可以根据生产经营的需要,自行确定其机构设置和人员编制、聘用或辞退高级经营管理人员,增加或者辞退职工,并可以在当地招聘和招收技术人员、管理人员和工人。

上述这些规定为我国保护外商投资者对企业经营管理享有自主权,提供了重要的法律根据,有力地促进了我国涉外经济关系的发展。

六、对三资企业不实行国有化和征收

实行对外开放、吸引和利用外资,是我国一项长期不变的基本国策,而不是权宜之计。《中外合资经营企业法》和《外资企业法》中都明确规定:国家对这些三资企业不实行国有化和征收,在特殊情况下,根据社会公共利益的需要，可以依照法律程序实行国有化或者征收，并应给予相应的补偿。此外，在我国与法国、科威特等许多国家签订的相互保护和鼓励投资的双边协定中进一步重申或确认了上述法律规定的精神，使外商投资者的合法权益得到国内立法和国际条约的双重保护。

所谓对外资实行国有化，就是指主权国家，根据国家法律程序将外国投资者在东道国的资产转为国家所有，并由国家加以控制和管理的一种法律行为。国有化是各国投资法中经常使用的一种概念术语。国家在法律中明确规定对外资不实行国有化和征收，这是发展中国家保护外国投资最常见的法律措施。国际上的实践证明，这些规定对解除外商投资者的顾虑，吸收大量外国投资具有积极效果。

我国在立法中明确规定，对外国投资企业不实行国有化和征收，这并不是盲目照搬外国经验，而是建立在我国客观的物质条件基础之上，从我国国情出发，由我国所处的社会主义初级阶段的总方针所决定的。从我国近年来的实践可以看出，这些规定对于增强外国投资者的安全感，保持外商投资企业经营管理的连续性，发挥其自主性、积极性，促进外国资金为我国社会主义经济建设服务，都起到了巨大的积极作用。

七、保护外商投资者享有索赔的权利

外商投资者享有的索赔权是同投资保险以及代位求偿权密切地联系在一起的。关于外商投资者的索赔权以及代位求偿的问题，我国国内立法没有作具体规定，但是在我国与外国缔结的双边投资保护协定中都规定有索赔与代位权条款。

所谓代位权，是指缔约国双方同意，缔约一方政府对投资者在他方国内因政治风险所受的损失，基于保险契约给予赔偿后，缔约他方应承认对方政府有权代位取得该投资者所取得或应取得的一切权利，同时也应承担该投资者应承担的一切义务。

在我国与外国缔结的双边投资保护协定中一般都规定，代位的权利或

请求权不能超过投资者的权利或请求权,并且以承担与投资者的投资有关的义务为条件。例如:中美《关于投资保险和投资保证的鼓励投资协议》第三条规定:如果承保者根据承保范围向投资者支付了赔偿款项,中华人民共和国承认有权继承投资者的有关权利要求,也有权就这些权利提出诉讼。但同时,承保者也要接受投资者尚存的法律义务的约束。

在我国,虽然至今为止还没有发生过一起代位求偿案件,但是从法律上讲,我国政府在国际条约中明确肯定了外商投资者有要求赔偿的权利,并规定了代位权条款。实质上,这些规定为外国投资者所受的政治风险提供了充分的法律上的保护。

八、保护外国投资者在投资活动中发生的争议能够得到公正、合理的解决

外国投资者在我国从事投资活动,兴办并经营管理三资企业,难免要与我国企业及其他组织发生各种纠纷,我国法律一方面应该维护我国国家主权和国家利益,另一方面还应该切实有效地保障外国投资者的合法权益。因此,按照国际惯例,保护外国投资者在投资活动中发生的争议能够得到公正合理的解决,是一个十分重要的问题。

《中外合资经营企业法实施条例》第九十七条规定:"合营各方在解释或者履行合营企业协议、合同、章程时发生争议的,应当尽量通过友好协商或者调解解决。经过协商或者调解无效的,提请仲裁或者司法解决。"该条例第九十九条又规定:"合营各方之间没有有关仲裁的书面协议的,发生争议的任何一方都可以依法向人民法院起诉。"《中外合作经营企业法》第十五条规定:"合营各方发生纠纷,董事会不能协商解决时,由中国仲裁机构进行调解或仲裁,也可由合营各方协议在其他仲裁机构仲裁。合营各方没有在合作企业合同中订立仲裁条款,或者事后又没有达成书面仲裁协议的,可以向中国法院起诉。"

根据这些法律规定,外国投资者与我国企业和其他组织之间发生争议

时，我国法律保护外国投资者可以采用下述办法加以解决。

1. 友好协商

友好协商指在投资争议发生后，由双方当事人直接进行磋商，在互谅互让的基础上，通过董事会内部的协商或者通过投资各方直接进行谈判的方式，力求双方都作出一定的让步，在各方都认为可以接受的基础之上达成解决投资争议的协议。同时，在友好协商过程中，还可以请求有关的国家机关从中进行调解，争取早日达成和解协议。

2. 仲裁

仲裁也称为公断，是双方当事人通过协议将他们之间的争议提交第三方，由该第三方对争议的是非进行评断，并作出相应的裁决的一种解决争议方法。根据我国法律和我国缔结或参加的国际条约的有关规定，中外合营双方仲裁协议约定的仲裁地点可以有以下三种情况：

（1）在中国仲裁。即将双方争议提交中国国际经济贸易仲裁委员会进行仲裁。按照该仲裁委员会仲裁规则的规定，仲裁委员会受理的案件应当在仲裁委员会所在地进行审理，经仲裁委员会主席批准，也可以在其他地点进行审理。（2）在被诉方所在国仲裁。这种规定较为灵活，仲裁地视被诉方为何国合营者而确定，即仲裁地可能是中国，也可能是外商所属国。（3）在第三国仲裁。目前，中外合营双方在仲裁协议中约定在第三国进行仲裁的，一般都选择在瑞典的斯德哥尔摩商会仲裁院进行仲裁。

在我国与外国签订的鼓励和保护投资的双边协定中，特别对仲裁庭及其裁决的效力等许多问题作了详细的规定。根据国际惯例，仲裁裁决是终局的，不允许当事人起诉或向上级仲裁机构上诉。

3. 司法诉讼

司法诉讼，是我国解决三资企业争议的又一种方法，是指中外合营双方或者外方合营者与其他企业或其他组织之间发生争议后，在不能或不愿通过协商、调解解决，并且双方不存在仲裁协议时，当事人一方将争议案件提交中国法院，由法院依照法律进行审判，并作出裁判，从而解决争议的方法。我国《民事诉讼法》第五条规定："外国人、无国籍人、外国企业和组织在人民法院起诉、应诉，同中华人民共和国公民、法人和其他组织有同等的诉讼权利、义务。"可见，在民事诉讼方面，我国给予了外国投资者以国民待遇，这对于维护外国投资者的正当权益，增强其投资安全感起到了积极作用。

第四节 我国缔结或参加的有关投资保护的国际公约和双边协定

一、我国参加的有关国际公约

在国际上，由于发达国家和发展中国家在投资保护的许多问题上观点不一致，国际上有关投资的国际公约始终未能达成。20世纪60年代中期以来，一些国家、国际组织为了促进国家间投资保护的国际化，在国际范围内确立保护国际投资的国际统一法制提出了一系列保护国际投资的法制、条约草案的构思。其中，有1962年联合国经济合作与发展组织提出的《关于保护外国人财产的公约草案》，由于该公约草案过多地照顾到外国投资者的利益，遭到大多数国家的反对，而未能生效。

关于设立国际投资保险机构，主要有三个方案：（1）1962年3月世界银行发布的《多国间投资保险工作报告》；（2）1966年11月世界银行倡议的《国际投资保险机构协定草案》；（3）1963年经济合作与发展组织提出的建立"国际投资保证公司"。这三个方案都是希望通过国际协商，要求有关国家之间共同分担政治风险的损失，这三个方案比起《保护外国人财产的公约草案》有了很大的进步，但仍然因各国利益分歧严重而未能达成一致的协议。

目前，在世界范围内已经付诸实施的，主要有两个公约体制：一个是1965年3月18日由世界银行执行董事会正式通过的《关于解决各国与其他国家国民之间投资争议的公约》（简称"华盛顿公约"），并基于该公约设立了一个专门性的国际仲裁机构，即"解决投资争议的国际中心"。该中心附属于世界银行，其主要任务是处理国家与外国投资者之间因投资引起的法律争议。这一制度的建立，既可以避开国家主权豁免问题，又可以解决个人在国际法院无起诉权的问题，有利于投资争议的处理，达到保护外国投资者的目的。该公约的成员国十分广泛，所以其规定也具有很大的普遍性和代表性，到2002年1月止，世界上已有149个国家和地区签署了该公约，我国也于1990年2月9日签署了该公约，成为"华盛顿公约"的缔约国。另一个是1985年10月在世界银行年会上通过的《多边投资担保机构公约》，该公约成员国资格对世界银行所有成员国和瑞士开放，该公约已于1988年4月12日正式生效。我国政府已于1988年4月28日核准参加该公约。下面就着重介绍一下我国参加的上述两个国际公约的主要内容。

（一）1965年"华盛顿公约"和"解决投资争议的国际中心"

1. 关于"华盛顿公约"和"国际中心"的管辖条件

根据"华盛顿公约"第二十五条的规定，"解决投资争议国际中心"只有在符合下列三个条件时，才有权调解和仲裁一国与他国国民间的投资争议：（1）争议当事人一方必须为缔约国，另一方必须是另一缔约国的国民，所谓"缔约国"是指已经批准或加入该公约的国家或其政府部门及其代表机构。所谓"另一缔约国的国民"，则是指东道国以外的其他缔约国的国民，其中包括自然人和法人。可见，确定投资者的国籍，确定是否属于"缔约国"或"另一缔约国的国民"是解决投资争议国际中心调解、仲裁争议的先决条件。（2）必须有争议各方当事人的书面同意。"华盛顿公约"前言规定:"任何国家不能仅仅因其批准或加入公约而未经同意就认为它已承担义务将某项特定的争议提交中心进行调解或仲裁。"这一规定表明,某一具体投资争议是否提交中心调解或者仲裁,取决于争议双方以书面形成表示的同意。根据"华盛顿公约"第二十六条的规定:双方当事人一旦同意把投资争议提交中心调解或仲裁,就等于把中心作为解决这类争议的唯一途径,除双方另有约定的以外,任何一方当事人都不得采取任何其他救济方法。(3)争议必须属于"直接由于投资引起"的"法律争议"。所谓"法律争议",是指涉及双方的权利与义务的争议。这些权利与义务一般都是双方在投资协议中规定的,其中包括不履行投资协定的争议;是否构成不可抗力的争议;违反协议中关于稳定法律的条款的争议;对协议的不同理解的争议;终止协议的争议;特别是有关由国有化、征收及其补偿问题引起的争议等等。以上三项条件是确立"解决投资争议国际中心"的管辖范围的依据,也是将争议提交该中心进行调解或者仲裁所必须同时具备的不可缺少的条件。但是,1987年该中心管理委员会通过决议,制定了一个补充办法的规定,授权该中心的秘书长管理某些不属于公约范围的争议事项,从而在实践中进一步扩大了"华盛顿公约"和"国际中心"的管辖范围。

2. 关于仲裁程序的规定

"华盛顿公约"对"国际中心"的仲裁程序作了如下几个方面的规定:(1)首先必须由争议当事人提起仲裁申请,提交申请书,并且申请人还必须交纳100美元的费用。(2)中心秘书长收到当事人申请书后,须根据申请书所说明的情况对其请求进行审查,以决定是否最终接受该申请。(3)根据公约规定,在双方当事人约定或者协商基础之上,组成仲裁庭。(4)确定仲裁地点。仲裁地点一般设在华盛顿,但是如果双方当事人对仲裁地点另有约定的,在征得中心秘书长同意之后,也可以在当事人约定的其他地点进行仲裁。(5)"华盛顿公约"第四十七条规定,除双方当事人另有约定之外,仲裁庭认为必要时,可提出采取任何暂时性的保全措施的建议。(6)"华盛顿公约"第四十八条对仲裁决议作了如下具体规定：①应当由仲裁庭全体仲裁员的多数投赞成票作出；②以书面形式作出，并由投赞成票的仲裁员签字；③处理提交仲裁的每个问题，并说明所依据的理由；④每个仲裁员都应附上个人意见。

3. 关于仲裁所适用的法律的规定

根据"华盛顿公约"第四十二条的规定，公约允许双方当事人按规定的原则自由选择仲裁所适用的法律：(1) 仲裁庭按照双方当事人在投资协议中约定适用的法律规则；(2) 如果当事人在投资协议中没有约定仲裁应适用的法律，仲裁庭可以决定适用东道国的法律，并可以适用有关的国际法规则；(3) 如果双方当事人同意，仲裁庭也可以以公平正义的原则作为仲裁应适用的法律。

4. 关于仲裁裁决的效力的规定

"华盛顿公约"第五十三条规定：中心的裁决对双方都具有约束力，裁决是终局性的，不得进行任何上诉或者采取任何其他除本公约规定以外的补救办法。

5. 关于仲裁裁决的承认和执行的规定

"华盛顿公约"第五十四条规定：各缔约国应承认仲裁庭作出的裁决，并应在其领土范围内执行裁决所确认的金钱债务，就如同执行本国法院所作出的终局性判决一样，并且被要求执行裁决的缔约国法院不得对裁决进行审查。

(二)《多边投资担保机构公约》

1. 多边投资担保机构的性质和宗旨

(1) 性质。根据《多边投资担保机构公约》的规定，多边投资担保机构是世界银行下属的分支机构,同时,依照国际法及各成员国的法律,它又是具有完全的法人资格的独立的国际组织。在法律上、财务上保持自己的独立性,并且依照公约的规定,该机构在各成员国领土内享有特权和豁免。

(2)宗旨。根据该公约的规定,多边投资担保机构的宗旨主要有以下三个方面:①加强国际经济合作。鼓励成员国之间,尤其向发展中国家成员国融通生产比投资,促进东道国和外国投资者之间的相互了解和信任,并且为发达国家向发展中国家的海外私人投资提供担保。②帮助发展中国家改善投资环境。该机构根据各成员国的要求,提供投资信息,技术咨询,并鼓励各成员之间签订投资保护协定,以促进发达国家成员和发展中国家成员之间的投资流动。③积极同私人的、国家的或者地区性的投资保险机构进行合作。该机构为了增进和加强国际投资保险的效力和范围,还积极地同世界上其他一些国际投资保险机构进行合作,以充分保护国际投资关系各方的正当权益不受侵犯。

2. 多边投资担保机构资金的筹措

该公约规定,多边投资担保机构的法定资本为十亿个特别提款权(SDR),分为10万股,每股票面价值为一万个特别提款权,每个成员国认缴股份不得低于五十股。其认购的股金中,每股应以10%的国际通行货币现金支付,另有10%以不可转让的无息本票或类似债务支付。发展中国家对上述应缴的10%的现金货币,可以用25%的本国货币支付。

3. 多边投资担保机构的成员国、组织机构和表决制度

(1)成员国。世界银行的会员国和瑞士都可以成为多边投资担保机构的成员国。(2)组织机构:多边投资担保机构是一个独立的自治机构,设有理事会、董事会、总裁和职员。世界银行行长为该机构的当然的董事长,总裁由董事长任命而产生。(3)表决制度:参加该机构会员国,按照发达国家和发达国家的不同而分为两个小组进行表决,两个小组有相等

的投票权。但是公约中还规定,机构成员的最初三年内将保证少数的一组占40%的票数,各项决议必须经过2/3并且代表55%的认缴资本的多数票通过,才被视为有效。

4. 多边投资担保机构的承保险别

根据该公约的规定,该机构主要承保以下风险:(1)东道国政府限制货币兑换和转移的风险;(2)战争和民事动乱风险;(3)征用险(包括类似措施);(4)东道国政府违约险;(5)经投资者和东道国联合提出要求并得到多边投资担保机构理事会多数票通过,也可以将公约的担保范围扩大到其他特定的非商业性风险。但是,对下列两种情况产生的损失风险,不在该机构的担保之列:(1)受担保人认可或可归责于受担保人的东道国的任何行为或懈怠;(2)担保合同订立之前在东道国已发生的任何行为或懈怠,以及其他事件。

5. 多边投资担保机构公约中规定的投资、投资者、东道国的合格性

(1)合格的投资要求投保的投资项目应是本机构认为稳妥可靠的,东道国批准的中长期投资,以及经董事会确定的直接投资的各种形式。经董事会特别决议,还可扩大到其他任何形式的长期投资,至于其他贷款,只有当其他机构承保或将承保的特定投资有关时,才能认为是符合公约规定的投资。(2)合格的投资者,会员国的公民或者其业务的主要地点在会员国的公司,发展中国家的公民如果把投资的资金从国外移到本国在国内投资的,都可以获得机构担保的资格。(3)合格的东道国,机构只对在发展中国家成员国领土内所进行的投资提供担保。可见,公约中合格的东道国仅限于发展中国家成员国。

6. 索赔与代位求偿权

(1)索赔。当保险事故发生,受担保人受到损失时,有权向机构进行索赔,机构应根据担保合同及董事会所能采用的政策,对受担保人的索

赔要求进行支付。但是，担保合同应当规定受担保人在机构支付补偿之前，必须寻求在当时条件下合适的、并按东道国法律可随时有效利用的行政救济办法。（2）代位权。担保机构一经向受担保人支付或同意支付，则原受保人对东道国及其他债务人所享有的有关投资的权利或索赔权，应由机构代位取得，并可以代位权人资格向东道国等债务人进行直接交涉和索赔。全体成员国均应承认多边担保机构的这种代位权。

7. 争议的解决

《多边投资担保机构公约》为以下四种不同类型的争议规定了解决的程序：（1）根据该公约第五十六条规定：机构的任何成员国同机构之间或机构的成员国之间对公约的解释或适用发生争议的，应当提交机构董事会裁决。成员国如果对董事会裁决不服，可将争议提交机构理事会作出最终裁决。（2）根据该公约第五十八条规定，机构同担保合同或分保合同另一方当事人之间，关于合同的争议如不能友好协商解决，应提交仲裁，以担保或者分保合同中规定或者提及的规则为根据作出最终裁决。（3）根据该公约第五十七条第二款的规定，机构作为投资者的代位人同成员国之间有关代位求偿的争议，应按照公约附件二中规定的程序，或者按机构与有关成员国准备达成的协议所规定的其他方法予以解决。（4）根据该公约第五十七条第二款的规定，机构与任何成员国或者该成员国的有关机构之间不属于上述三种范围的争议或者机构同前成员国之间的争议，应当按公约附件二规定的程序予以解决。

除了以上《关于解决各国与其他国国民之间投资争议的公约》和《多边投资担保机构公约》两个公约以外，我国还于1986年12月2日加入了1958年在纽约通过的《承认及执行外国仲裁裁决公约》（简称为"1958年纽约公约"）。该公约已于1987年4月22日对我国生效。据此，我国将根据该公约的规定承认和执行各缔约国的仲裁裁决，同时，我国的仲裁机构的裁决也将在其他缔约国得到承认和执行。但是，我国在加入"1958年纽约公约"时，提出了以下两项保留：（1）互惠保留，是指作出此项保留的缔约国只承认和执行在其他缔约国领土内作出的仲裁裁决，而对于在非缔约国作出的仲裁裁决不承担纽约公约规定的义务；（2）商事保留，是指作出此项保留的国家只对根据本国法律属于契约性和非契约性商事法律关系所引起的争议所作出的裁决，承担纽约公约规定的承认和执行的义务。

二、我国与外国缔结的有关国际投资的双边条约

为了解除外国投资者来我国投资的顾虑，为外商投资者来我国投资创造良好的投资环境，争取吸引更多的外资，加快我国现代化建设我国已经同世界上30多个国家签订了有关国际投资的双边条约或协定。这些双边条约或协定作为主权国家间缔结的国际条约的一种，我国对其履行均提供充分的法律保护。对此我国《民法通则》《涉外经济合同法》《民事诉讼法》都有所规定，即：凡中国缔结或者参加的国际条约同中国的民事法律有不同规定的，适用国际条约的规定，但是，中国政府声明保留的除外，同时还规定，中国法律或参加的国际条约未作规定的，可以适用国际惯例。我国与外国签订的有关国际投资的双边条约，主要包括双边投资保护协定、双边投资保险协议、双边税收协定三种类型，下面就分别加以介绍。

（一）双边投资保护协定

自从1982年8月29日我国与瑞典在北京签订了双边投资保护协定以来，分别同德意志联邦共和国、罗马尼亚、法国、芬兰、挪威、意大利、丹麦、新加坡、科威特、英国、瑞士等二十多个国家签订了双边投资保护协定。其基本内容一般包括下述十个方面。

1. 序言

在序言中一般都规定保护国际投资的基本原则：（1）发展经济合作，

增进各方经济繁荣,有效地使用各种资源;(2)平等互利、公平合理地对待投资者及其投资活动;(3)鼓励和保护投资,并为其创造良好环境提供有利条件。

2. 定义条款

在定义条款中一般都对经常使用的概念规定基本含义,界定其基本内容,以避免在解释和运用时发生分歧和争议。通常定义的概念主要包括:(1)投资。根据中外双方签订的双边投资保护协定的规定,投资是指按照投资所在缔约国的法律所进行的全部的直接投资。(2)收益。根据协定的规定,收益是指投资在一定时期内所产生的款项,特别包括不限于利润、股息、利息、提成费、酬金和其他合法收入。(3)投资者。是指在缔约另一方领土、海域内投资的缔约一方的自然人和缔约各方具有法人资格的、按照该方法律有权同外国进行经济合作的经济组织。(4)法人。法人是指在缔约任何一方领土内,根据该国法律设立并认为是法人的经济实体,而不论其责任是否有限。

3. 适用范围条款

我国与外国签订的双边投资保护协定的适用范围一般主要包括时间范围和地域范围:(1)时间范围。协定适用的时间范围,是指与构成有效投资相关的时间因素。构成协定适用范围内的有效投资,是经过东道国政府批准或符合并接受东道国的国内法律,而不是考虑投资发生的时间。对此,中外双边协定有以下两种不同规定:①不论投资项目发生于协定生效之前或生效之后,凡经东道国政府批准的项目,均可适用投资保护协定,享有协定所给予的优惠待遇;②不论投资项目发生于协定生效之前或生效之后,只要遵守并符合东道国的国内法律,均享受协定所规定的优惠和保护。在实践中,对在双边投资保护协定签订或者生效之前的所有对外或者外来投资,只要是依照接受投资的缔约一方的法律、法规和程序所进行的投资,均在保护协定的适用范围之列。(2)地域范围。一般说来,协定适用于缔约一方投资者在缔约另一方领土内所进行的投资项目。但是，由于历史因素和政治因素等各种特定条件，协定适用的地域范围有时并不完全等同于缔约国的领土范围。例如，我国与英国签订的双边协定中规定，在协定签订之时或者其后任何时候，缔约双方可以互换照会，同意将协定的规定延伸适用于联合王国政府负责国际关系的领土。又如，我国与丹麦签订的双边协定中还特别规定，该协定不适用于法罗群岛和格陵兰地区。

4. 投资者的待遇条款

一般地，对外国投资者的待遇可分为国民待遇、最惠国待遇、公平合理待遇和非歧视待遇等。我国与外国签订的双边投资保护协定基本上都采用了最惠国待遇。例如，我国与瑞典、原联邦德国、罗马尼亚签订的双边投资保护协定中都规定了最惠国待遇。在有些双边协定中规定了公平合理待遇和非歧视待遇。例如，我国与科威特签订的双边协定中规定了公平合理待遇，我国与原联邦德国签订的双边协定中规定了非歧视待遇。我国与外国签订的双边协定中一般不采用国民待遇，但是我国法律允许在一定范围内给予外国投资者以国民待遇。

5. 国有化及其补偿条款

（1）关于实行国有化的条件。我国与外国签订的双边投资保护协定中一般都首先肯定了国有化的合法性，但同时又着重强调了资本输入国对外来投资给予切实的法律保护的基本原则和立场，规定只有在特殊情况下才实行国有化或征收。例如，我国与瑞典、罗马尼亚等国的投资保护协定中都规定，缔约国任何一方对缔约国另一方在其境内的投资，只有为了公共利益、按照法律规定的适当程序、并给予补偿的情况下，才可以实行征收，国有化或者其他效果相同的类似措施。同时还规定，征收或者国有化措施应当在不歧视的基础上进行。（2）关于国有化的补偿标准。我国与外国签订的投资保护协定对补偿问题作了相应的规定。例如，我国与意大利政府签订的双边投资保护协定中规定，缔约一方为了公共利益，可以对缔约另一方国民或公司在其领土内的投资实行征收、国有化或者采用其他类似措施，但应给予补偿，并且补偿应相当于宣布征收时该项投资的价值。补偿的支付应能兑换和自由转移，同时补偿还必须在无不适当的迟延的基础上进行。另外，我国与瑞典的双边协定中规定了补偿的目的，即，应当是为了使投资者处于未被征收或国有化时相同的行政地位。

6. 关于自由兑换和利润汇出的规定

我国与外国签订的双边投资保护协定中一般规定，原则上相互保证投资者原本、利润及其他合法收益可以自由转移并换取外币，自由转移汇往本国，并禁止对外国投资实行歧视性的外汇限制。但是，一个主权国家基于本国的基本经济政策的考虑，特别是国际收支情况的考虑，有权通过其国内立法，加以适当的限制。这是发展中国家的立法通例，已经成为一般的国际法原则。

根据我国与外国签订的双边协定的规定，关于保证转移外汇的范围一般包括：（1）资本；（2）收益；（3）偿还贷款的款项；（4）知识产权许可证费；（5）清算款项；（6）与投资有关而进行工作的工资、报酬等。

我国与比利时—卢森堡经济联盟签订的协定议定书中规定：凡属于保证转移的款项，中国政府应允许将本国货币兑换成可兑换货币进行转移。

关于转移时间和转移汇率，我国和外国签订的双边协定中规定：转移应当在合理的期间按照转移之日官方适用的正常汇率进行。另外，在我国与新加坡签订的双边协定中还规定：转移按照市场汇率进行，如果没有市场汇率，则适用官方汇率。

7. 代位权条款

（1）关于代位求偿权的范围及条件：我国与外国签订的双边协定一般都规定，代位权利或请求权不能超过投资者的权利或者请求权，并以承担与投资者的投资有关的义务为条件。例如，我国与美国签订的双边投资保护协定第三条规定："如果承保者根据承保范围向投资支付赔款，除了本协议第四条的规定外，中华人民共和国政府应承认因上述支付而转移给承保者的任何货币、债权、资产或投资，并承认承保者继承的任何现有或可能产生的权利、所有权、权利要求或诉讼权，但承保者应受投资者尚存法律义务的约束。"在我国与丹麦的双边协定中以及我国与瑞典的双边协定中也有同样的规定。（2）关于权利转让的规定。我国与外国的双边协定一般都规定，缔约一方或者其公共机构，如果根据它对某项投资提供的担保向本国投资者支付了赔偿，缔约另一方则承认得到赔偿的投资者权利转移给缔约一方或其公共机构。同时还规定，缔约一方可针对代位的权利或请求权，向缔约另一方提出它对投资者具有的反求偿权。

8. 关于投资争议的解决

关于投资争议一般包括：（1）关于缔约双方对协定的解释或适用而产生的争议。协定一般规定，应尽可能通过友好协商解决或提交双方组成的混合委员会，如果仍不能解决则可以提交仲裁庭进行仲裁。例如，我国与瑞典签订的双边协定中规定：缔约双方有关解释或者执行本协定的争议，首先应通过谈判解决，如果谈判未能解决。根据缔约任何一方的要求，提交临时仲裁庭解决。（2）关于国有化或征收其补偿的争议。协定中一般规定，解决方式为双方协商解决，协商不成由征收国法院或其主管机关依法解决或者由国际仲裁庭审查或重新估定。（3）缔约双方关于投资及与投资有关的其他争议。我国与比利时—卢森堡经济联盟签订的协定中规定：有关投资者与接受方的投资争议，应书面通知并附详细备忘录，进行友好协商解决，如果六个月内未获解决，可以选择提交接受投资方国内司法解决或直接提交国际仲裁，而不诉诸其他任何手段。在该协定议定书中还规定：仲裁规则参考斯德哥尔摩商会仲裁规则或者《关于解决各国与其他国家国民之间投资争议的公约》仲裁庭规则来制定。

9. 关于双边投资保护协定生效的规定

我国与外国签订的双边投资保护协定中，有的规定在签字之日起生效，例如，我国与瑞典、丹麦签订的双边协定都是从签字之日起生效的，即，与瑞典的协定是从 1982 年 3 月 29 日生效；与丹麦的协定是从 1985 年 4 月 29 日生效的。我国与外国签订的双边投资保护协定大部分都规定，在双方相互通知已经完成本协定生效前所必需的各自法律程序之日起三十天后生效，例如，我国与新加坡 1985 年 11 月 21 日签订的双边协定，于 1986 年 2 月 7 日生效。

10. 关于双边投资保护协定的文本的规定

我国与外国签订的双边投资保护协定正本均一式两份，有的每份用中文和对方文字写成，规定两文本具有同等效力，有的每份用中文、对方文字及第三国文字写成，规定三种文本具有同等效力，如果在解释或者适用上发生分歧，一般规定以英文文本为准。另外，我国与比利时—卢森堡经济联盟签订的协定是用中文、法文、荷文写成的，并规定：三种文本具有同等效力。

(二) 双边投资保险协议

我国于 1980 年 10 月同美国签订了《关于投资保险与投资保证的鼓励投资协议》，于 1984 年 11 月同加拿大签订了《投资保险协议》。这种投资保险协议属于政府级协议，自双方政府代表机构相互换文确认之日起生效。我国与美国签订的协议的投资保险，在美国由美国法律规定而设立的独立政府公司——海外私人投资公司执行；我国与加拿大签订的协议的投资保险，在加拿大由其政府通过其代理机构——出口发展公司予以执行。这两个协议的一个显著特点是着重强调了政治风险的保证。协议的主要内容包括：

1. 关于承保范围

中美协议中规定：本协议中的"承保范围"，系指根据协议由海外私人投资公司承保的投资政治风险保险（包括再保险）或者投资保证。其利益程度以作为承保范围内的保险或者再保险为限。根据美国海外私人投资公司于1985年修订的法案制定的承保项目，其范围仅限于禁止汇兑、征用、战乱及其造成的营业中断风险等政治性风险，而不包括一般商业性风险。

中加协议中详细列举了中国政府承认加拿大出口发展公司对海外投资有权承保代理的政治风险：（1）战争或导致投资者财产损失的任何其他非常政治风险；（2）政府或其代理机构征用、没收或者剥夺任何财产的使用和政府或其代理机构采取任何其他行动而剥夺了投资者在投资中或与投资有关的任何权利；（3）政府或其代理机构在中国境内采取任何行动而禁止或限制任何货币或者财产转移出境。

2. 协议的适用范围

中美协议第二条规定本协议的规定只适用于中华人民共和国政府批准的项目或活动有关的投资承保范围。在中美协议换文中还规定：投资包括经中国政府批准的股份投资和贷款、金融机构的贷款、技术转让和服务、管理。

3. 关于代位权的规定

中美和中加两协议中均规定：如果美国和加拿大两国政府机构根据承保范围向投资者支付赔偿款，中国政府应当承认美国或加拿大承保者的代位权，但承保者不应要求超过投资者按中国法律所享有的权利；同时承保人在取得代位求偿权时，必须承担投资者尚未履行的法律义务。中美协定中还规定：美国政府保留其主权国家提出要求的权利。中加协议中还规定：如遇司法拒绝或者发生国际法规定的其他国家责任问题，加拿大政府保留行使外交保护的权利。

4. 关于利益转移的规定

在我国法律禁止转移的情况下，中国政府允许投资者和承保者作出适当安排，将其利益转移给中国法律允许占有此项权益的实体。有的双边协议中规定，承保者根据其承保范围得到的中国法定货币的款项，包括债权，中国政府应保证承保者对其使用和兑换方面享有的权利，不应低于资金在被保险投资者手中的待遇。在中美协议中还规定：这些货币和债权应由美国政府自由取得，以偿付其在中国境内的开支，或转移给中国政府所同意的任何个人或实体。在中国境内使用，但必须得到中国政府的同意。

5. 关于争议的解决

在中美、中加两协定中对于与有关投资争议的解决问题也作了规定。与投资保险协议有关的争议一般是指对协议的解释上的分歧，以及在执行协议过程中所发生的其他法律问题。

中美投资保险协议规定：两国政府对协议的解释发生争议，或任何一方政府认为这种争议由于已在承保范围内保险的投资或者与这种投资有关的项目或者活动引起国际法问题时，两国政府应尽量通过谈判解决。如果在提出谈判要求的三个月后，两国政府未能解决争议，经任何一方政府提出，应将争议提交仲裁。仲裁庭由双方政府各委任一名仲裁员，再由这两名仲裁员共同协商选定一名第三国国民作为仲裁庭庭长，并由双方政府委任，如果庭长未能在规定的期限内作出委任，任何一方政府可请求联合国秘书长作出必要的委任。仲裁庭应自行制定其仲裁程序，依照国际公法适用的原则和规定，并根据多数票作出裁决，其裁决应是最终的，具有约束力。各方政府各自承担仲裁员的费用，仲裁庭长费用和其他支出由双方政府均摊。

6. 关于互惠对等原则的规定

中美协议中规定：中方依法授权承保的在美投资，经任何一方政府的要求并经相互换文，使同本协议相等的条款得以适用。中加协议中规定：中国在加拿大境内投资对等的适用问题通过协商解决。

7. 关于生效的规定

中美和中加两协议都规定：本协议自双方政府代表相互换文确认之日起生效。

中美协议中还规定：本协议终止后可自终止之日起二十年内继续有效。中加协议中也规定：本协议终止后可自终止之日起十五年内继续有效。

（三）双边税收协定

为了避免国际双重征税和防止偷税、漏税，从1981年起我国同一些国家谈判并签订了一系列的双边税收协定。到1990年为止，我国已经同日本、美国、法国、英国、新加坡等二十多个国家签订了双边税收协定，根据这些税收协定的规定，其主要内容有以下几个方面：

1. 双边税收协定的适用范围

（1）主体范围。我国与其他国家签订的双边税收协定规定：协定适用于缔约国一方或双方的居民。对于居民身份的确定一般采用的方法有：①对自然人居民身份的归属采用两种方法：一是在与日本、美国、法国等国的协定中规定：对同时为缔约国双方居民的自然人，缔约双方主管当局协商确定该自然人为哪个缔约国的居民；二是规定按照《关于发达国家与发展中国家双重税收的协定范本》和《关于对所得和资本的重复课税的协定范本》的解决办法处理。例如，我国与英国、丹麦、挪威、新加坡等国签订的双边税收协定就是采用这种方法加以规定的；②对法人居民身份的确定，有的以总机构所在地为准，有的是以实际管理机构所在地为准，有的规定通过协商解决。其中，我国与美国的双边协定中还规定：一法人同时为缔约国双方的居民法人时，应由双方主管当局协商确定，如果不能确定时，不作为缔约国一方的居民法人享有协定的待遇。（2）客体范围。我国与日本签订的《关于所得避免双重征税和防止偷税、漏税的协定》

第二条规定：在中国所缴纳的税种是：个人所得税、中外合资经营企业所得税、外国企业所得税、地方所得税。在日本所缴纳的税种是：所得税、法人税、居民税。我国与英国签订的税收协定中规定：在中国，协定适用于个人所得税、中外合资企业所得税（包括附加地方所得税）、外商企业所得税（包括附加地方所得税）。在大不列颠及北爱尔兰联合王国，协定适用于所得税、公司税、财产收益税。（3）时间范围。协定适用的时间范围，当然地适用于协定生效期内，但在协定终止之后，有效期仍将持续一段较长的不确定的时间。例如，我国与日本签订的税收协定中规定：本协定生效后，对次年 1 月 1 日或以后开始的纳税年度中取得的所得都应有效。（4）空间范围。双边税收协定原则上对缔约国全部领土（包括领海、领空、及其海底）有效。但是由于其他种种原因，税收协定适用的地理范围有时并不完全等同于国家的领土范围。因此一些协定中专门规定了"领土适用范围"的条款，或在定义条款中明确规定缔约国双方的地理范围。例如，我国与英国的税收协定中就规定："中国"一词是指中华人民共和国，包括有效行使有关中国税收法的所有中华人民共和国领土、领海以及根据国际法、中华人民共和国有管辖权和有效行使有关中国税收法律的所有领海以外的区域，包括海底和底土。而"联合王国"一词，是指大不列颠及北爱尔兰，包括根据国际法已经标明或以后将标明的联合王国领海以外的任何区域，根据联合王国关于大陆架的法律对于海底和底土及其自然资源、联合王国行使权利的区域。

2. 双方划分课税费用

税收协定中一般都规定：不动产所得税由不动产收入所在国家征税；利润所得税由投资来源国征税；分支机构营业收入由分支机构所在地国家征税。

此外，协定中还特别强调了维持所得来源地的征税权。

3. 规定抵免或饶让以避免双重征税

在我国与外国签订的双边税收协定中，一般都规定有抵免或饶让条款。其中，抵免条款是按照缔约双方各自的国内税法规定抵免，但抵免额不应超过对该项所得按照本国税法计算的税额。如，中美税收协定中规定：美国应允许其居民或公民在美国税收中抵免向中国缴纳的所得税。饶让条款，一般都有抵免饶让与定率饶让的规定。例如，中日税收协定中规定：给予日方企业第一年免征、第二年至第三年以抵免饶让。按照中日税收协定第二十三条第三款规定：对股息、利息、特许权使用费等预提所得税适用定率饶让的规定。在税收协定中规定税收抵免饶让条款，可以使对方国家企业和个人来我国投资时，在低税率和减免税中获得一定的实际利益。这对我国鼓励外商投资的政策至关重要。所以，我国在双边税收协定中，一般都规定了该条款。

在我国已签订的双边税收协定中，凡我国与发达国家之间的协定，多数是由对方国家单方面实行饶让抵免，而与发展中国家的双边税收协定，则多数是由双方相互承担抵免饶让的义务。

4. 无差别待遇的规定

在我国与外国签订的双边税收协定中，一般都规定：在相同情况下缔约一方国民或企业在另一方国家的税收负担，不应比其该国国民或企业更重。但是，缔约国任何一方在税收上仅给予本国居民的任何扣除、优惠和减税除外。

缔约双方给予对方投资者的税收待遇，不能比第三国的国民不同或者更重。

5. 关于解决争议的协商程序的规定

在双边税收协定中一般都规定：当缔约国一方居民认为一方或双方的征税措施有违本协定时，可以提交本国主管当局，该主管当局认为所提意见合理又不能单方解决时，可以直接与另一方主管当局进行会谈。并且双方主管当局应交换为实施本协定所必需的情报，特别是防止偷、漏税的情报。

6. 其他规定

我国与其他国家签订的双边税收协定中一般都规定：本协定不影响按照国际法一般原则或者特别协定规定的外交常驻使团或领事成员的财政特权与豁免。

同时，有的协定中还规定：本协定不限制法律和其他协定已经给予或将给予的免税、减税，或者其他扣除的规定，并采取从优适用的原则。从以上的分析可见，我国在国内立法和国际法两个方面，为外国投资者提供了广泛而充分的法律保护。

第十五章

三资企业争议的解决

第一节 概 述

一、三资企业争议的概念

三资企业在其经营过程中要发生十分广泛而复杂的法律关系，因而不可避免地发生各种争议，这些争议分为内部争议和外部争议。内部争议指三资企业内部的各方投资者在订立、解释、履行、变更、解除三资企业协议、合同、章程时所发生的争议；外部争议是指三资企业与国内、国外的企业、事业单位、公民个人之间以及三资企业与我国政府之间在生产、经营和监督管理过程中，因相互之间权利和义务关系而发生的争议。由于三资企业的内部争议在实践中最容易发生，也是中外投资者最为关心的问题，而且这种争议自成一类，有其本身的特点。

三资企业涉及资本输出国和资本输入国两方面的关系。由于资本输出国与资本输入国在政治、经济、外交、自然条件等方面的不同，各自经济利益和法律观点均有所差异，加上中外投资的性质、管理经验、工作作风和开办三资企业的目的不尽相同,政府政策的变化,政府部门的不适当干预等,因而在开办三资企业的过程中,难免产生一些矛盾和纠纷。正确地处理和解决有关三资企业的争议,不仅是改善外商投资环境、切实保护中外投资者合法权益的重要措施。而且也直接关系到促进我国对外经济合作和技术交流,维护国家主权的重大原则问题,因而既为外国投资者所关心,也为我国政府所重视。

二、三资企业内部争议的解决

三资企业的内部争议具体指合营企业和合作企业的中外合营,合作各方在解释或履行企业协议、合同、章程时发生的争议。外资企业只有外国的投资者一方,故不存在这种纠纷。

(一) 解决内部争议的立法宗旨与原则

三资企业虽属于中国法人或企业,但其内部争议的一方是外国投资者,含有涉外因素,故我国政府不仅在《中外合资经营企业法》及其实施条例和《中外合作经营企业法》中对三资企业争议的解决作了规定,而且在《合同法》中也规定了有关这方面的内容。这些规定属于程序法的范畴,是中国三资企业法的重要的组成部分。

中国关于解决三资企业争议的立法宗旨是:力争顺利、迅速和公正地解决争议,保护外商和中国投资者的合法权益,维护中外双方正常的合作关系,维护中国良好的投资环境,确保中国对外开放事业的顺利进行。

中国解决三资企业遵循以下几项原则:

1. 坚持国家主权原则

解决三资企业上争议,保护中外投资者的利益,必须以不损害中国主权利益为前提,表现在争议解决必须适用中国的法律,当事人不得选择外国的法律。如通过司法诉讼程序解决,也只能由中国法院解决,外国法院无司法管辖权。

2. 保障外商投资者享有诉讼权利的原则

为保护外商在我国投资的合法权益，我国法律保证外国投资者在发生争议时享有充分的诉讼权利，以实现其实体权利。我国有关三资企业的法律、法规规定，在发生争议时，外商有权同中国合营者或中国合作者进行协商或调解，也可以依仲裁协议提请仲裁，还可以直接向中国法院提起诉讼。

3. 尽量通过协商、调解的方式解决争议

为了使中外双方能长期友好地合作，中国鼓励中外双方在发生争议后首先采用协商、调解的方式心平气和地解决争议。

（二）解决内部争议的方式

《中外合资经营企业法实施条例》第九十七条、第九十八条、第九十九条和《中外合作经营企业法》第二十五条，对合营企业和合作企业中外双方争议的解决方式作了具体规定。即协商、调解、仲裁和司法诉讼四种，概括如下：

（1）中外投资双方在解释或履行企业协议、合同、章程发生争议时，应尽量通过友好协商或调解的方式解决；（2）如果中外双方不愿通过协商、调解解决的，或者协商、调解无效的，可以依照企业合同中的仲裁条款或者事后达成的书面仲裁协议，提交中国仲裁机构或者其他仲裁机构仲裁；（3）中外双方没有在企业合同中订立仲裁条款，事后又没有达成书面仲裁协议的，发生争议的任何一方都可以依法向中国法院起诉。

（三）解决内部争议适用的法律

世界各国的法律规定千差万别，适用何种法律解决三资企业的争议，直接关系到案件的处理结果。因此，法律适用问题在争议解决中就显得尤为重要。由于我国的三资企业是依照我国的法律在我国境内设立的，属于我国的企业，受我国法律管辖，而且，三资企业合同也是在我国境内签订，经我国政府批准的，因此，三资企业及其合同与我国的联系最为密切，按照国际私法上通行的适用法律的最密切联系原则，三资企业内部争议的解决理应适用中国的法律，《合同法》规定："在中华人民共和国境内履行的中外合资经营企业合同、中外合作经营企业合同、中外合作勘探开发自然资源合同，适用中华人民共和国法律。"这是一条原则性和强行性的规定。中外双方不能约定适用外国法律来解决争议，否则无效，这是国家主权原则在法律适用中的体现。中华人民共和国法律未作规定的，可以适用国际惯例。这是一项例外规定，目的在于弥补中国法律可能存在的漏洞或空缺，不至于在发生争议时无法可依。

中华人民共和国缔结或者参加的与合同有关的国际条约同中华人民共和国法律有不同规定的，适用该国际条约的规定。但是，中华人民共和国声明保留的条款除外。这是对适用中国法律的一种补充规定，它说明在一定条件下可以直接引用有关的国际条约处理争议，而且有助于保证中国国内立法不会因违反条约义务而发生有损于外国投资者利益的行为。在中华人民共和国境内履行、经国家批准成立的中外合资经营企业合同、中外合作企业合同、中外合作勘探开发自然资源合同，在法律有新的规定时，可以仍然按照合同的规定执行。这条规定有利于稳定中外投资者的合作关系，也有利于保护双方的既得利益。

三、三资企业外部争议的解决

三资企业外部争议的范围比较广，主要有以下几个方面：

（一）三资企业与国内其他企业、事业单位、公民个人之间的争议

由于三资企业属于中国的法人或企业，因此，他们之间的争议实质上就是在我国法律管辖之下的中国的法人（或非法人企业）之间、法人

（或非法人企业）与自然人之间的经济纠纷，应适用我国的《民法通则》和《经济合同法》以及其他有关的国内立法来解决。

（二）三资企业与外企业、事业单位、公民之间的争议

这种争议实质上是中国的企业与外国的企业和其他经济组织或个人对外贸易关系中发生的争执。主要依据《合同法》及其他有关的涉外立法予以解决。

（三）三资企业与我国政府主管部门之间的争议

这种争议是指我国政府主管部门对三资企业的监督、管理而发生的纠纷，应根据我国有关的行政法规来解决。

（四）三资企业中的外国投资者与我国政府主管部门之间的争议

无论是合营企业或合作企业的外国投资者，还是外资企业的外国投资者，都有可能与中国政府发生争议。从性质上讲，这种争议是主权者与非主权者之间基于非契约的行政管理关系所发生的争议。这种争议产生的原因主要是由于我国政府基于特殊情况对外国投资者的资产实行征收、征用或国有化，或因战争、暴乱等偶发性政治风险使外资蒙受重大损失而引起的，有时也因外国投资者在我国从事非法经营或粗暴干涉我国内部事务而引起。这种争议有其独特之处，表现在：第一，从争议主体来看，一方是行使国家主权的中国政府或政府主管部门，另一方是非主权者外国投资者。因此，它既不同于主权者国家之间或国际组织与国家之间的投资争端，也不同于中外投资者之间的投资争议。如何处理，将涉及许多独特而复杂的法律问题。第二，从争议涉及的范围来看，不仅涉及外国投资者的财产所有权、经营自主权等问题，还涉及我国政府行使主权对外资实行管理和控制问题，既有国内问题，也有国际问题。

对于这类争议，目前我国是通过与有关国家签订双边投资保护或保险协定来解决的。这样，外国投资者可以获得充分保障使其同中国政府间的

争议获得妥善解决。到目前为止，我国已同 30 多个国家签订了双边投资保护或保险协定，并仍在继续同一些国家谈判签订这类协定。在已签订的中国与美国、加拿大的投资保险协定及中国与瑞典、泰国等国所签订的投资保护协定中，只规定提供缔约两国之间使用的方法，包括代位求偿和政府间协商或仲裁。这实际上是把外商投资者与中国政府之间的争议转化为外商投资者所属国与中国政府之间的争议。中国与原联邦德国、比利时—卢森堡经济联盟、法国、芬兰、挪威、意大利、丹麦、荷兰、新加坡、奥地利、英国等国的协定，除了保留有上述两国间使用的方法外，还规定了外国投资者直接与中国政府进行解决的方法，包括协商、国内行政或司法程序以及国际仲裁，应该说，这是解决投资者同中国政府之间争议的主要方法。为解决一国与他国国民间投资争议，1965 年 3 月 18 日世界银行执行董事会正式通过《关于解决各国与其他国家国民之间投资争端的公约》，亦称 1965 年"华盛顿公约"。该公约主要任务是设立一个专门性的国际仲裁机构，即"解决投资争端的国际中心"。该公约集中反映了解决主权国家与他国投资者之间国际投资争议的法律途径和方式，其中包括调解和仲裁的程序、仲裁适用的法律、保全措施、裁决的承认和执行等重要内容，是国际投资的重要组成部分。由于该公约的成员十分广泛，所以其规定具有很大的普遍性和代表性。由于我国已加入该公约，这为我国与外国投资者间投资争议的解决提供了一种方便可行的办法，也有利于鼓励和保护外商来华投资和我国的对外投资。

第二节　协商与调解

一、协商

协商是指在投资争议发生后，由双方当事人直接进行磋商或通过董事会内部协商或通过投资各方直接协商在双方都认为可接受的基础上，达成解决纠纷的协议，从而解决争议的一种方式。协商最大的特点是它不需要任何第三人介入，而完全依靠双方当事人自己解决。

可以说，中外投资者发生纠纷，由争议的双方或者董事会友好协商地进行解决，这是消除纷争的最佳方法，既能使矛盾和问题得到完满的解决，也能使双方在不伤和气的基础上增加彼此之间合作和团结，而且可以省掉种种手续和费用，节省时间。因此，经协商达成的协议，原则上应与合同有着相同的约束力，各方当事人应加以执行。

协商必须基于双方的自愿而进行，不得强迫：任何一方都有权拒绝协商或终止协商。无论双方直接进行协商，还是通过董事会协商，都必须按照国家的有关法律、法规和政策进行。

二、调解

1. 调解的概念和种类

调解是指在第三方的参与和主持下，根据事实和有关法律、法规、政策规定，通过说服、诱导，使争议双方互相谅解，自愿协商达成协议，从而使争议得以解决的方式。

调解依主持人的身份不同，可以分为民间调解、仲裁机构调解和法庭调解。

民间调解是指由仲裁机构、法院或国家专门指定负责调解的机构以外的第三方主持进行的调解。调解达成的协议应视为与一般协议具有相同的法律效力。

仲裁机构调解是指在仲裁机构中由仲裁庭或仲裁员主持进行的调解。目前，世界上许多仲裁机构都受理调解的案件，不过各仲裁机构的具体做法有所不同，有的规定调解程序独立于仲裁程序之外，由专门的调解委员会主持进行，有的则将调解纳入仲裁程序，由仲裁庭主持进行。我国采用后一种做法,即在仲裁开始前或开始后,仲裁委员会或仲裁庭可主动征得当事人同意进行调解,调解成功,即撤销案件;只有在调解不成或当事人一方或双方不愿调解时,才进行仲裁。

法庭调解是指由法院主持进行的调解。许多国家的民事诉讼法都把调解作为法院解决民间纠纷的一种方法。我国《民事诉讼法》第八章规定:人民法院审理民事案件,根据当事人自愿的原则,在事实清楚的基础上,分清是非,进行调解。调解达成协议,人民法院应当制作调解书,调解书经双方当事人签收后,即具有法律效力;对不需要制作调解书的协议,应当记入笔录,由双方当事人、审判人员、书记员签名或者盖章后,即具有法律效力;调解未达成协议或者调解书送达前一方反悔的,人民法院应当及时判决。

2. 调解的原则

(1) 合法原则。三资企业发生争议时,只有按照国家的有关法律、法规和政策进行调解,才能辨明是非,解决纠纷。调解主持人既不能主观臆断,也不能偏听一方的意见,更不能不顾有关法律规定一味地和稀泥。只有在查明事实的基础上,正确适用有关法律、法规,才能使中外投资者心悦诚服地接受调解人员提出的解决方案。(2) 自愿原则。调解必须在争议双方自愿的基础上进行,绝不能强迫命令。调解达成的协议也必须以双方当事人的意愿为依据。不应在当事人想不通的情况下勉强达成协议。更不能由调解人员包办代替拟定调解协议。

3. 调解的作用

(1) 有利于争议的彻底解决和协议的自动履行,第三者根据争议的具体情况进行的调解,是针对中外投资者的观念,结合争议的实际问题,通过讲解有关法律、政策使争议得以解决的活动。因此,用这种方式解决争议,便于消除矛盾,使双方当事人心平气和地自动履行达成的协议,彻底解决纠纷。(2) 有利于增强中外投资双方的合作关系,促进三资企业的健康发展。中外投资双方产生纠纷,必然影响他们之间的合作关系。只要向他们辩明道理,分清是非,就可以提高他们的认识,使他们言归于好,平息纷争。这样就能消除当事人之间的隔阂,使他们能继续友好地合作下去。

第三节 仲 裁

一、仲裁的概念、特点与利弊

(一)仲裁的概念

仲裁(arbitration),又称公断,是指争议当事人通过协议将他们之间的争议提交给第三者,由其对争议的是非曲直进行评断并作出裁决的一种方法。仲裁制度由来已久,它是随着商品贸易的产生和发展而建立和发展起来的,迄今已较为完备,被世界各国所普遍采用。仲裁依其运用的领域可为三种:一是国际仲裁,又称国家间仲裁,即用于解决国家之间争议的仲裁;二是国内仲裁,即用于解决一国国内的经济、贸易、劳动等争议的仲裁;三是国际商事仲裁,广义上它包括对经济贸易仲裁和海事仲裁,用于解决跨国经济交往以及海事关系中所发生的各种争议。本节所述的三资企业争议的仲裁,具体上应属于对外经济贸易仲裁。

(二)仲裁的特点

作为解决三资企业争议的一种方法,仲裁具有契约性和司法性两个方面的特点。其契约性表现在任何仲裁均是由争议双方达成协议,将争端提交仲裁机构裁决,并且争议相关各方有权决定仲裁员的权限,而仲裁员有义务严格依照授权审理争端。具体言之:

第十五章 三资企业争议的解决

1. 仲裁的契约性特点

（1）仲裁的提起系基于争议各方的协议，仲裁人的裁判权出自当事人的授予，这也正是仲裁管辖权与法院管辖权的根本区别所在。

（2）争议各方一旦就仲裁条款或仲裁协定达成协议，每一方均有义务与他方合作，采取必要的措施以解决相关的争端。

（3）仲裁人必须依照各方议定的仲裁程序，认真审理案件，仲裁人有义务征求相关各方的意见。如果相关方向仲裁人提交与争议相关的文件，而未向他方提交，仲裁人有义务将此文件做成副本向争议他方提交。仲裁人有权对争议的事项或物件进行检查，并在检查时给予相关一方现场协助的机会。仲裁员审理争端时不得偏袒任何一方，其行为不得使正常的人认为构成偏袒。

2. 仲裁的司法性特点

（1）仲裁人可在仲裁权限范围内，以裁判人身份独立自主地作出裁决，而不必征得争议当事人同意。这点与调解不同，因为调解自始至终基于各方当事人的同意，调解人只能对当事人进行说服劝导，无权自己作出处理决定。（2）仲裁人的裁决具有排他性和终局性效力。排他性，是指在存在有效仲裁协议时，法院一般不得受理该仲裁协议规定应当提交仲裁的争议；终局性，是指仲裁人制作的仲裁裁决一般都具有类似法院的终审判决的效力，当事人不得向法院或其他机构提起上诉。目前，世界上大多数国家仲裁法和仲裁规则都确认仲裁的排他性和终局性。

（三）仲裁的利弊

利用仲裁解决争议在长期实践中已逐步制度化、国际化，成为目前国际上被广泛采用的解决国际经贸争议的主要方式。与协商、调解、司法诉讼相比，仲裁的优越性体现在以下方面：

首先，与协商、调解等非司法形式相比，仲裁较具有权威性和拘束力。调解固然有其优点,但调解不能确保当事人达成协议从而解决纠纷,这就有可能影响争议的尽快解决;而仲裁却能保证一次性有效地解决争议,一般不存在仲裁不成再求助于其他方法从而可能延搁时间、增加费用的风险。

其次,与司法诉讼相比,仲裁的灵活性、自由选择性、争议解决的迅速性及保密性等更为引人注目,具体言之:(1)仲裁较诉讼有更大的灵活性和自由选择性。仲裁始终贯彻当事人意思自治原则,提交仲裁的当事人不仅享有选择仲裁机构、仲裁员的权利,还可以选择仲裁适用的程序法,因而能够避开法院管辖权和国家主权豁免等司法实践中的棘手问题,沟通不同法制的鸿沟,调和不同法制的矛盾。同时,依据当事人选择的机构和规则作出的裁决也更易于为当事人所接受,从而利于争议的彻底解决和双方合作关系的继续发展。(2)仲裁较诉讼更利于迅速及时地解决争议。由于仲裁程序简便,处理问题较灵活,不受严格的法律程序的拘束,并且仲裁裁决具有终局性,故而解决争议迅速及时,所需时间、精力、费用大大少于诉讼。(3)仲裁有利于当事人商情保密。仲裁不公开审理案件,不公开案情和裁决结果,因而可满足当事人保守商业秘密、技术秘密的需要,维护双方利益,无损于企业及争议当事人的声誉。(4)仲裁更能适应国际经济关系专业化的要求。由于大多数经济争议涉及复杂的业务,具有较强的专业性,而审判机关因收案范围较广,对涉外经济案件的处理往往需较多地查阅资料、聘请专家协助解决,费时较长。而仲裁机构一般专业性较强,仲裁员都是熟悉某一专门业务和法律知识、经验丰富的专家,因而更能对争议事实作出正确的鉴定和评价结论,为迅速准确地解决争议提供可靠依据。

当然,仲裁并非完美无缺,它也有局限性。其一,仲裁人和仲裁机构缺乏执行仲裁裁决的权力,如果败诉一方不自觉执行裁决,胜诉方就不得求助于有关法院予以承认和执行。在这点上仲裁不及于司法诉讼,法院既有权作出判决,也有权执行判决。其二,仲裁人及仲裁机构无权强迫当事人出庭,更无仅强迫与案件有关的第三人出庭。在这方面仲裁也不及于司法诉讼,法院是有权强制当事人出庭传唤第三人到庭的。在争议一方当事人或有关第三人缺席的情况下,仲裁机构虽可作缺席裁决,但它由于难以对案情进行全面客观的调查,因此裁决的公正合理性也就大打折扣。其三,仲裁技术性较强,如果当事人未能认真细致地制定仲裁协议或仲裁条款,可能会影响仲裁的顺利进行,妨碍仲裁优越性的发挥。

二、仲裁协议

仲裁协议是双方或多方当事人表示愿意把他们之间可能发生或已经发生的争议提交仲裁予以解决的一种书面协议。它是争议发生后当事人提交仲裁的依据,也是常设仲裁机构或非常设仲裁机构受理仲裁申请的依据。

(一) 仲裁协议的类型和作用

仲裁协议有两种类型:(1) 仲裁条款,即在争议发生前双方或多方当事人在合同中或作为合同的一部分订立的,同意把将来可能发生的合同争议提交仲裁的条款。这是最常见的一种仲裁协议。合营、合作企业合同中大多数都有这种仲裁条款。(2) 提交仲裁协议书,即在争议发生后双方或多方当事人单独订立的、同意把已发生的争议提交仲裁的协议书。无论是哪一种类型的仲裁协议,各国一般要求以书面形式订立。根据我国有关法律、法规规定,这种书面形式既可以是双方签署的文件,也可以是互换的函电、电传等文字材料。

仲裁协议的作用体现在以下四个方面:(1) 赋予仲裁人和仲裁庭对有关争议享有管辖权和裁决权。根据一项有效的仲裁协议,任何一方当事人可以向选定的常设仲裁机构或非常设仲裁机构提出仲裁申请,此时常设仲裁机构或非常设仲裁机构才有权受理该仲裁申请;反之,如果当事人之间没有订立仲裁协议,或者订立的仲裁协议是无效、失效或不能实施的,则任何当事人均不能提出仲裁申请,任何仲裁机构也无权受理有关该争议的仲裁申请。(2) 当事人之间订有仲裁协议,任何一方当事人即应受此协议的约束，争议发生后如协商不能解决，应向选定的常设仲裁机构或非常设仲裁机构提出仲裁申请，而不应向法院提起诉讼。（3）任何一方当事人可以根据仲裁协议而向法院提出抗辩，排除法院的管辖权。（4）依照1958年联合国《承认与执行外国仲裁裁决公约》的规定，仲裁协议也是法院承认和执行本国或外国仲裁裁决的前提条件，依据有效的仲裁协议作出的仲裁裁决，就可以得到该公约所有成员国法院的承认和执行。

（二）仲裁协议的主要内容

仲裁协议的具体内容应由当事人协商确定，一般应包括仲裁事项、仲裁地点、仲裁机构、仲裁程序规则、仲裁适用的法律和仲裁裁决的效力等几个方面。订立仲裁协议应力求具体明确。合营、合作企业的中外当事人制订仲裁协议时，应符合我国法律有关的规定。

1. 仲裁事项

仲裁协议应明确规定对哪些事项提交仲裁，仲裁机构据此确定自己的受案范围和裁决范围。就当事人而言，双方不得将法律规定的不可仲裁的事项约定提交仲裁，否则，仲裁协议应视为无效；就仲裁机构而言，则不得受理和裁决当事人约定范围以外的争议事项，否则其裁决将无效。

依照《中外合资经营企业法实施条例》第九十七条和《中外合作经营企业法》第二十六条的规定，中外合营、合作双方可以约定将有关解释或履行企业协议、合同、章程时发生的争议提交仲裁。如果双方不愿做这种一般性约定，也可根据需要在仲裁协议中限定提交仲裁的争议事项。

2. 仲裁形式

目前，国际上有两种形式的仲裁，一是常设裁机构仲裁，简称机构仲裁，是指在一个常设性的仲裁机构中并按照该机构的仲裁规则进行的仲裁；二是临时仲裁庭仲裁，简称临时仲裁，即由争议当事人直接指定仲裁员，组成临时仲裁庭，按照当事人约定或选择的仲裁规则进行仲裁，案件处理完毕仲裁庭即自动解散。

选择哪一种仲裁形式是由当事人的意思所决定的。从国际商事仲裁实践看，争议当事人一般都倾向于采用机构仲裁。我国合营、合作企业的仲裁协议也大多是采用机构仲裁形式。

3. 仲裁地点

确定仲裁地点，是指确定在何国以及何国的何地进行仲裁。一般说来，争议当事人都倾向于在本国进行仲裁，而作为折中方案，常常是各国放弃自己的要求而在第三国仲裁。不过关于国际投资争议的仲裁，一般都是在东道国进行。这是由于东道国是投资契约的履行和争议发生地，选择东道国为仲裁地，便于仲裁庭随时召集当事人开庭审理及调查取证，仲裁裁决也较易为东道国法院承认和执行。

根据我国法律规定，合营、合作企业的中外当事人在仲裁协议中约定仲裁地点可以有三种情况：（1）在中国仲裁。如当事人约定由中国仲裁机构仲裁，应规定提交中国国际经济贸易仲裁委员会仲裁。按该仲裁委员会的仲裁规则规定，仲裁委员会受理的案件，应在仲裁委员会所在地进行审理；经仲裁委员会主席批准，也可以在其他地点进行审理。由于这种情况对中方投资者最有利，因此中方投资者应力争仲裁协议作出这种约定。（2）在被诉方所属国仲裁。这种情况下，仲裁地可以是中国，也可能是外商所属国。如约定采用机构仲裁，应同时规定在被诉方所属国何仲裁机构仲裁以及在何地举行仲裁。（3）在第三国仲裁。目前，三资企业仲裁协议约定在第三国仲裁的，一般都规定在瑞典斯德哥尔摩商会仲裁院仲裁。

4. 仲裁规则

仲裁规则是争议当事人和仲裁员在仲裁过程中必须遵循的行为准则。它一般包括仲裁的申请、答辩和反诉，仲裁庭的组成，案件的审理，仲裁裁决的制作及其效力，以及仲裁费用的支付等事项。仲裁规则的选择，与争议的处理结果关系重大，也是当事人易争论的焦点。仲裁规则由各国和仲裁机构自行制订，同时，也有一些国际性的和地区性的仲裁规则。通常情况下，仲裁协议确定在哪个仲裁机构仲裁，即采用该机构制订的仲裁规则。但有的仲裁机构，如瑞典斯德哥尔摩商会仲裁院规定，也可以不采用自己的仲裁程序规则而采用《联合国国际贸易法委员会仲裁规则》。如果争议由临时机构仲裁，争议当事人可选用仲裁地国家的仲裁规则，或由仲裁员选择仲裁规则，或从国际性仲裁规则中选择一种适用。

5. 仲裁适用的法律

在国际商事仲裁适用法律（实体法）的问题上，国际上各仲裁机构的仲裁规则都规定实行当事人意思自治原则，即仲裁庭应适用各方当事人共同选择的法律，只有在缺少这种选择时，才允许仲裁庭进行选择。但根据我国《涉外经济合同法》第五条第二款和《中外合资经营企业法实施条例》第十二条的规定，三资企业争议的解决必须适用中国法律，不允许当事人进行选择。无论是在中国仲裁还是在外国仲裁，也不论仲裁协议中是否订有适用中国法律的条款，均应适用中国法律解决争议。约定在国外仲裁时，一般应注意在仲裁协议中申明适用中国法律，以防止国外仲裁机构借口适用其他法律。

6. 仲裁裁决的效力

仲裁裁决的效力问题，是指裁决是否具有终局性，能否向法院上诉或要求其他机构变更仲裁裁决。世界上绝大多数国家的法律均规定，仲裁裁决与法院的终审判决具有同等法律效力。我国法律也有类似规定《民事诉讼法》第二百五十九条规定，经中国涉外仲裁机构裁决的，当事人不得向人民法院起诉。但目前仍有个别国家（如英国、沙特等）的法律规定，法院可以在某种程度上对仲裁裁决行使监督权和审查权，因此，很有必要在仲裁协议中申明仲裁裁决的终局性，排除法院的干预。选择临时仲裁时更是如此。

三、仲裁机构与仲裁规则

(一) 中国的仲裁机构及其仲裁规则

可以受理三资企业争议的中国仲裁机构,是中国国际贸易促进委员会内设的中国国际经济贸易仲裁委员会(以下简称经贸仲裁委员会)。它属于民间性质常设的仲裁机构,最初成立于 1956 年,当时名为"对外贸易仲裁委员会",1980 年改称为"对外经济贸易仲裁委员会",后改称为现在的名称。1988 年 9 月 12 日经贸仲裁委员会制订通过了《中国国际经济贸易仲裁委员会仲裁规则》,并于 1989 年 1 月 1 日起正式实施。经贸仲裁委员会根据当事人之间的仲裁协议和一方当事人的书面申请,受理产生于国际经济贸易中的争议案件,并有权就仲裁协议的有效性和仲裁案件的管辖权作出决定。它由主席一人,副主席若干人和委员若干人组成,下设秘书处,负责处理仲裁委员会的日常事务。它设有仲裁员名册,供组成仲裁庭用。经贸仲裁委员会设在北京,并根据业务发展需要,在深圳和上海设有分支机构。

经贸仲裁委员会的仲裁程序及其规则可概括如下。

1. 提出仲裁申请、答辩和反诉

申诉人向仲裁委员会提出仲裁申请时,必须提交仲裁申请书,并附具有关证明文件,同时在仲裁委员会名册中指定一名仲裁员,或者委托仲裁委员会主席指定,此外还要按规定预缴仲裁费。仲裁委员会收到仲裁申请书及其附件后,经过审查认为申诉人申请仲裁的手续完备,应将申诉人的仲裁申请书及其附件,连同仲裁委员会的仲裁规则和仲裁员名册各一份,寄送给被诉人。被诉人应当在收到仲裁申请书之日起 20 天内在仲裁员名册中指定一名仲裁员,或者委托仲裁委员会主席指定;并应在收到仲裁申请书之日起 45 天内向仲裁委员会提交答辩书及有关证明文件。被诉人可以在提交答辩书的期限内提出反诉。被诉人提出反诉时，也要按规定预缴仲裁费。

仲裁委员会可以根据当事人的申请和中国法律的规定，提请被诉人财产所在地或者仲裁机构所在地的人民法院作出关于保全措施的裁定。

2. 组成仲裁庭

仲裁庭由3名仲裁员组成，经双方当事人约定，也可由1名独任仲裁员组成。仲裁庭由3名仲裁员组成的，由双方当事人在上述程序中各自指定或委托仲裁委员会主席指定1名仲裁员，然后由仲裁委员会主席在仲裁员名册中指定第三名仲裁员为首席仲裁员；被诉人未按规定指定或委托仲裁委员会主席指定仲裁员时，仲裁委员会主席有权代为指定。仲裁庭由独任仲裁员组成的，双方当事人可以在仲裁员名册中共同指定或者委托仲裁委员会主席指定1名仲裁员为独任仲裁员；双方如不能在规定期限内就独任仲裁员人选达成一致意见，则由仲裁委员会主席指定。

3. 审理案件

仲裁庭应开庭审理案件，但经双方当事人申请或征得双方当事人同意，也可以不开庭审理，只依据书面文件进行审理并作出裁决。仲裁庭开庭审理案件，不公开进行；如果双方当事人要求公开审理，则由仲裁庭作出决定。

在案件审理过程中，当事人面其申诉或答辩所依据的事实提供证据，仲裁庭认为必要时，可以自行调查，搜集证据，并可就案件中的专门问题请专家咨询或指定鉴定人鉴定。仲裁庭开庭时，如果一方当事人或其代理人不出席，仲裁庭可以进行缺席审理和作出缺席裁决。

仲裁委员会受理的案件，如果双方当事人自行达成和解，申诉人应及时申请撤销案件。案件的撤销申请发生在仲裁庭组成以后的，由仲裁庭作出决定。当事人就已撤销的案件再次向仲裁委员会提出仲裁申请的，由仲裁委员会主席作出受理或不受理的决定。

4. 制作裁决

仲裁庭应当在案件审理终结之日起 45 天内作出仲裁裁决书。仲裁庭由 3 人组成的，依多数人的意见制作裁决书。仲裁裁决是终局的，任何一方当事人均不得向法院起诉，也不得向其他机构提出变更仲裁裁决的请求。

仲裁委员会和仲裁庭可以对其受理的案件进行调解。经调解达成和解协议的案件，仲裁庭应根据双方当事人和解协议的内容，作出裁决书。

(二) 外国的仲裁机构及其仲裁规则

世界上许多国家都设有可以受理国际商事争议的常设仲裁机构，其中在国际上影响较大的有瑞典斯德哥尔摩商会仲裁院、美国仲裁协会、伦敦仲裁院、芬兰赫尔辛基中央商会仲裁院、瑞士苏黎世商会仲裁院，等等。

1. 瑞典斯德哥尔摩商会仲裁院

瑞典斯德哥尔摩商会仲裁院成立于 1917 年。商会仲裁院不仅是审理本国境内有关商业和工业争议的仲裁机构，而且已逐渐发展成为东西方国家经济贸易仲裁的中心。仲裁院的现行规则是 1976 年 10 月 1 日新生效的规则，瑞典仲裁法适用于该规则。它的主要特点是：(1) 仲裁院无统一的仲裁员名册，当事人可以指定任何国家的公民为仲裁员，但须同当事人无利害关系；(2) 首席仲裁员或独任仲裁员由仲裁院指定；(3) 在当事人缺少法律选择时，仲裁院按瑞典冲突法的规定，适用对争议的实质和合同有最密切联系的法律。

2. 美国仲裁协会

美国仲裁会成立于 1926 年，总部设在纽约，在美国其他城市设有分会。现行仲裁规则是 1977 年修订的《商事仲裁规则》，其主要特点是：

规则组对仲裁员的国籍不加限制，但如果争议双方中的一方是外国公民，则首席仲裁员或独任仲裁员应由不同于双方当事人国籍的人担任；在当事人未做法律选择时，仲裁庭一般适用仲裁地法。

3. 伦敦仲裁院

伦敦仲裁院成立于1892年，是世界上最早的常设仲裁机构之一，它受理争议双方自愿提交的仲裁案，也受理法院转交的商事仲裁案件。仲裁院备有仲裁员名册，除非当事人另有约定，仲裁工作一般由1名仲裁员进行。仲裁院的仲裁受英国法律和法院的干预较大，但从1979年新仲裁法生效后，这种状况有所改变。

（三）国际性仲裁机构及其仲裁规则

国际性仲裁机构是指由多边公约或国际性组织所设立的常设仲裁机构，影响较大的有以下几个：

1. 解决投资争议国际中心

依据1965年《解决国家与他国国民间投资争议公约》设立，总部设在华盛顿世界银行所在地。中心的宗旨是为解决国际投资争议提供调解和仲裁的便利。除公约本身的规定外，中心分别订有调解和仲裁规则，其解决争议的方法是调解和仲裁相结合，首先努力通过调解解决，调解不成再进行仲裁。

依公约规定，中心管辖权的行使必须满足下述三个条件：（1）争议必须因投资而直接产生；（2）争议必须以公约签字国为一方并以它的一缔约国国民为另一方；（3）争端必须由当事各方书面协议呈交中心。但值得提出的是，即使中心已接受某项争端，相关缔约国也可通知中心不应对实质性问题行使管辖权。公约第二十七条规定，任何签字国均有权通知中心不同意将某些争端或某类争端交由中心审理。我国已于1990年2月在该公约上签字。

2. 国际商会仲裁院

成立于1932年，由国际商会设立，总部位于巴黎，目前已有近90个成员。现行仲裁规则是1975年6月1日生效的《国际商会调解与仲裁规则》。我国仲裁机构尚未与其建立关系。

3. 联合国国际贸易法委员会仲裁规则

联合国国际贸易法委员会是统一和协调国际贸易法律的核心机构。1976年该机构制订了一套供各国采用的仲裁规则——《联合国国际贸易法委员会仲裁规则》，并由同年31届联大通过。规则的特点在于：它无相应的常设机构予以实施，也无普遍法律拘束力，只是一种示范性规则，供当事人自愿选择适用，尤其是供临时仲裁适用。目前该规则被称为"标准仲裁规则"，已为国际上广泛采用。

四、仲裁裁决的执行

仲裁裁决的执行涉及两个问题：一是争端各方是否接受仲裁裁决并予以执行；二是仲裁裁决在相关国家是否能够在法律许可的范围内得以执行。此类问题在很大程度上取决于相关国家的法律。鉴于各国执行外国仲裁裁决的法律不同，国际社会先后通过了几个有关公约予以协调。因此，现在国际上执行外国仲裁裁决的制度有国际法制度和国内法制度两种，前者是依靠国际公约建立起来的制度。后者是各个国家法律规定的制度。

（一）关于承认和执行外国仲裁裁决的国际公约

国际上曾先后缔结了3个有关承认和执行外国仲裁裁决的公约：第一个是1923年的《仲裁条款议定书》，第二个是1927年《关于执行外国仲裁裁决的公约》，第三个是1958年的《联合国承认和执行外国仲裁裁决的公约》，简称《纽约公约》。现在，《纽约公约》实际上已取代前两个公约，成为关于承认和执行外国仲裁裁决的最主要的公约。我国于1986年12月正式加入了《纽约公约》。该公约的主要规定如下：

（1）在公约规定的条件下，缔约国相互承认仲裁裁决具有约束力，并依照执行的程序规则予以执行。在承认和执行其他缔约国的仲裁裁决时，不应该在实质上比承认和执行本国的仲裁裁决规定更苛刻的条件或更高的费用。

（2）申请承认和执行裁决的一方当事人，应该提供原裁决的正本或经过适当证明的副本以及仲裁协议的正本或经过适当证明的副本。必要时还应附具译本。

（3）缔约国在一定条件下得拒绝承认和执行仲裁裁决。公约第五条第一款规定，凡仲裁裁决有下列情况之一者，被请求承认和执行裁决的国家的主管机关可依被诉人的请求，拒绝予以承认和执行：①签订仲裁协议的当事人，根据对他们适用的法律，存在某种无行为能力的情况，或根据仲裁协议所选定的准据法（或未选定准据法时依裁决地法），证明该仲裁协议无效；②被诉人未接到关于指派仲裁员或关于进行仲裁程序的适当通知，或是由于其他情况未能对案件进行申辩；③裁决处理的事项，非为交付仲裁的事项，或不包括在协议规定之内，或者超出仲裁协议范围以外；④仲裁庭的组成或仲裁程序同当事人间的协议不符，或者当事人没有这种协议时，同进行仲裁的国家的法律不符；⑤裁决对当事人还没有发生拘束力，或者裁决已经由作出裁决的国家或据其法律作出裁决的国家的主管机关撤销或停止执行。

依照该条第二款规定，如果被请求承认和执行仲裁裁决的国家的主管机关查明有下列情况之一者，也可以拒绝承认和执行：（1）争议的事项，依照这个国家的法律，不可以仲裁方法解决者；（2）承认或执行该项裁决将和该国的公共秩序相抵触。

（二）我国法律关于执行仲裁裁决的规定

1. 我国仲裁裁决在我国的执行

《中华人民共和国民事诉讼法》第二百五十九条规定："经中华人民共和国涉外仲裁机构裁决的，当事人不得向人民法院起诉。一方当事人不履行仲裁裁决的，对方当事人可以向被申请人住所地或者财产所在地的中级人民法院申请执行。"

2. 我国仲裁裁决在外国的承认和执行

《民事诉讼法》根据《纽约公约》的精神，于第二百六十六条第二款规定："中华人民共和国涉外仲裁机构作出的发生法律效力的仲裁裁决，当事人请求执行的，如果被执行人或者其财产不在中华人民共和国领域内，应当由当事人直接向有管辖权的外国法院申请承认和执行。"

3. 外国仲裁裁决在我国的承认与执行

《民事诉讼法》第二百六十九条规定："国外仲裁机构的裁决，需要中华人民共和国人民法院承认和执行的，应当由当事人直接向被执行人住所地或者其财产所在地的中级人民法院申请，人民法院应当依照中华人民共和国缔结或者参加的国际条约，或者按照互惠原则办理。"

应当注意的是，我国在加入《纽约公约》时作了两项声明：（1）中国在互惠的基础上对另一缔约国领土内作出的仲裁裁决的承认和执行适用该公约；（2）中国只对根据中国法律认定为属于契约性和非契约性商事法律关系所引起的争议适用该公约。因此，只有符合这两个条件的外国仲裁裁决，有关当事人才可依照《纽约公约》申请我国法院予以承认和执行。

目前，我国还与法国等一些国家签订了有关司法协助的双边协定，协定中规定缔约双方应根据《纽约公约》相互承认和执行在对方境内作出的仲裁裁决。

第四节 司法诉讼

司法诉讼是解决三资企业争议的最后的一种救济方法。我国有关法律规定，中外投资双方不愿通过协商、调解解决，或者协商调解不成的，并且没有在企业合同中订立仲裁条款，事后又没达成书面仲裁协议的，发生争议的任何一方都可以依法向中国法院起诉。

一、司法诉讼的概念性质与法律适用

司法诉讼是指人民法院对三资企业的任何一方提交的争议进行审判，作出判决并予以执行的司法活动。

仲裁与司法诉讼作为解决三资企业的两种方法，二者之间有着密切的联系，如仲裁具有司法裁判的性质，仲裁与司法诉讼都是依据法律规定来解决争议的，凡当事人合意提交仲裁的争议，法院就不再立案受理。但由于仲裁庭本身没有强制执行裁决的权力，如一方当事人不执行裁决，另一方当事人还得向法院申请强制执行。故为执行上的方便起见，三资企业的争议当事人在许多情况下直接向法院起诉，通过司法诉讼来解决争议。

另外，司法诉讼与仲裁还在存一些区别。如法院受理案件的依据是法律的规定，而仲裁则是基于双方当事人可以自由选定仲裁机构、仲裁员和仲裁程序，但不能自由选定法院。一方当事人只能在有管辖权的法院起诉，更谈不上选定法院和诉讼程序；仲裁裁决一般具有终局的效力，当事人不得向法院上诉；而司法诉讼实行多级审判制，当事人不服一审法院判决可以向上级法院上诉。

由于三资企业争议的一方当事人是外国投资者，所以他们进行的司法诉讼属于涉外民事诉讼。

关于三资企业争议的司法诉讼所适用的法律，1991年4月9日第七届

全国人民代表大会第四次会议通过的《民事诉讼法》作了规定。该法规定：在中华人民共和国领域内进行涉外民事诉讼，适用本法第四编"涉外民事诉讼程序的特别规定"；本编没有规定，适用本法其他有关规定；中华人民共和国缔结或者参加的国际条约同本法有不同规定的，适用该国际条约的规定，但中华人民共和国声明保留的条款除外。

二、我国法院的司法诉讼管辖权

对三资企业争议的案件，是只能由中国法院受理，还是当事人也可以向外国法院起诉，这是采用司法诉讼解决三资企业争议首先遇到和需要解决的问题。

根据我国法律规定，对三资企业争议，当事人如向法院起诉，只能向中国法院起诉，不得向外国法院起诉。这是因为，三资企业是依照中国法律在中国设立的，属于中国的法人或企业，合同是在中国签订并履行，争议也发在中国，因此，无论是按照属人管辖原则，属地管辖原则，还是最密切联系原则，这类案件都应由中国法院管辖。这也是符合国际惯例的。

在确定了我国法院对三资企业争议的案件享有排它的司法诉讼管辖权以后，还要进一步明确当事人就具体案件应向哪一个或哪一级人民法院起诉，即地域管辖或级别管辖问题。对此，应适用《民事诉讼法》有关法院管辖权的一般规定予以确定。

级别管辖是解决上下级人民法院管辖权的问题。我国法院分为基层人民法院、中级人民法院、高级人民法院和最高人民法院。按照《民事诉讼法》第十九条的规定，重大涉外案件由中级人民法院管辖，这就是说，一般的涉外案件可以由基层人民法院管辖。因此，三资企业争议的案件一般由基层人民法院审理，如果案件影响重大，可以由中级人民法院作为一审法院审理，也可由高级人民法院或最高人民法院审理。

地域管辖是解决同级人民法院之间管辖权的问题。三资企业争议是指中外投资者在解释或履行企业协议、合同、章程时发生的争议，属于合同纠纷。根据《民事诉讼法》第二十三条规定："因合同纠纷提起的诉讼，由被告住所地或者合同履行地人民法院管辖。"实际上，三资企业争议的原告，被告住所以及合同履行地一般情况下都在同一个地点，故地域管辖的确定比较容易，另外，三资企业如发生其他争议，应按照《民事诉讼法》相应的规定来确定地域管辖，如三资企业因不动产而提起诉讼，或在港口作业中发生诉讼，按照该法第三十四条的规定，应分别由不动产所在地人民法院和港口所在地人民法院管辖。

三、外国投资者在我国民事诉讼中的法律地位

外国投资者在我国民事诉讼中的法律地位，主要是指外国投资者在我国进行民事诉讼中享有什么样的权利，承担什么样的义务。这主要体现在我国民事诉讼法所规定的以下原则中：

（一）诉讼权利同等原则

外国投资者在我国法院起诉、应诉，应该同中国公民和法人享有同等的诉讼权利，承担同等的诉讼义务。我国基于国际平等互利原则，依法保护外国人的诉讼权利，任何人不得歧视和限制外国投资者的诉讼权利。

（二）对等原则

对等原则是指，本国公民在某外国享有某种民事诉讼权利时，本国也给予在国内的该上国公民以对等的民事诉讼权利。如果某外国在其境内限制本国公民的某项民事诉讼权利，本国对该外国公民在本国的民事诉讼权利也作相应的限制。

我国法律赋予外国投资者与我国公民和法人同等的诉讼权利是以平等互惠为前提的，如果外国法院对我国公民、法人或其他团体的诉讼权利加以限制，我国法院也同样对该国公民、企业或其他团体采取相应的限制措

施,这是符合国际法原则的,它有利于促使国家之间积极实行不加歧视和限制的平等互惠原则。

(三) 尊重国际条约的原则

《民事诉讼法》第二百三十八条规定:"中华人民共和国缔结或者参加的国际条约同本法有不同规定的,适用该国际条约的规定,但中华人民共和国声明保留的条款除外。"如我国与外国投资者之国签订的条约中有关于民事诉讼权利规定的,优先适用该条约规定。

(四) 委托我国律师代理的原则

外国人、无国籍人、外国企业和组织在人民法院起诉、应诉,需要委托律师代理诉讼的,必须委托我国律师。

(五) 必须使用我国通用的语言、文字

人民法院审理涉外民事案件,应当使用中国通用的语言、文字。外国当事人要求提供翻译的,可以提供,但费用由当事人承担。

四、司法诉讼中的财产保全

财产保全是人民法院为了保护当事人的合法权益,保证判决能有效地执行而采取的一种临时性的强制措施,如查封或扣押被申请人的财产,以防止被申请人变卖、转移或隐匿财产,影响判决的执行。我国民事诉讼法对财产保全作了详尽的规定。由于三资企业争议的一方当事人是外国人或外国经济组织。其财产大部分在国外,这就更增加了财产保全的重要性和必要性。因此,我国《民事诉讼法》在第二十七章对涉外民事诉讼中的财产保全作了专章规定,其特点为:(1) 人民法院裁定准许诉前财产保全后,申请人应当在三十日内提起诉讼,逾期不起诉的,人民法院当解除财产保全;(2) 人民法院裁定准许财产保全后,被申请人提供担保的,

人民法院应当解除财产保全；(3) 人民法院决定保全的财产需要监督的，应当通知有关单位负责监督，费用由被申请人承担。

五、司法协助和司法判决的承认和执行

(一) 司法协助

司法协助是指不同国家的法院之间，根据自己国家缔结或者参加的国际条约，按照互惠原则，彼此之间相互请求，代为送达文书，调查取证以及其他诉讼行为的活动。

司法协助包括代为送达诉讼文书，代为调查取证，询问被告人、证人，进行勘验、检查或鉴定等，广义的司法协助还包括对外国法院判决和外国仲裁裁决的承认与执行。

在国际交往日益增多的今天，国家之间的经济贸易往来，文化、技术交流也越来越多，与此同时，各国的涉外民事案件也随之增多。我国法院在审理三资企业争议案件时，对于审理程序方面的一些事项往往需要得到其他一些国家法院的协助。因此，司法协助已成为国家之间一种必要的、有益的协作关系，它有利于人民法院行使国家的司法主权，是国家的涉外诉讼活动得以正常进行，而又不违背其他国家法律的一种保障。

我国《民事诉讼法》第二百六十二条规定："根据中华人民共和国缔结或者参加的国际条约，或者按照互惠原则，人民法院和外国法院可以相互请求，代为送达文书，调查取证以及进行其他诉讼行为。"这一规定为我国法院在审理三资企业争议案件时委托外国法院提供司法协助，提供了法律依据。多年来，我国参加了《维也纳领事公约》《承认及执行外国仲裁裁决公约》等有关国际公约。近年来，我国又同法国、比利时等国分别签订了双边司法协助协定。尽可能为我国法院审理包括三资企业争议的民事案件提供方便。

关于我国向外国人送达诉讼文书的途径和方式，《民事诉讼法》第二

百四十七条作了专门规定：（1）依照受送达人所在国与中华人民共和国缔结或者共同参加的国际条约中规定的方式送达；（2）通过外交途径送达；（3）向受送达人委托的有权代其接受送达的诉讼代理人送达；（4）向受送达人在中华人民共和国领域内设立的代表机构或者有权接受送达的分支机构业务代办人送达；（5）受送达人所在国的法律允许邮寄送达的，可以邮寄送达、自邮寄之日起满六个月，送达回证没有退回，但根据各种情况足以认定已经送达的，其间届满之日视为送达；（6）不能用上述方式送达的，自公告之日起满六个月，即视为送达。

（二）司法判决的承认和执行

我国法院审理三资企业争议案件所作的判决，可能在我国执行，也可能需要在外国执行。如在我国执行则比较容易，如需在外国执行，例如外国投资者败诉，其财产位于外国时就需要在该外国执行，这就涉及我国法院判决在外国的承认和执行的问题，涉及另一国的国家主权和社会利益问题，因此比较复杂。

《民事诉讼法》第二百六十六条规定："人民法院作出的发生法律效力判决、裁定，如果被执行人或者其财产不在中华人民共和国领域内，当事人请求执行的，可以由当事人直接向有管辖权的外国法院申请承认和执行，也可以由人民法院依照中华人民共和国缔结或者参加的国际条约的规定，或者按照互惠原则，请求外国法院承认和执行。"

根据这项规定，我国法院的判决要在外国得到承认并执行必须具备以下几个条件：（1）判决必须是终审的，已经发生法律效力的；（2）必须由要求执行的人提出请求；（3）被执行的人获得其财产不在我国境内；（4）我国与外国之间订有有关条约或共同参加了有关国际公约，或者实际上存在互惠关系；（5）必须由当事人或者作了判决的人民法院按照法律规定的途径和程序请求外国法院承认和执行。

目前我国同一些国家签订的双边司法协助协定对两国相互承认与执行对方国家的判决问题作了一些规定，如我国于1987年5月4日同法国的签订的《中国与法国关于民事、商事司法协助的协定》规定：缔约一方法院在本协定生效后作出的已经确定的民事、商事裁决，除本协定规定的例外情形外，在缔约另一方领域内应予承认。承认和执行缔约一方法院裁决的请求，应由当事人直接向另一方法院提出，根据这些协定，我国法院作出的判决就能在这些缔约国顺利地得到承认与执行。

我国承认和执行外国司法判决的先例只有美国，与其他国家的互相承认与执行还仰赖事实的互惠行为，根据对等原则还难以在现实中得到外国的承认与执行。

主要参考文献

[1] 陈安：《国际投资法的新发展与中国双边投资条约的新实践》，复旦大学出版社2007年版。

[2] 陈安：《国际投资争端案例精选》，复旦大学出版社2001年版。

[3] 陈安：《国际投资争端仲裁——"解决投资争端国际中心"机制研究》，复旦大学出版社2001年版。

[4] 陈继勇：《美国对外直接投资研究》，武汉大学出版社1993年版。

[5] 丁伟：《国际投资的法律管制》，上海译文出版社1996年版。

[6] 董有德：《国际贸易法》，上海大学出版社2007年版。

[7] 范健、王建文：《公司法》（第二版），法律出版社2009年版。

[8] 范健、王建文：《商法的价值、源流及本体》（第二版），中国人民大学2007年版。

[9] 范健、王建文：《商法总论》，法律出版社2011年版。

[10] 付子堂：《法理学初阶》（第二版），法律出版社2006年版。

[11] 付子堂：《法理学进阶》，法律出版社2005年版。

[12] 公丕祥：《法理学》，复旦大学出版社2002年版。

[13] 关明凯：《法律的三维透视——对法的价值、规则、事实的统一性研究》，法律出版社2008年版。

[14] 郭寿康、韩立余编著：《国际贸易法》，中国人民大学出版社2009年版。

[15] 何茂春：《对外贸易法比较研究》，中国社会科学出版社2000年版。

[16] 何勤华、魏琼：《西方商法史》，北京大学出版社2007年版。

[17] 江平：《法人制度论》，中国政法大学出版社1994年版。

[18] 江平：《新编公司法教程》，法律出版社1994年版。

[19] 蒋大兴：《公司法的观念与解释》（全三册），法律出版社2009年版。

[20] 金成华：《国际投资立法发展现状与展望》，中国法制出版社2009年版。

[21] 柯芳枝：《公司法论》，台湾三民书局1981年版。

[22] 李金泽：《跨国公司与法律冲突》，武汉大学出版社2001年版。

[23] 李磊：《跨国公司在华并购的法律规制研究》，中国检察出版社2007年版。

[24] 李旺：《涉外民商事案件管辖权制度研究》，知识产权出版社2004年版。

[25] 李泳：《国际税收的法律与实务》，上海译文出版社1996年版。

[26] 林山田：《经济犯罪与经济刑法》，台湾三民书局1981年版。

[27] 刘笋：《WTO法律规则体系对国际投资法的影响》，中国法制出版社2001年版。

[28] 刘笋：《国际投资保护的国际法制——若干重要法律问题研究》，法律出版社2002年版。

[29] 刘瑛：《联合国国际货物销售合同公约解释问题研究》，法律出版社2009年版。

[30] 吕岩峰、何志鹏、孙璐：《国际投资法》，高等教育出版社2005年版。

[31] 梅慎实：《现代公司机关权利构造论》，中国政法大学出版社1996年版。

[32] [美] E. 博登海默：《法理学：法律哲学与法律方法》，邓正来译，中国政法大学出版社2004年版。

[33] [美] 哈特：《企业、合同与财务结构》，费方域译，上海三联

书店、上海人民出版社 1998 年版。

[34] [美] 拉尔夫·H. 弗尔瑟姆、迈克·W. 戈登、约翰·A. 史帕诺戈：《国际贸易和投资》，法律出版社 2004 年版。

[35] [美] 罗纳德·科斯：《企业、市场和法律》，盛洪等译，上海三联书店 1990 年版。

[36] [美] 约翰·H. 杰克逊：《GATT/WTO 法理与实践》，张玉卿等译，新华出版社 2002 年版。

[37] 慕亚平：《国际投资的法律制度》，广东人民出版社 1999 年版。

[38] 那力：《国际税法学》，吉林大学出版社 1999 年版。

[39] 屈广清、欧福永：《国际民商事诉讼程序导论》，人民法院出版社 2004 年版。

[40] [日] 奥村宏：《法人资本主义》，李建国等译，上海三联书店 1990 年版。

[41] 沈达明、冯大国、赵宏勋编：《国际商法》，对外贸易出版社 1982 年版。

[42] 石少侠：《公司法》，吉林人民出版社 1996 年版。

[43] 史晓丽、祁欢：《国际投资法》，中国政法大学出版社 2009 年版。

[44] 苏旭霞：《国际直接投资自由化与中国外资政策——以 WTO 多边投资框架谈判为背景》，中国商务出版社 2005 年版。

[45] 孙南申：《国际投资法》，中国人民大学出版社 2008 年版。

[46] 汤树梅：《国际投资法的理论与实践》，中国社会科学出版社 2004 年版。

[47] 汤宗舜：《知识产权的国际保护》，人民法院出版社 1999 年版。

[48] 王贵国：《国际投资法》，法律出版社 2008 年版。

[49] 王火灿：《WTO 与知识产权争端》，上海人民出版社 2001 年版。

[50] 王念祖：《发展经济与跨国公司》，中国对外经济贸易出版社 1983 年版。

[51] 王生长：《仲裁与调解相结合的理论与实务》，法律出版社 2001

年版。

　　[52] 辛柏春:《国际投资法研究》,黑龙江人民出版社2007年版。

　　[53] 徐红菊:《国际技术转让法学》,知识产权出版社2012年版。

　　[54] 徐卫东等:《保险法》,吉林人民出版社1996年版。

　　[55] 姚梅镇:《国际经济法概论》,武汉大学出版社1989年版。

　　[56] 叶兴平:《海外投资法商指南》,五洲传播出版社1998年版。

　　[57] 叶兴平、王作辉、闫洪师:《多边国际投资立法:经验、现状与展望》,光明日报出版社2008年版。

　　[58] [英] 施米托夫:《国际贸易法文选》,赵秀文选译,中国大百科全书出版社1993年版。

　　[59] 余劲松:《跨国公司法律问题研究》,中国政法大学出版社1989年版。

　　[60] 余劲松:《跨国公司法律问题专论》,法律出版社2008年版。

　　[61] 张民安:《公司法上的利益平衡》,北京大学出版社2003年版。

　　[62] 张庆麟:《国际投资法问题专论》,武汉大学出版社2007年版。

　　[63] 张文显:《20世纪西方法哲学思潮研究》,法律出版社1996年版。

　　[64] 张文显:《法理学》(第四版),高等教育出版社、北京大学出版社2011年版。

　　[65] 赵维田:《最惠国与多边贸易体制》,中国社会科学出版社1996年版。

　　[66] 赵秀文:《国际商事仲裁案例解析》,中国人民大学出版社2005年版。

　　[67] 赵旭东:《企业法律形态论》,中国方正出版社1996年版。

　　[68] 周成新:《国际投资争议的解决方法》,中国政法大学出版社1989年版。

　　[69] 朱延福:《外资国民待遇导论》,中国财政经济出版社2003年版。